JN069834

中谷奈津子
鶴 宏史
関川芳孝
編著

保育所等の子ども家庭支援の実態と展望

困難家庭を支えるための組織的アプローチの提案

中央法規

Introduction

保育所等における
子ども家庭支援と生活困窮者支援

問われる子どもの貧困対策のあり方

　2018（平成30）年の厚生労働省の国民生活基礎調査によると、現在の我が国の子どもの貧困率は13.5％であった。子どものおよそ7人に1人が相対的に貧困状態におかれ、育てられている。さらには、母子世帯の貧困率は5割を超える（労働政策研究・研修機構「第5回（2018）子育て世帯全国調査」）。貧困率とは、いわゆる「相対的貧困」といわれ、等価可処分所得の中央値の50％の水準（貧困線）を下回っている家庭の割合である。

　2016（平成28）年には、大阪府も「子どもの生活に関する実態調査」を行い、子どもの貧困についての実態把握を行っている。これによると、世帯の所得が、回答された世帯における等価可処分所得の中央値の50％以下、いわゆる「相対的貧困」に該当する子育て世帯が、全回答数の12.5％であった。なかでも、ひとり親家庭や非正規雇用の家庭が、経済的に厳しい状況にあることがわかっている。

　回答のあった母子家庭の約4割が、年間所得200万円以下であることも明らかになった。生活困窮家庭ほど、「電気・ガス・水道を止められたことがある」「家賃・住宅ローンの支払いが滞ったことがある」と回答する割合が高かった。このことからも、子どもの育ちにとっても基本的な生活環境が、貧困によって脅かされていることがわかる。

　こうした調査結果を踏まえると、保育所においても、預かっている子どもの7人に1人が、相対的な貧困といわれる家庭で養育されていることになる。さらには、保育所のある地域の実情によって、貧困家庭の割合が多いところもあろう。保育所は、子どもの貧困に対し、どのような対応を期待されているのであろうか。貧困家庭の子どもにも、分け隔てることなく、質の高い教育・保育を提供することはもちろんであるが、子育て中の貧困家庭の保護者に対し、どのような支援が求められているのであろうか。

　新型コロナウイルスの感染拡大は、派遣労働、非常勤・アルバイトなど雇用が不安定な労働者の生活を著しく脅かしている。なかでも、観光、ホテル・旅館、飲食店などのサービス業など、顕著な営業不振に陥っている業種を中心として、労働者の一時休業や解雇・雇い止めが報告されている。新型コロナウ

イルスの感染拡大に伴う景気後退は、かつてのリーマン・ショックと同様に、生活に困窮する者が格段と増えるであろう。子どもの貧困の問題も、いっそう拡大・深刻化するに違いない。

貧困家庭の保護者は、日頃から低賃金・低所得であるがため、貯金などの蓄えもなく最低限で切り詰めた生活を送っている。子どもが豊かで健やかに育つうえで通常与えられるべきモノやサービスについても、経済的に貧困であるためアクセスできない養育環境のもとで育てられている。例えば、幼少期のころから、新しい洋服を買ってもらえない、おもちゃや絵本を与えてもらえない、家族と一緒に外食や遊園地、旅行などに行ったことがない、などが考えられる。しかし、新型コロナウイルスの感染拡大に伴う景気後退によって、さらに深刻かつ窮迫した対応が必要となるケースが増えるのではないだろうか。保育所においても、子どもの貧困は広がっているはずである。保育所は、相対的な貧困に該当する子育て家庭に対する理解と共感のもとに、子どもの保育、さらには保護者に対する必要な支援を考えることが大切である。

コロナ不況の事業倒産・廃業・リストラ等によって失業すると、ほかに頼ることのできる親族もいない場合には、生活に困窮する保護者は、子どもに対し最低限の生活ニーズをかなえることすら困難になる。具体的には、食料が買えず、食事の回数を減らす。電気、ガス、水道を止められる。家賃が払えず、退去を求められる。子どもの具合が悪くとも医療機関を受診できないなどである。こうした状況は、絶対的な貧困に該当し、子どもの生存を脅かす窮迫した事態といえる。

問題は、家計が経済的に困窮していることで、必要なモノやサービスを調達できないだけにとどまらないことである。経済的に生活困窮している状況にあって、同時にさまざまな複合的な問題が関連して発生する例が少なくない。こうした問題は、適切な養育が困難な状況を招き、当然に子どもの育ちについても重大な影響を与える。具体的には、家庭内のDV、親の失踪、両親の離婚、子どもに対する虐待・ネグレクト、ストレスによるうつ、ひきこもり、その他家族のさまざまな疾病、事故による負傷、そのための医療費の工面、多重債務により借金の返済ができない、子どもの不登校、学業不振、などである。さまざまな暮らしの困りごとが重なって起こり、家族だけでは対応がとうて

い困難であり、自力ではその問題状況から抜け出せない。なかには、出口の見えない生活に絶望し、「もはや死ぬしかない」と考え、子どもを道づれにし、自殺を選択するケースも懸念される。コロナ不況によって、子どもの命をも奪う無理心中による自殺は、子どもに対する虐待のなかでも最悪なケースの一つと考える。

　子どもの貧困に対し、公的なセーフティネットは実際に機能しているのであろうか。子どもの貧困対策について、みておきたい。2013（平成25）年に子どもの貧困対策の推進に関する法律が制定され、生活保護以外に包括的な貧困対策が進められてきた。この法律は、貧困の状況にある子どもが健やかに育成される環境を整備し、教育の機会均等を図るため、子どもの貧困対策を総合的に推進することを目的とするものであった。

　さらには、2019（令和元）年、国はこの法律を改正し、新たに子供の貧困対策に関する大綱を策定した。2019（令和元）年改正法は、目的・基本理念の充実のほか、①都道府県・政令市が策定していた計画について、市町村に対しても計画を策定する努力義務を課したこと、②教育支援、生活支援、就労支援の内容を具体的に明確化したことが挙げられる。

　これを踏まえ、子供の貧困対策に関する大綱では、基本的な方針として、①貧困の連鎖を断ち切り、すべての子どもが夢や希望をもてる社会を目指す、②親の妊娠・出産期から子どもの社会的自立までの切れ目ない支援、③児童養護施設の子どもなど、支援が届いていない、または届きにくい子ども・家庭への配慮、④地方公共団体による取り組みの充実が新たに明記された。こうした強化された対策には、拡大・深刻化する子どもの貧困に対して、セーフティネットとして機能するかどうか、その実効性が問われている。保育所は、子どもの育ちを守るセーフティネットの一つと考えるが、子どもの貧困対策に対し、どのような福祉的な関与が可能であろうか。

　都道府県は、子どもの貧困対策について計画を策定しているが、生活に困窮する個々の子どもの実態を必ずしも十分に把握できない。既存の制度には対応できていない個別のニーズが存在し、制度につながっていない家庭も少なくない。市町村レベルで、要保護児童を含む子どもにかかわる支援計画のなかで、子どもの貧困対策を位置づけ都道府県と連携させて推進していくこ

とが大切であろう。

　子どもの貧困対策の推進については、国、都道府県・市町村、民間の企業や NPO など非営利団体、地域住民等が、それぞれの立場から主体的に支援のネットワークに参画していくことが大切である。さまざまな暮らしの困りごとを解決しようにも、公的な制度だけでは限界がある。したがって、市町村は、生活に困窮する子どもについての情報が寄せられる基礎自治体として、関係機関・団体による連携協働体制づくり、生活に困窮する家庭および子どもを包括的に支援するセーフティネットの構築に取り組む必要がある。ネットワークが構築されていなければ、民間の企業や NPO など非営利団体、地域住民等は、子どもの貧困をめぐる課題解決に参画することはできない。

　子供の貧困対策に関する大綱では、「教育の支援では、学校を地域に開かれたプラットフォームと位置付けるとともに、高校進学後の支援の強化や教育費負担の軽減を図る」とあるが、保育所等の就学前教育の施設の位置づけが明確でない。

　子どもの貧困は、小学校へ就学する前、妊娠・出産前、幼少期から起きている。子どもの貧困の連鎖を断ち切るためには、OECD（経済協力開発機構）の調査報告にもあるように、質の高い就学前の早期教育・保育の提供が重要である。こうした意味では、教育・保育施設における利用料の無償化、教育・保育の質の向上は評価できる。

　しかし、就学前の子どもについても、生活に困窮する保護者および子どもが抱えるさまざまな困りごとを丸ごと受けとめ・支援するために、貧困対策のプラットフォームとしての機能が必要ではないか。貧困対策としてのプラットフォームは、すべて学校に任せているのであろうが、結果として就学前の貧困家庭の子どもたちに必要な支援が届かないことが懸念される。就学前のステージについては、教育・保育施設等を拠点として、就学前教育・保育と福祉（経済的支援、非金銭的な生活支援）、就労支援を一体的に提供するプラットフォームが必要である。具体的には、生活に困窮する子育て世帯が抱えるさまざまな生活課題に応えるためには、保育所にソーシャルワーク機能を付加したうえで、関係機関・団体とも連携する総合的な相談窓口を設置し、さまざまな困りごとに対し包括的に支援する体制づくりが望まれる。しかしなが

ら、子供の貧困対策に関する大綱では、保育所や認定こども園に対し、こうした役割を期待してはいない。

保育所における子育て家庭の支援

　保育所は、保育所を利用する子どもに対し、適切な教育・保育を提供することを基本的な役割としている。保護者からみると、保育所に子どもを安心して預けられるからこそ、働くことができ、かつ子育てと就労の両立が可能となる。他方、保育所における保護者に対する支援は、子どもを預かることにとどまらない。核家族化・小家族化が進むなかで、育児や子育てについても、本来は身近な存在である親、兄弟姉妹、その他親族による助言やサポートも期待できなくなっている。近隣住民など地域コミュニティにおける住民相互のかかわりや結びつきも薄れており、地域住民からも子育てに関する協力や助言を得られないだけでなく、社会的にも孤立して子育てしているケースも稀有ではない。

　こうして誰からも助言や協力・支援を受けられないまま、育児・子育てに対する不安や負担感を感じ、母親が孤立し一人で子どもと向き合わなければならない状況が広がっている。育児負担の軽減のためにも、保育所は、地域における子育て家庭に対しても、保育の専門ノウハウを提供し、相談に応じるなど、子育てについての支援を行ってきた。保育所保育指針においても、子育て家庭・保護者に対する「子育て支援」を保育所の大切な役割として定めている。

　保育所による子育て家庭に対する支援は、保育士としての専門的な知識や技術を活用した、主として「子育て」に関する支援である。保育所保育指針をみると、「子育て支援」についての説明があるが、保護者の家庭が抱える生活全般の困りごとについても、積極的に対応しようとするものではないとも読める。なお、保育所保育指針には「外国籍家庭など、特別な配慮を必要とする家庭の場合には、状況等に応じて個別の支援を行うよう努めること」とあるが、ひとり親家庭、貧困家庭に対して、状況に応じた個別支援を行うことを求めているが、どのような支援が考えられているのだろうか。

　つまり、個別支援とは、あくまで配慮が必要な家庭に対する「子育て」についての個別の支援なのか、それとも、「子育てに限定されない」個別ニーズ、すなわち本人の生活全般の困りごとに包括的に対応することまでを求めているのか、明らかではない。子育てにかかわる個別の支援ニーズに限定されるとすると、保育士が保護者からの相談を受けているときに、生活困窮にかかわるさまざまな悩みが語られたとしたら、保育所はどう対応するべきか。保育所の本来の役割から外れるので、対応できないと説明するのだろうか。

　保育所保育指針の解釈を「子育てについての個別支援」と限定的に捉えるとしても、保護者から相談を受け、深刻な状況を聞き取った以上、保育所にはその悩みを受けとめるべき道義的責任があるのではないか。例えば、料金を滞納し電気ガス水道が止まっている、借金の返済ができない、家賃を払えず退去を迫られている、食べ物などの買い物をするお金がない。保護者には、とても子どもの養育に向き合う余裕もない。結果として、子どもはネグレクトに近い状況のもとで養育される。このような福祉ニーズを把握した以上、保育所は、子育て以外の生活にかかわる悩みであっても、子どもの最善利益を考慮し、必要な対応を可能な限りとるべきではないだろうか。

　では、保育所においては、具体的にどのような対応が検討されるべきであろうか。第一に、子どもに対する不適切な養育が懸念されることを理由として、市町村の保育担当課、家庭児童相談室等に連絡し、要保護児童対策地域協議会で対応を検討するよう依頼することが考えられる。第二に、窮迫した場合であれば、市町村の福祉事務所なり関係機関や団体に相談し、速やかに生活保護など必要な福祉サービスにつなぐことが必要である。第三に、生活保護のほかにも、当面の生活費として「生活福祉資金の貸付」を受けることができる。生活困窮者自立支援制度では、家賃の支払いについても「住居確保給付金」の制度がある。自治体や、自治体から委託された社会福祉協議会が生活困窮者からの相談窓口を設けている。

　このように、保育所の役割として、日頃から社会福祉の制度や地域の社会資源を把握し、生活に困窮する子育て家庭の暮らしの困りごとについて、直接子育てに関連しないものであっても、相談の段階ではとりあえず受けとめて、必要な支援へとつなぐことを求めてよいのではないか。

　先ほど、保育所保育指針では、保護者に対する子育て支援の範囲を超えて、保育所はどこまで対応するべきかについて、必ずしも明確にしていないと述べた。しかし、厚生労働省による保育所保育指針解説では、不適切な養育が懸念される場合について、次のように記述している。すなわち、「市町村をはじめとした関係機関との連携の下に、子どもの最善の利益を重視して支援を行うことが大切である。そうすることで保護者の養育の姿勢に変化をもたらし、虐待の予防や養育の改善に寄与する可能性を広げることになる」というのである。

　この立場からすると、子どもの貧困については、状況によっては子どもに対する不適切な養育やネグレクト等につながる可能性のあることから、保育所においても利用者に対する日頃の観察やコミュニケーションを通じ家庭の状況を把握し、不適切な養育につながるような生活の不安についても、虐待事例と同様に早期発見および早期対応が必要と考える。これに対し、保育士は子どもの保育の充実に当たるべきであり、しかも現状の職員体制を考えると、生活に困窮する保護者の家庭全般にわたる支援には限界があるという意見もあろう。しかし、保育の原点は、生活に困っている子育て家庭に対し、人的な支援の手を差し伸べる福祉ではなかったか。保育所が、自治体から委託されている保育の範囲から外れる福祉ニーズには対応しないというのは、社会福祉事業の担い手としての存在価値を自ら否定することにつながることになりかねない。

　保育所の歴史的な沿革からみても、保育所のルーツは、戦前の貧困家庭の子どもを預かり保護をすることを目的とした託児所事業にある。1938(昭和13)年に社会事業法が制定され、「児童ヲ保護スル施設」の一つ「託児所」として位置づけられた。当時、この施設は、民間団体が行う社会事業(social work)として運営されていたものである。低所得世帯の母親が仕事に就けるよう保護し、賃金を得て生計収入を増加させるために、もっぱら経済的な理由から働かざるをえない家庭の子どもを預かって、母親に代わり子どもを保護する施設であった。つまり、生活に困窮する子育て世帯に対する経済的な自立を可能とするための保護施設としての性格をもっていた。歴史的にみると、保育所が、社会事業の担い手として、生活が苦しい共働き世帯や母子世帯の子ど

もを預かり生活を支援するのは、本来的な役割といえる。

　貧しい農村地域においては、農繁期に農家の子どもを一時的に預かる事業として広がっていった。例えば、『農繁期託児所の経営法』(1932 (昭和7)年)では、当時の託児所について、「保護救済の機関で多忙階級者子弟のためには児童保護の施設であり、また親たちのためには経済的な保護機関」であると述べている。さらには、生活に困窮する住民が居住する地域の改善を目的にセツルメントの拠点として隣保館がつくられたが、隣保館の事業として地域の子どもを預かる保育事業、託児所を開設する例も少なくなかった。隣保事業とは、貧困者が多数居住し劣悪な問題を抱えるとされる地域において、ソーシャルワークなどの専門知識をもった者が地域に居住し、拠点施設を設けて地域住民に対し相談支援や経済的自立のためのさまざまな支援を行い、地域住民を巻き込んで地域の改善を目指す取り組みである。こうした隣保事業の一つとして、子育て中の母親等に対し、仕事について経済的な自立を促すために、子どもを預かって保育する事業が始まった。生活に困窮する母子世帯の子どもや、子どもが多いため生活に困窮する家庭の子どもを日中託児所において預かり、もっぱら無料または低額で保育した。

　こうした戦前の託児所の多くが、戦後に社会福祉事業法上の児童福祉施設、保育所として新たに認可を受け、保育事業を再開する。戦後まもなく保育所に子どもを預ける家庭には、子どもを抱えた戦争未亡人など、生計のため子どもを預けて働く必要のある低所得の家庭が多かった。ところが、高度経済成長を経て、保育ニーズも貧困世帯に限定されず、共働き世帯のニーズに対応していった。

　現在の保育所の利用者は、対象者も普遍化し共働きの一般世帯が増え、必ずしも低所得の世帯に限るものではない。保育所の基本的な役割も、対象の普遍化に伴い、貧困家庭に限定しない共働き夫婦の多様なニーズに応えるため、延長保育や休日保育、一時保育などに広がっている。こうした制度ニーズの普遍化と正反対に、子育て家庭においても不安定雇用が広がり、結果として子どもの育つ環境にも、格差が生まれている。子どもの貧困が取り上げられるように、経済基盤が脆弱な子育て家庭に対する公的なセーフティネットにほころびもみられる。あらためて、保育所の本来的な役割として貧困家庭の

子どもの育ちを守ることがあることを再認識するべき状況にあると考える。

　児童福祉施設である保育所等は、生活に困窮した家庭で養育される子どもたちが地域に存在する限り、子どもの育ちを守るセーフティネットの役割が期待される。経済的困窮状態にある子育て家庭のなかには、複合的な生活の困りごとを抱えた人々が存在し、しかも既存の制度では対応できない狭間の福祉ニーズもある。保育所等を利用する子どもおよび家庭はもちろんのこと、保育所等を利用していない地域の子ども家庭に対しても、経済変動等によって貧困状態に陥っても速やかにもとの状態に戻れるように、国や自治体等と連携し、セーフティネット機能の強化に取り組む必要がある。

　国および地方自治体が、子どもに関するさまざまな政策や制度を充実させて、貧困家庭の子ども家庭に対する重層的なセーフティネット機能の強化に取り組むべきである。これと関連し、保育所等が検討するべき問題は、セーフティネットの強化について、どのように寄与するかである。

　セーフティネットとしての保育所等の基本的な役割としては、貧困家庭の子どもや被虐待児童を積極的に受け入れることが挙げられる。そのうえで、こうした子どもを受け入れ、①保護者との協働による子育てを取り戻す、②親と子の絆を取り戻すことを目的にして、保護者に対する包括的な支援を行うことが必要ではないか。保育所等が、貧困家庭の福祉ニーズに対し、さまざまな関係機関や団体との連携・協働を通じて社会福祉事業として関与し、地域のセーフティネットの強化に取り組むことを目指すべきではないか。

　まず、公立の保育所は、セーフティネットとして、生活困窮世帯の子ども、要保護児童を受け入れて保育してきたが、保護者に対しても包括的な生活支援を行う拠点としての機能を強化させることが必要であろう。例えば、関係機関と連携し、生活困窮世帯の子ども、保護者に対する生活全般をアセスメントし、制度やサービスにつなぎ、子どもが卒園するまで寄り添い型の支援を継続する、などが考えられる。公立の保育所であるため、制度外のニーズに対して自ら必要とされる支援を行うことには限界があると思われるが、世帯の抱える生活困窮の問題を視野に入れ必要な対応をすることは、公的なセーフティネットとしての存在意義を高めることにつながるであろう。

　さらには、社会福祉法人が経営する保育所等においては、社会福祉法人制

度創設の趣旨に立ち返る必要がある。民間社会福祉事業の主たる担い手として、既存の資源を活用し、制度が対応しない困窮ニーズに積極的に対することが期待される。こうした取り組みが、市場原理に対抗する共生社会のセーフティネットづくりに寄与し、保育所等の公益性を高めることにつながるであろう。

地域共生社会の実現に向けて──社会福祉法人制度の本旨

　人口減少・少子高齢化、新型コロナウイルス感染症の拡大に伴う景気の後退など、社会経済の変容に伴って、子育て家庭の福祉ニーズも変わる。また、子ども・子育て支援新制度の創設、社会福祉法の改正など、社会経済の変化を後追いし、必要な制度改正が行われてきた。新たな制度環境のもとで、社会が保育所に求める基本的な役割も変容している。このことに注意を向けずに、保育所保育指針に基づく保育所保育だけに専念していると、保育所に期待されている社会的な役割に気がつかなくなる。

　措置制度の時代では、保育所施設、保育士などの職員、措置委託費は、制度が定めた保育所運営という目的以外に使うことが許されなかった。支払われた公費は、保育所に通う子どものために使われるべきであって、運営費の収支がプラスであっても、ほかの公益的な活動や事業に使うことは認められないと考えられていた。つまり、保育所とは、自治体から委託された子どもに対し保育所保育を行うことが本来の役割と考えられてきた。子ども・子育て支援新制度のもとでも、私立保育所には従来の仕組みのもとで自治体から委託費が支払われている。こうした従来からの考え方に縛られていると、保育所保育指針が改定されても、保育所保育を中心に考えてしまう。

　しかし、現在の新しい制度環境のもとでは、委託費の取り扱いも修正されている。社会福祉法人が経営する保育所などの福祉施設や事業については、公益的な活動を展開するなどして、非営利かつ公益性を高めるためであれば、委託費も弾力的な利用を認めるようになっている。なかには、保育を必要とする子どもを預かることで、保育所として十分に公益的な役割を果たし、地域社会に十分に貢献していると考える保育関係者も少なくないが、民間企

業も保育所経営ができる時代である。民間企業が経営する保育所と比較し、社会福祉法人が経営する保育所の存在意義が問われている。例えば、民間企業が経営する保育所が対応しない子育て家庭の福祉ニーズに対応することによって、社会福祉法人が経営する保育所は公益的な存在であると説明できる。そして、民間企業が経営する保育所と比較して、より高い公益性が認められることを理由に、社会福祉法人が経営する保育所には、非課税等の優遇措置が与えられているのである。

このことを確認したのが、2016（平成28）年の社会福祉法改正、いわゆる「社会福祉法人制度改革」である。社会福祉法人制度改革では、社会福祉法人の公益性を高めるため、「社会福祉事業及び第26条第1項に規定する公益事業を行うに当たっては、日常生活又は社会生活上の支援を必要とする者に対して、無料又は低額な料金で、福祉サービスを積極的に提供するよう努めなければならない」（社会福祉法第24条第2項）として、保育所等を経営する社会福祉法人にも地域公益的取り組みを求めている。

保育所等による地域公益的取り組みとは、以下のようなものが考えられる。例えば、制度対象外の自主事業として、園庭開放・施設開放、保護者のレスパイト支援を目的とする短時間の一時預かり、出前保育など、地域の子育て家庭への支援などがある。さらには、プレママ支援として、妊娠中の親の仲間づくりのためのサロン活動などに取り組んでいる保育所もある。その他には、子育てに関するボランティアの育成、地域の子育て・家庭福祉についての啓発、子育て文化の継承活動なども、地域の子育てについての連携・協働の基盤形成につながるものであるから、地域公益的取り組みに該当すると考えられる。しかし、これとともに、生活困窮している子育て家庭に対する日常生活または社会生活上の支援も、地域公益的取り組みに該当する。

地域公益的な取り組みの内容は、地域の実情に応じて、さまざまであってよいし、国や自治体が決めるべきものではない。地域のニーズを踏まえ、社会福祉法人の理念や使命に基づいて任意に決定させるべきものである。生活に困窮する家庭から相談があったら、どのようにかかわるべきか、保育所保育指針にかかわらず、自らの法人の理念や使命に問うて考えてみることが大切である。「地域の子どもの育ちを守る」ための法人であれば、生活に困窮する

子育て家庭についての相談を受けたら、子どもの育ちをいかにして守るのか
を考え、地域公益的な取り組みの内容が決まる。公益性を高める目的からす
れば、地域住民との話し合いや参画によって、取り組みの内容が決定される
ことが望ましい。

　社会福祉法人が経営する保育所等は、制度改革の意義をどのように受けと
めるべきであろうか。もちろん、先に挙げた公益的な活動ならば、すでに取り
組んでいるという保育所もあろう。制度では対応できないニーズに対し、公
益目的の活動を行うことが、社会福祉法人本来の役割である。社会福祉法人
が経営する保育所等が地域の公益的な活動に取り組んでいないのであれば、
社会福祉法人として本来的な役割を果たしていないとみるべきである。

　社会福祉法人が経営する保育所は、民間企業が経営する保育所と比較し、
非課税にふさわしい高い非営利性・公益性が認められるか。先の規制改革会
議では、介護・保育の分野において、また社会福祉法人の経営において、非課
税にふさわしい地域に向けた公益的な取り組みがされているか、問われたの
である。つまり、非営利であり(株主・出資者に利益を配分する必要がないので、利益が内部留
保される)、課税されない社会福祉法人の経営による事業利益は、社会のために
役立てるべきと考えられている。社会福祉法第24条第2項は、地域公益的取
り組みとして利益を還元し公益的な活動を行う社会福祉法人だけが、存続す
る価値があるというメッセージでもある。

　経済的に困窮し生活を維持できない子育て家庭の存在に気がついた場合
には、保育以外の生活の支援を、無料または低額で行うことは、保育所等を経
営する社会福祉法人の使命と考える必要がある。自治体から委託された内容
の保育に専念するだけでは、非課税にふさわしい社会的な役割を果たしてい
るとはいえない。したがって、問われているのは、保育所保育指針が定めてい
る業務かどうかではない。生活困窮にかかわって福祉的な支援が必要な状態
にあるか、つまり生活に困っているかどうかにある。社会福祉法人のミッ
ションに照らし、地域に生活に困っている人がいたら、制度のあるなしにか
かわらず、まずは保護・救済の手を差し伸べることが大切である。なかでも、
生活に困窮する地域の子育て家庭にかかわるニーズであれば、まずは民間保
育所等が率先して役割を果たす立場にある。

　保育所等単独では生活困窮する家庭のニーズに包括的に個別支援することが難しいのであれば、複数法人が連携しセーフティネットを構築することで、対応可能となる。例えば、大阪では、民間保育所・認定こども園が連携し地域貢献事業(スマイルサポーター事業)を始めており、大阪府社会福祉協議会保育部会に加盟する施設が、特別会費として拠出した資金を積み立て、緊急的な支援が必要な生活困窮者に対し、スマイルサポーターによる総合生活相談の窓口を整備し、必要に応じて食料や光熱水費の支払い等の経済的給付を併せて実施している。児童福祉や生活保護など既存の制度では対応できないケースに対し、緊急速やかに経済支援ができる体制がつくられている。

　社会福祉法改正については、社会福祉法人制度改革に引き続き、地域共生社会の実現を掲げ、地域福祉の推進体制の構築に必要な法改正が行われている。8050問題やダブルケアといった個人や世帯が抱える複合的な問題に対し、包括的な体制づくりを目指している。高齢者の介護については、地域包括ケアシステムとして、さまざまな生活課題を「自助・互助・共助・公助ミックス」、それぞれの連携・協働によって解決していく取り組みが進められてきたが、こうした考え方を、障害福祉分野、児童福祉分野、生活保護・生活困窮者支援分野にも展開しようとするものである。これとともに、高齢介護、障害福祉、児童福祉、生活困窮などの福祉課題の解決について、地域住民を中心とした関係者の「我が事」と受けとめ、福祉をはじめ地域の関係団体と連携・協働しネットワークをつくろうという内容となっている。

　社会保障や社会福祉の制度によるセーフティネットとともに、地域におけるさまざまな人のつながり、住民団体や関係団体によるいくつものネットワークが重なりあうことで、地域におけるセーフティネットが充実する。

　例えば、生活困窮者に対する支援も、「社会的排除・孤立」の問題＝地域の問題(我が事)としてとらえ、制度の隙間のニーズを含め、地域を基盤とした包括的な支援体制のなかに位置づけられる。経済的困窮で親子共倒れになる「8050問題」、80歳の高齢の親と、同居するひきこもりの50歳の子どもに対する支援、生活困窮する子育て家庭に対する包括的な支援も、新たに構築される包括的な支援体制のなかで、関係者によって把握された複合的なニーズに対し、どのような支援を行うかを、協議し決定する。包括的な支援とは、既

存の福祉のほか、生活支援、就労支援、居住支援、居場所の提供、社会参加の支援なども含まれる。社会福祉法人が経営する施設は、関係機関・団体のネットワークに参画し、連携・協働して支援が必要な人に対する個別支援にかかわることが期待されている。つなぐことのできる既存の制度がなければ、地域公益的な取り組みとして、支援を行うことも考えられる。個別支援においては、支援にかかわる福祉の専門職は、問題解決に至るまで寄り添う伴走型支援を続けることになろう。

　参加支援によって、社会的に孤立している当事者と地域社会とのつながりを回復させ、ひいては地域共生社会の実現を目指す。保育所も、こうしたネットワークのなかで位置づけられ、子どもにかかわる支援に協力するよう求められることになろう。

　以上のように、地域共生社会の実現に向けて、地域において新しい制度横断的・包括的な支援の体制の構築が進められており、断らない相談支援をもとに、包括的、個別的、寄り添い型の支援が必要とされている。経済的に困窮するひとり親家庭においても、個々の家庭が抱える課題に対応した寄り添い型の支援を行うこと、潜在的な支援ニーズの把握に努めることが求められる。こうした制度の動向は、必ずしも保育所保育指針と整合がとれないものでもない。

　すでに述べたように、現在の保育所保育指針、幼保連携型認定こども園教育・保育要領においても、保育所等を利用する保護者に対する個別支援や、不適切な養育が疑われる家庭への支援の必要性が記されている。保育所等は、子どもと保護者が日々通うところであり、問題状況の早期発見が可能であり、しかも法的根拠をもつ児童福祉施設として他機関との連携も容易な特性をもつ。つまり保育所等では、保護者や家庭の抱える潜在的ニーズを把握することをはじめ、問題が深刻化する前の支援的な介入や他機関連携、課題解決に向けた個別的、継続的な支援が可能な立場にある。保育所の経営においては、新たな保育所の役割を"意図的かつ戦略的に"引き受けて、子どもの最善の利益を尊重する社会資源として、地域のネットワークのなかで信頼されることが、社会福祉法人の公益性を高めることにつながるに違いない。

Contents

Chapter 2

求められる組織対応
保育ソーシャルワークと生活困難に関する
文献レビューから

鶴宏史

Chapter 3

保護者の相談のしやすさと組織運営   鶴宏史

Chapter 4
発達障害の可能性がある子どもの保護者への
支援と保育所等組織の役割 　　　　　　　　　　　　木曽陽子

Part 2
子ども家庭支援の実態──生活困難家庭に焦点を当てて

Chapter 5
保育所等における子ども家庭支援の実際

Chapter 6
保育者業務の一環としての「子育て支援」の
専門性の位置づけと教育・研修の現状 　　　吉田直哉

Conclusion

これからの保育所等における
子ども家庭支援に向けて

中谷奈津子

本書の構成

　本研究で取り上げる生活困難とは、子どものしつけや育児不安、児童虐待に関することだけでなく、経済的困難、介護、障害、不登校、ひきこもり、夫婦関係、DVなど、家庭内で起こり得るさまざまな困難を指す。

　保護者の抱える困難は、保育所等での日々のかかわりで対応できるものから、児童虐待のように園内連携、他機関連携が必要なものまで幅広いが、深刻な事例であるほど、経済的困窮や親の障害など、子育て以外の要素が絡んでおり、複雑で複合的な課題となっている。こうした生活困難の状況は、家庭生活そのものやそれを支える資源ネットワークを不安定化させ、子どもの生活にも影響を及ぼしていく。そうした状況は、結果として子どもの健全な発達を阻害することにもつながり、最悪の場合は虐待などの深刻な事態へと帰結することもある。

　新しい生活困窮者支援の形として、包括的、個別的、早期的、継続的支援が求められてきたことは既述のとおりである。ひとり親家庭においては、個々の家庭が抱える課題に対応した寄り添い型の支援を行うこと、潜在的な支援ニーズの把握に努めることが重要とされるようになった。また、2017 (平成29)年に改正された保育所保育指針、幼保連携型認定こども園教育・保育要領においても、園を利用する保護者に対する個別支援や、不適切な養育が疑われる家庭への支援の必要性が記されている。保育所等は、子どもと保護者が日々通う場所であり、法的根拠をもつ児童福祉施設として他機関との連携も容易な特性をもつ。つまり保育所等では、保護者や家庭の抱える潜在的ニーズを把握することをはじめ、問題が深刻化する前の支援的な介入や他機関連携、課題解決に向けた個別的、継続的な支援が可能となるといえる。さらにいうなら、保育所等には、そうした役割を“より意図的に”果たす役割を、子どもの最善の利益を尊重する社会資源として期待されていくものと思われる。

　こうした一連の実践には、子どもを担当する保育者の力量が必要とされるが、一方で保育者単独の力量と行動のみでは不可能な実践であり、その多く

は、保育所としての組織的な対応が求められるものとなる。

　例えば、困難事例を担任が発見した場合には、担任から主任、主任から園長へと情報の伝達を必要とし、それが対応すべき事例と判断されたなら、具体的支援の検討につながっていく。しかし、保育者側に子どもや家庭からの兆候をSOSとして読み取る力量がなければ、そもそも「早期発見」されることもなく、さらに情報のリレーがどこかで切断されてしまえば、保育所等としての「早期発見」にはつながらない。結果として各家庭の生活困難は、自己責任の問題として看過されていくものとなる。保育所等における配慮の必要な、あるいは他機関との連携を必要とする個別支援を考えたとき、保育者個人の力量とともに「組織対応」という観点は見逃すことはできない。

　しかし、これまでの子育て支援に関する研究においては、保育所等を「組織」として捉える視点に弱い面があった。従来の研究においては、保育者と保護者の関係は検討されても、組織としての保育所等、チームとしての保育者集団という観点からの検討はほとんどなされていない。なぜ保育所等において組織対応が必要か、組織として機能する際に保育者や園長に求められる視点や役割は何かを検討することは、多様化・複合化する生活困難家庭を支えるためには必須のものとなる。保育所を組織として捉え、内部の関係性や組織風土に着目することで、個別支援を支える園長、保育者の役割、組織対応を支える諸要因が浮かび上がるものとなる。

　よって本書では、保育所等を園長や保育者をはじめとする「多様な役割をもった構成員から成る組織」として捉え、生活困難の状況にある家庭をどのように支援するかといった具体的な方策を、それぞれの観点から検討していくものとする。

　本書の構成としては、大きく二部に分けて論を進めていく。Part 1においては、保育所等における子ども家庭支援の変遷(Chapter 1)、保育ソーシャルワークおよび保育所等における生活困難家庭支援に関する文献レビュー(Chapter 2)、保護者が生活困難を抱えた際の保育者への相談のしやすさ(Chapter 3)、発達障害の可能性がある子どもの保護者への支援(Chapter 4)を踏まえ、保育所等において困難家庭を支えるための組織対応の必要性とその理由について検討する。Part 2では、大阪府で実施した予備調査、大規模調査をもと

に、生活困難を早期に発見する視点を整理し、生活困難家庭を支援するための具体的役割の抽出から、保育所等における組織内の役割傾向の実態について把握する。園長のリーダーシップが子ども家庭支援に及ぼす影響や保育所等の課題を整理し、保育所等において生活困難家庭を支援するにあたって求められる視点や役割、組織対応を支える要因について明らかにしていく (Chapter 5)。さらに教育学的見地から保育業務としての「子育て支援」がどのような専門性として語られてきたのかを俯瞰的に捉え、今後の子育て支援研究の方向性に関する示唆を得る (Chapter 6)。最後にこれらの論稿を踏まえながら、これからの保育所等における子ども家庭支援の展望について考察するものとする (Conclusion)。

　用語について付記しておく。本書ではこれ以降、「子ども家庭支援」「子育て支援」「保護者支援」等を用いて論を進めていくこととなる。厳密な区分は難しいが、基本的に「子ども家庭支援」は子どもと保護者を含む支援として、「子育て支援」は特に保護者の子育てへの支援について、「保護者支援」は子育てに限らず保護者の支援について言及する際に用いるものとする。ただし、「子ども家庭支援」が比較的近年登場した用語であること、保育所保育指針改定を機に家庭支援に関する章タイトルが「保護者に対する支援」から「子育て支援」へと改められたことなどから、十分に統一しきれていない部分もある。この点ご容赦願いたい。

　その他、本書では、主に以下の用語を用いる。

・保育所等：保育所および認定こども園を含む(認定こども園を含まない場合は、「保育所」と表記する)。

・保育者：保育士、保育教諭、資格をもたない保育に携わる者を含むものとする(保育教諭、資格をもたない保育に携わる者を含まない場合は、「保育士」と表記する)。

・また、見出しで使われている "Part" は部、"Chapter" は章、"Section" は節を表し、本文中では部分的に「部」「章」「節」の用語を用いる。

Chapter 1
保育所等における
子ども家庭支援の変遷

Section 1

子育て・保育をめぐる
近年の動向と高まる保育士への期待

　都市化、核家族化、グローバル化に伴い社会が急激に変動するなかで、雇用の流動化・不安定化が加速し、生活困窮家庭や生活保護受給者の増加が顕著である[1]。2018（平成30）年の子どもの相対的貧困率は13.5％と、2012（平成24）年の16.3％、2015（平成27）年の13.9％から改善をみたものの、依然として子どもの約7人に1人が貧困状態にある[2]。子育てをめぐる困難はほかにも、都市部における待機児童問題や過酷な多胎児育児の現状、外国にルーツをもつ家庭との相互理解の課題などさまざまに顕在化してきている。家庭生活の急激な変化や不安定さは、虐待やネグレクトといった不適切な養育を引き起こす誘因にもなり得るものであり、家族のニーズの複雑・多様化、深刻化を支える地域資源や支援のあり方が求められている。

　我が国では2012（平成24）年に子ども・子育て支援法が制定され、養育者への支援を通して一人ひとりの子どもが健やかに育つ社会の実現を目指すことが明記された。保育分野では、2017（平成29）年に改定（訂）された保育所保育指針、幼保連携型認定こども園教育・保育要領において、子育て支援に関する章が独立して設けられ、特別なニーズを有する家庭への個別支援に関する事項が新たに示されるようになった。近年の一連の政策動向からは、急激な社会変動から起因する家族の養育機能の脆弱化と子どもの育ちへの社会的な危惧が読み取れ、児童の権利に関する条約批准以降の子どもの最善の利益の尊重に対する機運を追い風としつつ、最も身近な児童福祉施設である保育所等が子育ての支援のための地域資源として大きく期待されるところとなっている。

　我が国の保育所の起源が明治期にあり、救貧的な家庭支援を含んだもので

あったことは、おおよそ一致した見解である。しかし現在に至る保育行政ならびに保育士(保姆、保母を含む。以下、時代によって使い分ける。また、保育者には保育士、保育教諭を含むものとする)養成課程を中心に、保育士に求められる役割を振り返ると、「子どもが育つ基盤となる家庭への支援」のまなざしが脈々と引き継がれているかというとそうではない。そこには時代や社会とともに、また幼稚園との関係や保育実践との往還のなかで揺れ動く役割と葛藤があり、保育士の専門性の議論と相まって変遷する側面を有している。

　では、保育士に求められる役割としての子育て支援・家庭支援は、具体的にどのように移り変わってきたのか。また保育所等や保育者に求められる役割は、今後どのように展望されるのか。本章では、黎明期からの保育制度、保育士養成課程ならびに保育所保育指針の記述内容と、それらに関する文献資料を中心に、保育士に求められる役割としての子育て支援・家庭支援に関する視座を整理し、子ども家庭支援において保育所等や保育者に求められる役割について考察するものとする。なお、議論の展開にあたっては、本来なら保育士が勤務する幼保連携型認定こども園教育・保育要領をも取り上げて分析するところであるが、紙面の都合上、保育所保育指針に絞って検討を進めるものとする。保育士に求められる役割の変遷を捉えるにあたっては、その主張される内容によって大きく6期に区分することができた。以下、期ごとに詳細を示すものとする。

Section 2

［第1期］
保育制度黎明期における子ども家庭支援
貧困対策としての託児［明治期〜1940年代初め頃］

2.1 民衆の必要感から生まれた保育

　まずは保育制度が整備される以前の保育所の起源を確認しておく。我が国の幼稚園が、「天賦ノ知覚ヲ開達」[3]、すなわち生まれもったものを伸ばすことをねらいに含み、貴族や高級官僚など裕福な階層の子どもたちを対象とした官立幼稚園として誕生してきた経緯をもつのに対して[4]、保育所の起源は、深刻な貧困を抱える民衆の必要感から生じてきたものである。例えば新潟の家塾静修学校に附設された保育室や、東京のスラム街に誕生した二葉幼稚園（のちに保育園に改称）の実践などは顕著な例である。

　特に、二葉幼稚園の実践にはいくつかの詳細な記録が残っている。そこでは犬の食べ残しや洗濯糊をつくるための残飯をねだる子ども、昼に食事をすることを知らない子どもの姿もあった。どん底の生活をする家庭の子どもたちに少しでもよい環境を提供するためには、「幼稚園」という制度のもとでは限界があると考えた園は、1916（大正5）年「二葉保育園」と改称し、3歳以下の子どもの保育、給食の提供などを行うようになった[5]。

　また二葉保育園では、本来家庭ですべきと考えられがちな子どもの世話や家庭生活がうまく機能するような人間関係の調整、代行などの役割をも保姆たちが担っていた。例えば、120人の子どもたち全員を風呂に入れ、爪を切り、耳垢までとってやること[6]、真夜中に夫婦げんかの仲裁に駆けつけたり、文字を知らない親に代わって役所で手続きを行ったりすることなどが挙げられる[7]。さらに保姆が子どもの面倒をすべてみていたのでは、子どもの家庭生活は一向に変わらないという問題認識から、「親の会」を開催し、親たちに

対し栄養価の高い食事、清潔、子どものしつけなどの生活技術的な指導を
行った。窮乏生活に追われて出席できない家庭には、保姆自身の多忙の合間
をぬって家庭訪問を行ったことも記録されている[8]。その他にも、小学部の創
設、学童保育の開始、夜間診療部、廉売部、五銭食堂の開設、母子寮の建設な
ど[9]、数々の福祉的性格の濃い活動を展開している。

　こうした取り組みの背景には、保姆たちが、それぞれの家庭に対して「親の
責任論」をいきなりもち出しても状況の改善は見込めないばかりか、園と家
庭や子どもとの関係、親子間の関係の悪化につながりかねないことを十分に
認識していたことがあると思われる。それよりもむしろ、それぞれの家庭の
生活状況に寄り添いつつ、丁寧にその背景を理解したうえで、自分たちの行
為や取り組みがその後の子どもの育ちや未来の生きる姿勢にどのような影
響を及ぼすのかを考え抜き、目の前の子どもや家庭にとって今必要なことを
具現化しようとしていたものと思われる。

2.2　社会事業としての託児

　こうした託児は、やがて社会事業の一つとして発展していくこととなる。
社会事業とは、貧困や失業などの社会福祉問題を抱える人に対する、国家政
策や民間社会福祉事業の救貧策の総称であり、米騒動を経て資本主義体制の
基盤が形成される1920年前後から[10]1950年代頃まで用いられた概念であ
る[11]。当時の都市の貧民街では、裏長屋の三畳間に一家族、なかには七人も同
居していることもあり、青ざめた顔の病人が寝ているかと思えば、肴で一杯
やっている姿もあったという[12]。不衛生と栄養失調から乳幼児の死亡率は非
常に高く、また運良く生き延びられたとしても、乳幼児に手をかけていては
暮らしが立ちゆかない貧困家庭では、親が働きに出た後、子どもたちはその
あたりに放任されていた[13]。保育こそ救貧の根幹として、社会事業としての託
児所を立ち上げる篤志家も各地にみられるようになり、1930 (昭和5) 年には、
公私合わせて全国に482の託児所が立ち上がっていた[14]。さらに1938 (昭和
13) 年に社会事業法が制定され、その第1条に「育児院、託児所其ノ他児童保護
ヲ為ス事業」と記され、託児所は、社会事業の一つとして法的に位置づけられ

た。しかしそれ以上の規定、例えば託児所の従事者や運営に関することなど
については、規定されることはなかった[15]。

2.3 保育所の使命

　当時の託児所と保育所の違いを問われて、即答することができる人はどれ
ほどいるだろうか。1940 (昭和15) 年当時、厚生省の職員であった森は、その論
稿のなかで「保育所は、以前の託兒所或は托兒所である」[*]と述べている。実は
保育所という名称を使い始めたのは、自分を含めた厚生省児童課の人々であ
り、託児という言葉がいかにも荷物でも預かるような感じがしたため、「進ん
で乳幼児の保育に當るという使命を強調して」保育所という名称を用い始め
たという。当時は幼稚園のように法令で定めた施設ではなかったため、刊行
物や講演などで使用している間にいつの間にか保育所という名称が普及し
てしまったようである[16]。つまり、法的名称としては託児所であるが、次第に
保育所という通称が流布し、それらの呼び名が混在するようになったわけで
ある。

　社会事業の一つとして位置づけられた保育所 (託児所) の「使命」に関する記
述が残っている。東京の猿江善隣館館長であった藤野井は、「端的に云えば、
幼稚園は児童そのものが事業の対象であり、保育所は家庭全体が事業の対
象」であると、幼稚園と保育所それぞれの使命の相違について言及した。ま
た、保育所には保育事業以外に防貧的保護事業という重大な意義が含有され
ているため、「幼児を通じての家庭という問題が、幼稚園の保育従事者よりも
一層重要な要件」となっていると指摘する。さらに保育所事業として取り扱
われる場合は、「幼児を通じての家庭の保護指導という問題に無関心である
ことはできない。若し保育所の運営において幼児を通じての家庭に対する保
護指導の役割が織り込まれてなかったならば、保育所の存在の意義は大方失
われたといってもよい」とし、家庭の背景を理解し、その生活の保護と指導に
着目する必要性を説いている。

---

[*]　旧仮名遣いを新仮名遣いに表記した。以下同様とした。

　当時の善隣館に関する記録等によれば、生活指導として、家庭調査、健康相談、人事相談のほか[17]、整理整頓の手伝い、家庭のもめごとの調停[18]なども行われており、保育所の母体となっている善隣館の隣保事業そのものが、困ったことは何でももち込むことができる包括的な機能を有するものであったがゆえ、社会事業としての保育所の機能を充実させることが可能となった面もあったようである。

　明治期から戦前期、経済的困難を抱えた家庭の救貧、防貧から、子どもを預かる必要感を高め、保育所が誕生してきた経緯は明白であり、その関心は、しだいに家庭への生活指導や家庭改良にも向けられるようになっていった。相談援助のみならず、家庭調査や他機関への仲介、連携、組織化などを行い、それぞれの家庭に対して学習の場を与える活動などを発展的に行っているという点で、当時の保育所（託児所）は、ソーシャルワーク的な機能をも果たしていたことがわかる。

　社会事業の一つとして位置づけられた保育所（託児所）の使命は、その対象を「子ども」のみに焦点化することは難しく、社会背景や家庭生活にも関心を寄せ、「家庭全体」を見つめ、子どもの育ちを支えようとするものであった。保育所保姆の存在は、「其の子について実際的な懇ろな且つ切実な関係を以て子供のために親と語れる人」[19]と自負されるほど、当時の家庭にとっては非常に心強いものであったものと思われる。

Section 3

［第2期］
保育制度創設期における子ども家庭支援
福祉機能を基盤とした専門性の模索［戦後～1960（昭和35）年頃］

3.1 「保母」の誕生とあいまいな専門性

　1947（昭和22）年に学校教育法と児童福祉法が制定されたことにより、幼稚園と保育所の二元化は色濃いものとなっていく。幼稚園保姆については、以前から幼稚園令において「保姆ハ幼児ノ保育ヲ掌ル」（第9条）とその職務が規定され、幼稚園保姆になるためには「保姆ハ女子ニシテ保姆免許状ヲ有スル者タルヘシ」と一定の資格が要求されていた。戦後、幼稚園が学校教育法に位置づけられると、これまでの幼稚園保姆は幼稚園教諭に改称されることとなった。

　一方の保育所保姆の資格については戦前何ら特別の規定はなく、現実には幼稚園の保姆資格をもっている者が保育所保姆として働いていたようではあるが[20]、法規的にはどんな者でもなれることになっていた[21]。保育所が児童福祉施設の一つとして位置づけられたことにより、保育所は、これまでの社会事業法におけるあいまいな規定の「託児所」から明確な法的基盤をもつ「保育所」へと昇華するに至ったが、職員に関することは命令で定めることとされ（第49条）、同年、児童福祉法施行令第13条において「保母」に関する規定が示されるようになった。

　児童福祉法施行令第13条において、保母は「児童福祉施設において、児童の保育に従事する女子」と規定された。これにより保母は、養護施設や精神薄弱児施設など10数種の児童福祉施設における保育を行うものとされ[22]、これまでの幼稚園保姆、保育所保姆といった時代のように、就学前の乳幼児に限った保育を扱う職業ではなくなった。

　保育の対象年齢の拡大は、保母に求められる専門性をもあいまいにした。一つは、保母が幼稚園教諭から分離されたことで、保母が実際上必要とされる教育的機能がとかく不明確になりがちになった点、もう一つは、10数種の児童福祉施設のほとんどに共通する職名であることについて実施上の困難が多々あるという点である。特に後者の問題点については、「現実の問題として1人の保母が0歳から18歳までの、通園・収容、健康児・障害児を含むあらゆる種類の児童の教育と養護をつかさどるとしたなら、その修得すべき知識技術はきわめて多岐にわたり、…(略)幼稚園教諭免許と分離したかわりに、多種にわたり児童福祉施設全般に共通なものとなり、問題はかえって複雑になった」[23]と、後に解説が示されている。求められる専門性は「乳幼児の教育」ではなく、0歳から18歳までの児童にかかわる「福祉」を基盤とするものとなり、それはきわめて広範な内容を含むものとなったのである。

3.2　保育所保育の独自性の模索

　1948(昭和23)年、文部省より「保育要領」が発刊された。保育要領は、主に幼稚園教育に視野をおいて作成されたものであるが、その策定には、厚生省職員も参画していた。保育要領は、いうまでもなく、保育所や託児所にとっても唯一の指針を示すものであった(ちなみに、保育所における保育の内容については、1948(昭和23)年に制定された児童福祉施設最低基準第55条に「健康状態の観察、個別検査、自由遊び、午睡、健康診断」と掲げられるのみであった)。小川は、この保育要領について、学校教育法をはじめとする法整備が行われても、なおも十分明らかでなかった新しい保育の具体的指針や基準を、幼稚園教員のみならず保育所保母や母親にも役立つよう編集し提供したとして[24]、その発刊の意義を評価している。

　しかし当の厚生省側は、実はその内容をよしとしていなかったようである。田澤も指摘するように[25]、策定に参画した厚生省の副島ハマが、「文部省側の『保育要領』は参考にすることはできても、新しい児童福祉の理念をどう盛り込んでいくかは保育所独自の課題であり、一番苦心したところ」[26]であったと、「保育所独自の課題」という表現を用いて振り返る。幼稚園教育と保育所保育からみえる子どもをとりまく課題が大きく乖離していたことがうかが

える。

　その乖離の一端を示す副島の文章が残っている。保育所児童の家庭訪問に同行した際のことである。

　「…畳は六畳の方に二枚だけ、その上に薄い布団が敷いてあって母親がねている。『先生、子どもたちを休ませて済みません。私がどうにも起き上がれないものですから、○○(5才の男児)に御飯煮いてもらったり、水汲んでもらったりしています…』…(略)台所道具は七輪と釜と茶碗類だけ、あと何も──ほんとに何もない。…まもなく『先生』とかわいい声がして保母先生の足にまつわりついた子供がいる。下の子供である。『何してたの？』『何にも』…(略)。」「あの二人の子供は、…実に何にもしていなかった。普通の家庭の正常の子供なら時間と場所と材料が足らないくらい熱心に遊ぶのに、おもちゃらしいものも、場所も、指導者も、そして気力もない子供がいる…。…保育所の存在価値は、表面に見える保育活動ではない。…日本中の保育に欠ける子供たちの誰もが保育所に入られて、みなが幸福になることです」[27]。

　副島にとって、こうした子どもとその家族の生活実態は、保育要領の「保育内容─楽しい幼児の経験」等から透けてみえる子ども像、家庭像とは大きな隔たりがあったのではないだろうか。

　では「保育所独自の課題」とは何か。それは、当時の厚生省児童局保育課長の吉見静江によって、ケースワークに教育を加えたものとして模索された専門性につながるものであると考えられる[28]。吉見の模索する保育所独自の専門性は、1952(昭和27)年に厚生省が策定した保育指針の第7章「保育の実際に起こる問題」において確認される。保育指針自体は、保育所を含めた児童福祉施設一般を念頭に置いて作成されたものであるが、吉見は主に保育所を念頭に置いてこの章を執筆したのではないかと思われる。そこでは実際に起こる問題の解決策として、ケースワークやグループワークの活用を推奨する内容が記述されている[29]。

　また1957(昭和32)年には、保育所での事例を収集した『保育児童のケースワーク事例集』が厚生省児童局によって編纂された。基本的生活習慣の不十分な子ども、障害を有する児童、怠惰や落ち着きのない子ども、父子家庭の子どもなど、全国からさまざまな事例が取り上げられ、それに対する「評」を行うことで[30]、保育所におけるケースワークの理論と実践的方法論を提示しよ

うとしたものである。この事例集を詳細に分析した田澤は、厚生省児童局が保育のケースワーク要素を育てようとしたこと、それぞれの事例にはすでにケースワークの要素が認められていたことを指摘し、この事例集を「保育所保育が幼稚園の保育と分化しソーシャルワークの方向性を明確にした分岐点」と捉えている[31]。

3.3 福祉職としての保母養成

　戦後、保母養成の仕組みも徐々に整えられるようになった。1947（昭和22）年の児童福祉法施行令第13条において、保母になる要件として、①保母養成学校（施設）を卒業すること、②保母試験に合格すること、③児童福祉事業5年以上の従事者で厚生大臣の認定を得たもののいずれかであることが示され、1948（昭和23）年には厚生省児童家庭局長通知として「保母養成施設の設置及び運営に関する件」が出された。養成施設の就業年数は2年、配当時間数は1350時間プラス実習という、かなり過密な養成課程が示され、修業学科目をみると教育学、心理学、生理学、栄養学とともに、保育理論や音楽も含まれていた。なかでも目を引くのは、福祉系の科目の多さである。社会事業一般、ケースワーク、グループワーク、児童の福祉に関する法令などが展開され、保育所のみならず10数種の児童福祉施設の職員たる、福祉職としての保母養成であることが明示されるものであった。

　4年後の1952（昭和27）年には、厚生省告示第33号によって保母養成課程の修業学科名が変更されている。厚生省が本格的に保母の専門職化を意図した最初の養成課程であるという見方をする論者もあり[32]、総履修単位は93単位以上に縮小され、専門科目を必修・選択に区分し、単位制となった。また実習を含む社会福祉系科目が17単位と、福祉系にかなり重点を置いていたことは特記すべきことである。福祉系の必修科目としては、社会福祉事業一般、ケースワーク、グループワーク、社会福祉法制、ケースワーク実習が、選択科目としては、社会福祉事業一般、社会福祉法制、施設管理、コミュニティオーガニゼーション、グループワーク実習が設定されている。1952（昭和27）年は、厚生省児童局により保育指針が制定された年である。先にも述べたように、

この時期は、厚生省が保育所保育の独自性を模索し、その糸口をケースワークやソーシャルワークに見出していた時期であり、そうした政策の意向が養成課程にも反映されたものと思われる。

3.4 救貧・防貧対策からすべての子どもを視野に入れて

　戦後の制度創設期となる第2期は、保育所保母と幼稚園教諭が制度的に分離され、保育所保育の立場からすれば、文部省の提示する「保育」に違和感を覚え、独自の意義や課題、専門性を見出そうと模索した時期であった。戦前の救貧、防貧を理念とした特別な事情のある家庭を対象としていた託児事業が、すべての子どもを視野に入れた児童福祉法を法的根拠とする保育所として生まれ変わったことで、「家庭で保護者にみてもらうことができない乳幼児」へとその対象を広げた側面もある。

　戦後間もないこの時代、時間的、精神的、経済的にも余裕をもたない家庭が多くみられ、子どもをとりまく環境の多くは、決して好ましいものではなかった。保育所は、それぞれの背景に寄り添いながら、子どもや家庭の生活を受け入れ、その成長や安定を願い、支える機能を発揮していくことになるが、保育所のみを発達にふさわしい環境にしただけでは、保育の場そのものに到達できない子どもの存在や、保育所と家庭の生活習慣の乖離を看過し、子どもたちの健やかな成長を実現することにつながらないことにも直面していた。吉見や副島らが尽力したように、子どもの保育とともに家庭環境の整備*をも同時に行うことが保育所保母たちに求められ、その実践的方法論として、ケースワークやグループワーク等のソーシャルワークの活用が模索された時期であったといえる。

---

*　副島は、家庭環境の整備について、次のように述べている。「（保育所の）保育内容は、大別すれば、保健指導都政且つ指導と、家庭環境の整備の三つになる。…家庭環境の整備という点から考えると、家庭の事情を把握し、できるだけその要求を充たしてやるだけでなく、家庭の人たちの子供に対する理解を深めることが大切で、そのための家庭訪問や、又母親クラブや、母の会などで家庭の指導をすることも保育内容の一つに考えられる」副島ハマ（2014）保母.水野浩志・久保いと・民秋言編.戦後保育50年史　保育者と保育者養成.日本図書センター. 121

Section 4

［第3期］
保育における教育機能の拡大と子ども家庭支援
弱まる家庭支援への視座［1960（昭和35）年頃〜1990（平成2）年頃］

4.1　教育機能への切望と傾斜

　1960年代、戦後の復興期を経た我が国は高度経済成長期を迎えた。既婚女性の就労理由の多くは依然経済的なものであったが、自らの主体的な生き方として職業を選択する女性も次第に増加傾向となり、保育所は、広く一般勤労家庭のものとなっていった[33]。

　それに伴い、保育所に求められる機能も少しずつ変化の兆しを見せるようになる。岡田は、「保母は子どもをあずかってだけおればいいのであって、教育などはしない」という人々の見解に対し、人事院による保母職の定義づけを取り上げ反論している。1954（昭和29）年に人事院が示した保母職の定義づけは、養護教育職、幼稚園教育職、小学校教育職とともに「教育職群」に位置するという。岡田は、保育所保母は専門的教育職であり、児童福祉法という現行法によって保母の本質を見誤ってはならないと主張した[34]。1962（昭和37）年に開催された全国社会福祉大会においても、その専門委員会で討議されたのは、①保育即教育という保育の理念の明確化、②すべての乳幼児の生活保障とともに教育保障を（傍点筆者）、など教育に関することが主な論点であり、保育所における教育機能に対する期待と要望が高まるものであった。保護者たちのなかからも「幼稚園に通う子と同じ教育を受けさせたい」という声が上がるようにもなった[35]。

4.2 「養護と教育」の含有する意味

　保育所における教育機能の期待の高まりとともに、1960年代、さまざまな保育関係団体が幼保一元化への提言を行うようになった[36]。文部省・厚生省は当時の幼保一元化の要求に対して一定の見解を表明するため、1963（昭和38）年に「幼稚園と保育所との関係について」を連名で通知し、教育と保育の不分離性を確認したうえで、「保育所のもつ機能のうち、教育に関するものは、幼稚園教育要領に準ずることが望ましい」と述べるに至った。3歳以上の幼児の保育内容を幼稚園教育要領に準拠することについて、「幼稚園を主とし、保育所を従とする誤解を招く」と反発する声もみられたが、幼保同一水準の教育の実現を評価する声もあった[37]。こうした状況を受け1965（昭和40）年、厚生省児童家庭局は、幼稚園教育要領に準拠した形で「保育所保育指針」を発刊するに至っている。

　当時の「保育所保育指針」は、現在のように告示ではなく、厚生省児童家庭局の通知として出されたものであった。法的拘束力はなく、保育所の保育内容の向上のために参考にすべきガイドラインとして考えられていた。「第1章　総則」においては、保育所の基本的性格として「養護と教育が一体となって、豊かな人間性を持った子どもを育成する」ことが掲げられ、ここに「教育」という用語が採用された。保育所保育における教育機能の社会的認知は、現場の保母たちの渇望であり、「教育」という言葉が文部省の所管にかかわるものとされていた当時においては、非常に画期的なことであった。岡田は、保育所保育指針に「教育」という用語を定着させたことそのものが指針制定の大きな成果であったと述べ、以後、保育における教育機能は公然のこととして語られるようになる。それは保育所の世界だけでなく、保育行政担当者をはじめとした保育・幼児教育にかかわる人々にも、保育所における教育の機能を知らしめることとなり、単に子どもをけがさせないように預かっておくだけという、これまでの古い保母像を変革させることにもつながったともいわれている[38]。

　しかしこの新たな保育所保育指針においては、第2期にあれほど熱心に模索された家庭環境の整備やソーシャルワークに関する記述は影を潜めた。

「第1章　総則」に「家庭との関係」の項が設けられたが、家庭と保育所との相互理解を深めること、それぞれの役割を正しく把握すること、家庭が子どもの指導に積極的に協力できるようにすることなどが示され、家庭に問題がある場合には、保母はその「子ども」に対して、特に温かい配慮を行うことと記されるにとどまっている。保母の役割としての家庭支援や、保護者や家庭に寄り添いつつかかわるといった姿勢については、それが保育現場では自明のことと受けとめられていた可能性はあるものの、指針における明確な記述として見つけることはできなかった。

4.3　保育所における福祉機能の低下

　保育所保育指針の制定によって、保育所保育における教育機能は公のものとなり、保母は教育職であるとみなされる見解が広がった。1971（昭和46）年に発表された中央児童福祉審議会「『保育』と『教育』はどうあるべきか」では、保育所に児童福祉の独自の機能を損なうことなく、教育機能を充実していくことを求め、保育者には、幼児教育を担当するほかに家庭の補完という重要な使命を有しているのであるから、常に知識、技術、および人間性の面での資質向上に努めることを要請した[39]。やがて幼稚園普及率の低い地域では、実質上保育所が「幼稚園化」し、幼稚園の代わりの役を果たしているという実態が浮き彫りとなり[40]、地域によっては、幼稚園と保育所に機能的差異がみられなくなっていることも指摘されるようになる。保育所入所に関する保護者の意向においても、経済的理由による入所希望よりも、子どもに集団生活の機会を与えるという理由が際立つ調査結果が報告されるなど[41]、保育所における教育への期待の高まりと幼保の差異の縮小は、次第に「保育所は保育に欠ける乳幼児を保育する」という本来の目的の認識を弱める方向にも作用し始めることとなった。

　実は保母養成課程の改定が、こうした動向に拍車をかけた面もあるようである。第3期においては、1962（昭和37）年と1970（昭和45）年の二度の保母養成課程の改定が行われているが、ともに資格取得単位数の削減に踏み切っている。1962（昭和37）年の告示では、これまで93単位以上必要とされていた単位

数は73単位以上に縮減され、ケースワーク実習やグループワーク実習など
の福祉系の科目が削減された。短期大学の設置基準との調整を図ることが背
景にあったとされているが、幼稚園教諭の養成も行う養成所では、教育実習
を保育実習に替えることが可能という変更も加えられた。福祉科目の縮減や
実習の読み替えを可能としたことは、保育所保母は福祉職であるという線引
きを、さらにあいまいにしたものと思われる。

　次いで1970(昭和45)年の改定では、保母と幼稚園教諭の同時養成を容易に
するため、保母資格取得単位数を68単位以上まで縮減し、福祉系科目のうち
方法論に関するものを「社会福祉Ⅱ(ケース・ワーク、グループワーク、コミュニティ・オーガ
ニゼーション等)」に統合し、代わって教育原理、教育心理学など教育系の科目を
必修に加えている[42]。中央児童福祉審議会は「幼児教育にも十分対応できる保
母の養成に着手した」[43]とこの改定の意図を説明するが、そもそも保育に欠け
る子どもや養護に欠ける子どもの問題はともに深く社会問題に根ざすもの
であり、そのため保育所保母はやはり「福祉職」であるべきであると、この改
定に疑問を呈す声もある。

　また幼稚園免許と保母資格の同時取得は、両者の質的格差を縮めることに
作用したが、保育所保育を単に就学前教育という狭い枠に収斂させたのでは
ないかといった批判的な見方もなされている[44]。保母養成課程の変遷が示す
方向は、児童福祉施設を包括する「保母」という職種の観点からすると、「教育
職なのか、福祉職なのか、教育職プラス福祉職なのか」を問うものとなった。

4.4　保育抑制政策と家庭支援の後退

　保育所に関する社会的関心が教育機能に傾斜し、しだいに保育所本来の福
祉機能を見失っていくこの時期、社会が家庭、とりわけ母親に向けるまなざ
しには厳しいものがあった。例えば1963(昭和38)年に中央児童福祉審議会よ
り発表された「保育問題をこう考える」では、施策に一貫性をもたせるために
は保育の理想像を示すことが重要であるとし、保育の原則を提示している。
「両親による愛情に満ちた家庭保育」「母親の育児責任と父親の協力義務」「保
育方法の選択の自由と、こどもの、母親に保育される権利」などの7原則は、

家庭保育の重要性を繰り返し強調するものとなっている。子どもにとっては両親による家庭保育が最も重要であるが、母親は、子どもの第一の保育適格者であり、またそうなるように努力すべきであるとされ、父親は母親を援助する立場であり、母親により大きい子育ての責任があることが示された。また母親の労働を必要としない家庭が母親の自己実現のために行う労働については、「こどもが母親に保育してもらう権利を持っていることも忘れてはならない」として、考え直すよう求めている[45]。

　1970年代は、第2次ベビーブームによって児童数が大幅に増加し、女性就業者数も増加し続けた時代である。乳児保育や延長保育、夜間保育、休日保育、産休明け保育、障害児保育などを求める声が高まり、深刻な保育所不足につながっていった。ちなみに若干時をさかのぼるが、1967（昭和42）年の保育所の要充足定員数（要保育児童数から保育所在籍人数を差し引いた数）は51万5800人と報告されている。2020（令和2）年現在においても待機児童問題が社会的関心を寄せているが、この数字から、当時驚愕的な待機児童問題が存在していたことがわかる。厚生省は保育所緊急整備五カ年計画を策定し1967（昭和42）年から保育所の増設に踏み切ってはいるものの、保育所増設は「焼け石に水」[46]と揶揄されるほどであった。

　さらに「子どものため」という大義名分のもと、保育所の保育時間は原則8時間に通勤時間を加えた範囲に限定され、定型化されていく[47]。こうした保育行政の停滞と多様化する家庭の保育ニーズの拮抗は、やがて家庭にとって保育所は「利用しにくいもの」と感じさせるものとなり、出産後の就労の継続は厳しく、劣悪な保育環境のベビーホテルを利用せざるを得ない家庭も増加した。

Section 5

[第4期]
少子化の進行と子ども家庭支援
地域子育てに対する制度の構築［1990（平成2）年頃～2000（平成12）年頃］

5.1　少子化の進行と育児問題の顕在化

　1989（平成元）年の合計特殊出生率が統計史上最低の1.57となったことを契機に、子育て支援が政策的課題として大きく認識されるようになった[48]。1994（平成6）年は国際連合の「国際家族年」が展開され、また、日本が児童の権利に関する条約に批准した年であり、1990年代は家族の危機や仕事と子育ての両立支援、子どもの最善の利益や子どもの権利保障などに対し、社会的な関心が高まった時代でもある。

　政府は、少子化の要因について晩婚化の進行や夫婦の出生力の低下を指摘したが、さらにその背景には女性の職場進出と子育てと仕事の両立の難しさ、育児の心理的、肉体的負担などがあるとした[49]。数々の雑誌や論稿では、保育サービスの使い勝手の悪さから、仕事か出産かといった二者択一の選択をせざるを得ない女性たちの現状や[50]、支え手のない母親一人の子育ては、孤立し、疲弊していることが語られるようになってきた。戦後の高度成長期を通じて強調されてきた家庭保育の原則や欧米の母子関係を重視する子どもの発達研究の影響から、母親への役割期待が社会的規範として強まり、母親たちを追い詰めてきたことが表面化するようになってきたのである。1998（平成10）年に発刊された『厚生白書（平成10年版）』においても、専業主婦の母親に育児不安や育児ノイローゼが多くみられること、「母性」の過剰な強調が、母親に子育ての責任を過剰に負わせてきたことなどが示唆され、「三歳児神話には、少なくとも合理的な根拠は認められない」として、子育ての過剰な期待や責任から母親を解放させることが望まれるとされた[51]。

　さらに1990年代には、育児不安や育児ノイローゼなどが昂じて生じる児童虐待の問題も指摘されるようになる。1979（昭和54）年の「国際児童年」を契機に、専門家の間ではすでに児童虐待が深刻かつ緊急の課題であるとの認識が広まりつつあったが[52]、マスコミや学術誌などでも児童虐待が取り上げられるようになった。厚生労働省は1990（平成2）年から児童虐待に関する相談対応件数の統計をとり始めた。1990（平成2）年には1101件だった件数が1999（平成11）年には1万1631件と約10倍の伸びをみせ[53]、問題の深刻さに対応すべく民間団体による虐待防止の活動も活発化するようになった*。

　また、厚生省児童家庭局監修「児童相談事例集」の分析からは、しつけ相談の裏に、母親などの養育者が育児に対する不安や自信のなさを抱えている様相が浮かび上がり、そこに児童虐待へと発展しかねない点があることが指摘された。ある児童相談センターによるまとめでは「核家族化し、地域とのつながりは弱く、子育てや教育に関する情報はあふれかえり、競争は激化する、こういった状況の中で多くの、そして普通の親が様々な子どもの問題で悩んでいる。最初はさ細なことでも、それをきっかけに悪循環に陥り、場合によっては虐待などの重大な事態に発展する可能性を常にはらんでいる」と記され、相談の裏にある児童虐待への兆候や発展性について関心を寄せる必要があると警鐘をならしている[54]。

　少子化の背景にあるこうした育児問題の顕在化は、従前強く求められていた性別役割分業体制や家庭保育の原則が、家族のウェルビーイングの実現からすれば大きな障壁であったことを示すものであった。世帯が小規模化し核家族化が進むなかで、家庭内の、あるいは社会的なサポートの少なさが、綱渡りの両立生活を余儀なくし、そうでなければ母親を家庭に押し込め、子育ての孤立や困難を招き、最悪の場合には子どもや親子の命を奪う事態につながることに、社会が気づかされることとなったのである。

＊　例えば、1991（平成3）年には「子どもの虐待防止センター」が任意団体として発足、1995（平成7）年には「CAPNA」が設立され電話相談を開始した。

5.2　家庭支援に対するまなざしの回帰

　保育所に関する政策に目を転じてみよう。厚生省のこれからの保育所懇談会による「今後の保育所のあり方について」における提言 (1993 (平成5) 年) では、全国的には保育所の量的水準は充足されているものの、女性の社会参加の増大、家庭や地域社会の相互扶助機能の低下、親の育児選択の多様化などに伴い、保育需要に変化がみられ、従来からの定型的、全国一律の保育だけではきめ細かに対応できない状況が生じてきていることが課題として示された。さらに児童環境づくりという観点から、保育所入所の児童のみならず、「地域の子育て家庭に対する養護支援」に関する言及もみられている。本来求められるはずの保育所としての役割が現状では十分発揮されていないことも指摘され、今後は、一層地域に開かれ、「利用しやすい保育所」としての方向を目指すことが必要であるとされている[55]。家庭保育を強調する論調は後退し、いかに保育所制度が形骸化し社会が求める保育ニーズから乖離しているかを課題として捉える姿勢が読み取れる。

　1.57ショックを契機としたこの時期の少子化対策は、1994 (平成6) 年のエンゼルプランと、その財源措置である緊急保育対策等5か年事業に集約されていく。低年齢児受け入れ枠の拡大、延長保育、一時的保育事業の拡充、保育所の多機能化などの多様な保育サービスの充実と、育児相談や情報提供等を行う、保育所等における地域子育て支援センターの整備などが国の予算計画に盛り込まれていく[56]。エンゼルプランについてはその数値目標自体が低いとの指摘もあるが[57]、就労と子育ての両立支援、地域の子育て家庭への支援など、多様な保育ニーズや支援ニーズに一定応え得るものとなっている。第3期と比較すると、第4期の保育政策は、不十分ながらも性別役割分業体制に対して批判的な姿勢を示し始め、それぞれの家庭のニーズに応えつつ、保育サービスを拡充しようという姿勢を読み取ることができる。少子化という衝撃の大きさや児童の権利に関する条約の批准等、噴出する子育ての困難などを受けて、子育ては男女がともに行うもの、社会全体がそれを支えるものといった機運を生み出し、家庭支援へのまなざしが回帰してきたといえる。

5.3　地域の子育て家庭への支援と相談・助言の役割の付加

　これからの保育所懇談会における提言にもあるように、この時期、地域の子育て家庭への支援に関する必要性が公的に登場し始める。これまで保育所は「保育に欠ける乳幼児」のみを対象としてきたが、少子化とともに地域における在宅子育ての困難が露わになると、保育に欠けていない、在宅で子育てを行う家庭に対してもその間口を広げ、保育所がその機能を地域に開いていく必要を確認することとなった。これからの保育所懇談会による提言においても、都市化や核家族化の進行により、近隣から孤立し子育てに不安をもつ親が増加していることから、地域のなかで最も身近な児童福祉施設としての保育所が、家庭養育を支援するノウハウを活かして地域の子育て家庭に支援していくことが必要であると記されている[58]。

　その提言は、エンゼルプランの策定に伴い創設された「地域子育て支援センター」によってひとつの体現をみることとなる。1995（平成7）年から展開された地域子育て支援センター事業は、子育て家庭等に対する育児不安等についての相談指導および子育てサークル等への支援など、地域全体で子育てを支援する基盤を形成することを目的とするものであり、主に保育所が実施施設として指定され、職員としては保母等がこれにあたるとされた[59]。地域子育て支援センター事業は、緊急保育対策等5か年事業において1999（平成11）年までに全国3000か所の整備がなされるものとして計画され[60]、その後の新エンゼルプランにおいても引き継がれていく。

　地域子育て支援センター事業は、制度的にはあくまでも「特別保育」という選択事業に過ぎず、そのため付帯的なもの、やや軽視されているものと映りがちであるが、当時の3歳未満の乳幼児の8割以上が、何の公的な社会資源と日常的につながることなく在宅で子育てする状況を鑑みると、「親が一人で抱え込んで子育てしていること」がむしろ懸念材料となるという見方が一般的なものとなった[61]。こうして保育所における地域の子育て支援は事業化され、保母による地域の子育て支援に対する役割が半ば公然と期待されるようとなった。

　地域子育て支援センター事業は、市町村長が事業の活動の中心となる保育

所等を指定して事業が実施されるものとして創設された。そのため指定施設となった保育所の担当保母が子育て支援の役割を担うものであり、すべての保育所に子育て支援の役割が求められるものではなかった。しかしやがて子育て支援の役割は、その後すべての保育所に求められるものとして広がりをもち始める。

1997（平成9）年に児童福祉法が一部改正され、その第48条の2*において「保育所は、当該保育所が主として利用される地域の住民に対してその行う保育に関し情報の提供を行い、並びにその行う保育に支障がない限りにおいて、乳児、幼児等の保育に関する相談に応じ、及び助言を行うよう努めなければならない」（傍点筆者）と規定されるに至った。努力義務規定であり、また「通常の保育に支障がない限り」という限定つきであるが、従来は保育所利用の対象とはされてこなかった層にもその対象を広げ、地域子育て支援センター事業の指定施設に限らずすべての保育所に相談・助言の機能を求める法的根拠として位置づくこととなった。これについて中野は、通常の保育における保母の配置の厳しさを指摘し、現状の条件では「支障がない限り」の地域活動は不可能であり、施策の整合性のうえで矛盾があるとその問題点を指摘しながらも、それでも在籍児童以外の家庭にもその対象を広げ、彼らが保育所の機能を利用できるようになったことは「保育所の質的変化である」として、保育政策の画期と位置づけている[62]。

さらに児童福祉法の改正、および社会福祉基礎構造改革における理念の転換を受けて、1999（平成11）年には保育所保育指針の第2次改定が行われた。「分断され孤立化した育児から、社会的育児をめざす視点」[63]が基本的方向性の一つとして示され、「第1章 総則」では「保育所には地域における子育て支援のために、乳幼児などの保育に関する相談に応じ、助言するなどの社会的役割も必要」とその役割を新たに記載するようになった。さらに「保育所における子育て支援及び職員の研修」が第13章として設けられ、子育て家庭における保護者の子育て負担や不安・孤立感の増加など、養育機能の変化に伴う子育て支援の必要性を明確に示すものとなった。[64]

---

* 現・第48条の4

　保育所における地域子育て支援の役割と相談・助言の機能の付加には、地域の子育て家庭の孤立感や困難さが背景にあることは疑いようもない。一部に制度上の矛盾は感じられたとしても、保育行政が家庭保育の原則を覆し、社会的ニーズに応える形で在籍児童の家庭のみならず、地域の子育て家庭にまで視野を広げ寄り添う姿勢を示したことは、やはり画期的な「質的変化」であり、「子ども・子育てに対する価値の変化」に呼応するものである。だが、この転換はあくまでも「政策側」の転換である。保育士*たちにとってみれば国から子育て支援をするよう要請されるものであり、それは保育所が取り組まなければならないこととして受けとめられることとなった[65]。

5.4　新たな役割を担う保育所、保育士として

　第4期には養成課程の改定が1991（平成3）年と2001（平成13）年の2度行われているが、子育て支援に関連する改定は、2001（平成13）年のものが特徴的である。保育所保育指針の第二次改定を受けて、2000（平成12）年9月に保育士養成課程等検討委員会が設置され、2001（平成13）年、報告がとりまとめられた。少子化や核家族化の進行、女性の社会進出の本格化、就業形態の多様化、地域の子育て機能の低下など、家庭や地域の環境などの著しい変化から、児童福祉サービスに係る需要の拡大や多様化・高度化が指摘され、これにより専門性が高く、多様なサービスに対応することのできる資質の高い保育士養成が求められることが示されている[66]。

　2001（平成13）年に改定された保育士養成課程では、「家族援助論（講義）」が新たに加えられ、これまでの「社会福祉Ⅱ」は「社会福祉援助技術（演習）」に変更されることとなる[67]。家族援助論については、家族をとりまく環境の変化等を踏まえ、児童・親を含めた家族が保育の対象であることを理解し[68]、家族援助や保護者支援のスキルを修得することがねらいとされ、一方「社会福祉援助技術」については、ソーシャルワーク的機能を学ぶものとされた[69]。この改定の趣旨は、保育所や保育による育児相談等の家族支援のための資質の涵養を

---

*　1997（平成9）年、児童福祉法の一部を改正する法律の施行により、保母の名称は保育士に変更となった。これ以降、保育士と表記する。

期待してのことであると読み取れる。

　しかし一方で、保育士養成課程等検討委員会の議事録を分析した岡本・矢藤・諏訪らによれば、検討委員会の議論においては、幼稚園教諭養成課程との整合性を図ることや保育所以外の児童福祉施設への視点の弱さなどが示され、重点化する教科目の問題として、保育所の子育て支援機能の付与、また、保育所以外の児童福祉施設の児童へのケアの充実の必要性という観点から、対人援助技術の科目の充実が強調されていたとの指摘もある[70]。

　保育士という職種は、そもそも児童福祉施設を包括するものである。その観点からすると、2001（平成13）年の改定では福祉職としての期待がより強まったようにもみえる。しかし幼稚園教諭免許との整合性を図り、同時取得の負担を軽減することが目指されるという点からすると、やはり教育職としての見方に揺り戻されていく。この「振り子」のような揺らぎは、保育士という職種が求めるそもそもの守備範囲が非常に広いことに起因しているものであるが、保育所保育における保育士の業務に限定するとき、その「振り子」はしだいに「教育職プラス福祉職」に落ち着くのではないかと見通される。しかし、それをどのように具現化していけばよいのかは、まだまだ議論が必要なものであるといえよう。

Section 6

［第5期］
職務としての子育て支援と子ども家庭支援
保育士によるソーシャルワーク機能の期待と混乱［2000（平成12）年頃～2010（平成22）年頃］

6.1　児童虐待の増加と保育所の役割

　第4期と一部時期が重複するところもあるが、第5期は児童虐待防止の取り組みから整理していく。1994（平成6）年に批准した児童の権利に関する条約においては、「親による虐待・放任・搾取からの保護」（第19条）が規定されており、国は、虐待等から子どもを保護するために、立法的にも行政的にも、必要な措置をとるべきものとされている[71]。しかしそれまでの日本の法律は、児童虐待に対して刑法による事後的な制裁や児童福祉法による保護などが定められていたものの、非常に不十分なものであった。とりわけ児童福祉法においては、親に放置されたり虐待されている子どもを発見した人はすべて児童相談所または福祉事務所へ通告しなければならないと規定されていたが、それは道徳的義務とされ、義務に違反しても何の制裁もないものであった[72]。

　1995（平成7）年に行われた幼稚園、保育所に勤める保育者への虐待の認識に関する調査がある。ここでは「被虐待児を発見したら通報の義務がある」と認識する者が4割に満たないことが示され、被虐待児に多くみられる行動や身体的特徴に関する知識も乏しいことが報告された[73]。通告義務を認識していたとしても、「自分の思い過ごしではないか」「もう少し様子をみてみよう」などと通告が遅れてしまい、深刻な事態を招くことが危惧されるものであった。保育所は、子どもと家庭にとって身近な存在ではあったが、虐待対応の必要性に関してはそれほど高い認識ではなく、虐待の徴候がみられたとしてもそれをどうすればよいのかあいまいなままの保育士が多かったといえよう。やがてメディアによる報道、民間団体による虐待防止活動の促進などによっ

て、児童虐待を防止するための法律の必要性が強く認識されるようになっていく。

　こうした流れを受けて2000（平成12）年5月、児童虐待の防止等に関する法律（児童虐待防止法）が制定された。児童虐待の早期発見・早期対応および児童虐待の被害を受けた児童の適切な保護を行うことは喫緊の課題であるとして[74]、虐待の定義が示されるとともに、学校の教職員、児童福祉施設の職員、医師、保健師などが、児童虐待を発見しやすい立場にあることを自覚し、早期発見に努めなければならないとされた。

　保育士は児童福祉施設の職員であるため、当然、児童虐待の早期発見に努めなければならないものとなる。前年の1999（平成11）年に改定された保育所保育指針においても、「虐待の疑いのある子どもの早期発見」に関する記載が加えられ、児童虐待への対応が求められるようになっている。虐待の早期発見は保育におけるあらゆる機会に可能であり、子どもの観察や情報の収集に努めることが示されるとともに、子どもの心身の状態、親の不適切な養育態度などの早期発見の観点が例示された。さらに虐待が疑われる場合には、保育士や保育所単独で対応することが困難なこともあるとして、嘱託医、地域の児童相談所、福祉事務所、児童委員、保健所や市町村の保健センターなどの関係機関との連携を図ることが求められている[75]。

　ちなみに前回（1990（平成2）年）改定の保育所保育指針では、児童虐待や親の不適切な養育に関する保母の対応については一切触れられておらず、他機関連携については、健康診断や慢性疾患、障害児保育に関しての記述が認められるのみであった。具体的には嘱託医、かかりつけ医などの医療機関、保健所などの保健関係機関のほか、（例示はないが）福祉関係機関等との連携に関する記述が認められている[76]。1999（平成11）年の改定において初めて児童虐待への対応が詳述され、保育所の限界を認識する必要性とそれを踏まえた関係機関との連携の必要性が示されたことは、保育所や保育士たちに相談・助言の役割を期待することと併せて、さらに地域社会のなかに存在する、多様な社会資源の一つとしての保育所の位置づけを意識化するよう求めているものと思われる。「子どもの保育のみ」に焦点を当てるのではなく、子どもを中心としながらも親や家庭、近隣関係、さらにはその先の地域、社会にも目を向けるエ

コロジカルな視点が求められるものとなった。

6.2　保育士の法定化と「保育指導」

　2000（平成12）年、神奈川県大和市の認可外保育施設における施設長による虐待死亡事件を契機に、保育士の法的根拠に関する課題が浮き彫りになった。事件のあった認可外保育施設においては、無資格のスタッフが「保育士」としてPRされており問題となったが、当時それを罰する「名称独占」の法的規定は存在しなかった[77]。そもそも保育士は、さまざまな家庭的背景を抱える児童福祉施設で働く主たる専門職という位置づけであったし、1997（平成9）年の児童福祉法の一部改正においては、努力義務であるものの地域の子育て家庭に対して保育に関する相談・助言を行うことが求められるようになっている。そうした重責を担う保育士に「名称独占」の規定がなく、「守秘義務」「信用失墜行為の禁止」といった対人援助に欠かせない諸規定が欠落していることが、この事件をきっかけに浮き彫りになったのである。

　こうした社会的要請を受けて、2001（平成13）年に児童福祉法の一部が改正され、保育士資格が児童福祉法に規定されるようになった。「名称独占」（第18条の4）と同時に、「守秘義務」（第18条の22）、「信用失墜行為の禁止」（第18条の21）が規定され、対人援助を行う専門職としての義務が課せられるようになった[78]。

　保育士の法定化に伴って、保育士の業務も明確に規定された。「児童の保育」と「児童の保護者に対する保育に関する指導」、いわゆる「保育指導」である。保育指導とは「子どもの保育の専門性を有する保育士が、保育に関する専門的知識・技術を背景としながら、保護者が支援を求めている子育ての問題や課題に対して、保護者の気持ちを受け止めつつ、安定した親子関係や養育力の向上をめざして行う子どもの養育（保育）に関する相談、助言、行動見本の提示その他の援助業務の総体」[79]と説明されている。これにより保育士は、保育と保育指導という二重の役割を、法的根拠をもった業務として担うこととなった[80]。

　保育指導について、柏女は、家庭や保育所における子どもの保育をよりよくするための援助であり、それは社会福祉士や臨床心理士の行うソーシャル

ワークやカウンセリングと異なっているとし、保育指導の業務が付加された
からといって、保育士がソーシャルワーカーの一翼を担うようになったと考
えるのは早計であると指摘している[81]。しかしこれ以降、保育所、あるいは保
育士に求められる専門性の議論がしだいに白熱するようになる。

6.3 「ソーシャルワーク」機能に関する期待と混乱

　2001(平成13)年に創設された「家族援助論」で使用されるテキストを読む
と、それぞれの論者による、保育所や保育士に求めるソーシャルワークの位
置づけが垣間見える。例えば、全国社会福祉協議会が発刊する保育士養成講
座においては、「平成12年の保育所保育指針の改訂によって、地域子育て支
援というソーシャルワークの役割は、保育所の通常業務としてのケアワーク
の役割と併置される二大機能として明確に位置づけられた」とし、保育士の
職務は、従来の「保育」というケアワークに加えて「保護者に対する保育に関
する指導」というソーシャルワークにまで拡大されたとする[82]。別のテキスト
では、これまでの保育士の基本的専門性はケアワークであったとしながら、
「しかし、今後ソーシャルワークの専門性を伴うことが一層求められてくる」[83]
とソーシャルワークの専門性への期待を強めている。

　一方、保育士はソーシャルワーカーやカウンセラーではなく、あくまで、子
どもの保育のプロであるとしながら、保育をよりよくするために、子どもの
家庭を視野に入れた援助を求めるとするテキストもある[84]。厚生労働省によ
る標準シラバスの家族援助論の目標には、ソーシャルワークという用語は含
まれないものの、家族援助論と同時に設置された「社会福祉援助技術」という
科目名称そのものが、社会福祉の「援助・技術」であるいわゆるソーシャル
ワークを意味することから、家族援助論における「援助」が、ソーシャルワー
クに相当すると考える論者もある[85]。

　つまり、この時点での保育士による保護者や家庭に対する援助の方法論
は、あるものはソーシャルワークそのものと捉え、あるものは保育の固有の
専門性のうえに一定程度ソーシャルワークやカウンセリングの知識・技術を
援用するものとするなど、一貫性のあるものとは言いがたく、それぞれの論

者や実践者が、保育士に求められる専門性を模索していたことがうかがえる。

　2003(平成15)年に少子化社会対策基本法や次世代育成支援対策推進法が制定されたことを受けて、中長期的な視点からの「子育て支援施策」を検討するために、次世代育成支援施策の在り方に関する研究会が開催された。その報告書である「社会連帯による次世代育成支援に向けて」においても、保育所におけるソーシャルワークに関する記述がある。地域や家庭の子育て力の低下に伴い、何とか子育てをしている家庭が増加していることから、「保育所等が地域子育て支援センターとして、広く地域の子育て家庭の相談に応じるとともに、虐待などに至る前の予防対応を行うなど、一定のソーシャルワーク機能を発揮していくこと」が必要であるとし、実務経験を積んだ保育士等をこうした役割を担うスタッフとして養成する等の取組を進めていくことが示された[86]。つまり、施策の方向性として保育士のソーシャルワーク機能が期待され、構想されるようになってきたといえる。

　2008(平成20)年には、保育所保育指針の第三次改定が行われた。この改定保育所保育指針は告示化され、規範性を有する基準としての性格をもつようになった。「第1章　総則」では、保育所の役割として子育て支援の役割が明記され、さらに「第6章　保護者に対する支援」が独立した章として設けられた。保育所における保護者に対する支援の基本を示しつつ、保育所に入所している子どもの保護者、地域における子育て支援それぞれに対しての方法や配慮事項などが示された[87]。

　一方、指針の解説書では、保育所の施設・設備の活用、保育士、看護師、栄養士といった専門性を有する職員の存在、さまざまな発達過程にある子どもの存在、保護者同士の交流など、保育所の特性を活かした支援を求めるとともに、組織として家族を援助する体制づくりの重要性に触れ、相談・助言におけるソーシャルワークの機能を果たす必要性にも言及している。ソーシャルワークに関する説明を加えつつ、保育所においては子育て支援のため、保育士や他の専門性を有する職員が相応にソーシャルワーク機能を果たすことが必要と記された。ただし保育所や保育士はソーシャルワークを中心に担う専門機関や専門職でないことに留意し、ソーシャルワークの原理(態度)、知識、

技術等への理解を深めたうえで、援助を展開することが必要とされている[88]。

　保育所の保護者支援にソーシャルワークが記載されたことに関して、網野は、保育というケアワークと深く関連し、連動するソーシャルワーク機能を展開することができるとして、保育所におけるソーシャルワーク機能は、保育と一体となった支援という点で、ほかのさまざまな子育て支援の資源にはみられない特性であることを指摘している[89]。ソーシャルワークという用語自体は保育所保育指針本文には示されていないとはいえ、厚生労働省が作成する公の解説書にそれが取り上げられ、ソーシャルワークの原理の説明、援助の過程が示されたことから、ソーシャルワークの知識や技術は、保育士の専門性の一つとして期待されるものとなっていく。

　2008（平成20）年改定の保育所保育指針は、保育所や保育士たちに新たな課題を提示することになった。それは、子育て支援における保育所固有の特性とは何かという問いであり、保育所における、あるいは保育士が担う「相応の」ソーシャルワークとは何かという課題である。保育士養成課程においては家庭援助論、社会福祉援助技術論という子育て支援にかかわる科目が開設されてはいたものの、そもそも2年課程が大半の保育士養成教育において、実践的なソーシャルワークを教授することの難しさも指摘されている[90]。

　生活困難を抱える家庭に出会ったとしても、その支援は保育所の役割なのか否か、何をどのように保育所が担い、どこからをどの機関に依頼し、どのように連携することができるのか。さらに他機関と連携した際の保育所独自の役割とは何なのか。保育所にソーシャルワーク機能が一定付加されたことは、保育所や保育士たちにとってみれば、それは新たな概念や役割を模索し習得する必要を意味していた。「ソーシャルワークとは何か」を問い、実際の支援プロセスを考え、「相応」の支援について思いをめぐらせ判断することは、困惑する面も多かったのではないかと推察される。

6.4　福祉的援助職の役割として

　第5期は、家庭や地域の子育て力の低下や育児不安、児童虐待の増加などが引き続き社会的な課題とされた時期であった。子どもを育てにくい社会に

おいて、保育士に求められる子育て支援・家庭支援は、やはりそうした社会情勢に対応した役割であり、第4期からの流れを汲んだ地域子育て支援の役割と相談・助言機能が保育指導として結実し、その方法論を模索するなかでソーシャルワークへの期待が表面化するものとなった。柏女は、保育士の業務に保育指導が付加されたことにより、保育士は、子どもと保護者に対する福祉的援助を行う専門職として明確に規定されたとしているが[91]、告示化された保育所保育指針に保護者支援が盛り込まれ、そこにソーシャルワークが期待されてきたという事実は、一面的には、第4期よりもさらに福祉的機能が重視されるようになったようにもみえる。

　2010（平成22）年、保育所保育指針の改定を受けて保育士養成課程等検討会による中間まとめが発表された。「家族援助論」は「家庭支援論」に、「社会福祉援助技術」は「相談援助」に名称が変更され、さらに保育指導を具体的に学ぶ科目として「保育相談支援」が新設された。保育相談支援は、保育所保育指針第6章の内容を踏まえ、保育実践に活用される相談支援の内容と方法を学ぶものとされ[92]、「保育相談支援」という科目名称については、当初「相談支援Ⅱ」とする意見もみられたが[93]、社会福祉士の業務の「相談援助」ではない、保育士独自の専門性を活かした相談支援をつくっていくことを意図し、この名称となった[94]。これまで注目されてこなかった子育て家庭に対する支援や保護者支援における保育士独自の専門性にようやく光が当てられたものとして、この動向を評価する論もある[95]。

　一方で、本改定を概観すると、いくつかの論点がみえてくる。本改定を子育て支援の観点から捉えると、福祉的機能の重視が特徴的なものとして浮かび上がるが、全体的な構造を概観するに、必ずしもそうとはいえない面もある。これまで「保育の本質・目的の理解に関する科目」の科目配列は、「社会福祉」「社会福祉援助技術」「児童福祉」「保育原理」「養護原理」「教育原理」とされ、保育士は児童福祉法に基づく福祉職であるため、福祉に関する科目がその科目群の上位を占めていた。しかし2010（平成22）年の改定では、「保育の本質・目的に関する科目」の科目配列において「保育原理」が上位となり、「教育原理」「児童家庭福祉」「社会福祉」と続くようになった[96]。

　この変更について汐見は、幼稚園との関連を踏まえ「これからの保育は教

育的機能を大事にしていくわけですから、教育学が先に来てもおかしくはない」としながら、「保育の本質・目的に関する科目」の上位には、保育学の最も重要な原理を教授する科目として「保育原理」が当然位置づけられるべきであり、それを中心に「教育原理」「児童家庭福祉」「社会福祉」が重なりながら取り囲むイメージを表現している[97]。これに関して中山は、保育士養成課程等検討会は、「保育所保育士」のカリキュラムの検討を主たる対象として議論を行っており、「施設保育士」のそれについて本格的に議論されていないこと、保育士は、児童福祉法に規定された社会福祉領域の専門職にもかかわらず、保育士養成の主軸が社会福祉から別の領域に移されたことを指摘し[98]、科目群の配列の変更について否定的な見解を示している。

　こうした改定の動向から、保育士養成課程においては福祉機能に裾野の広がりが確認される一方で、全体としては「保育原理」を中心に据えながら福祉と教育とのバランスが考慮されていることが読み取れる。むしろ保育独自の専門性を意識しながら、福祉と教育との関連のなかで就学前の保育が位置づけられようとする方向性を指し示しているようにもみえる。

　しかし施設保育士に焦点を当てると、その議論は保留のままである。保育士資格が、施設保育士の養成をも包括していることを鑑みると、そこに対する対応は課題として残っている。

Section 7

［第6期］
多様化・複雑化する家庭生活と子ども家庭支援
保育の独自性を基盤とする家庭支援の展開に向けて［2010（平成22）年頃〜］

7.1　浮かび上がる子どもの貧困

　2000年代後半から子どもの貧困に関する社会的関心が高まり、2013（平成25）年、子どもの貧困対策の推進に関する法律が制定された[99]。2014（平成26）年、本法の制定を受けて策定された子供の貧困対策に関する大綱においては、基本的な方針として「生活の支援では、貧困の状況が社会的孤立を深刻化させることのないよう配慮して対策を推進する」ことが記されている。また当面の重点施策では、幼児教育の無償化の推進や保育等の確保とともに、幼稚園教諭・保育士等による専門性を活かした子育て支援の取り組みの推進、保育士養成課程における子どもの貧困に関する保育士の理解の深化が示されるようになった[100]。子どもの貧困対策にとって保育士の役割が重要であり、そうした保育士を育てていく必要性も認識されてきたことがうかがえる。

　さらに2015（平成27）年には、関係府省により検討された政策パッケージ「すべての子どもの安心と希望の実現プロジェクト」がとりまとめられ、ひとり親家庭・多子世帯等の自立および児童虐待防止対策の強化が目指された。ひとり親家庭等の自立に向けては、支援が必要な人に行政サービスが十分に行き届いていない、複数の困難な事情を抱えている人が多く、一人ひとりに寄り添った支援が必要などの課題が示され、個々の家庭が抱える課題に対応した寄り添い型の支援を行うこと、潜在的な支援ニーズの把握に努めることが重要とされた。本プロジェクトにおいては、保育所や保育士による子育て支援に直接言及することはなかったが[101]、寄り添い型の支援を行いながら潜在的な支援ニーズを把握し、必要な社会資源につなげていく支援の必要性

が、政策課題として浮き彫りになってきたことが読み取れる。

7.2　保育所におけるソーシャルワークに関する議論

　社会の変容に伴う子どもと家庭をとりまく今日的な課題に対応するため、2015（平成27）年、「新たな子ども家庭福祉のあり方に関する専門委員会」が設置された。検討の内容は、後の児童福祉法改正につながるものであるが、これまでの「保護中心」から「養育中心」に力点を置いた、新たな子ども家庭福祉の構築を目指すものであり、2016（平成28）年に発表された報告書では、家庭支援の理念を児童福祉法に明確に盛り込む必要性が示された。保育については、就学前の保育・教育の質の向上が整備の要点として盛り込まれ、発達に課題を有する子どもの増加から家庭支援が必要となってきたとし、保育所におけるソーシャルワーク機能の強化と地域連携の必要が示された[102]。

　一方、2015（平成27）年から、社会保障審議会児童部会に「保育専門委員会」が設置され、保育所保育指針の改定に向けた検討が行われた。子育て支援に関しては、保育所のソーシャルワーク機能の充実を求める声があり、どのように専門性の充実を図ることが望ましいかが検討された[103]。委員会においては、ソーシャルワークの視点が必要であることは一定認められつつも、保育所にソーシャルワークの視点が必要という意味は、努力義務の範囲内で保育士とは異なる専門職の配置が必要ということか、保育士がさらに専門研修を積んでソーシャルワークマインドを強化することかを問う意見、保育士はソーシャルワーカーではないため、それを誰が担うのかが問題になるとの指摘もみられている。また保育士が行うのは他機関との「連携」であり、保育現場では「連携」と「ソーシャルワーク」が混同され、保育士の負担感や混乱に影響しているとの指摘がなされ、2000（平成12）年以降整備された地域における多様なソーシャルワークを担う機関と保育所が連携することで、保育所における特別なニーズを有する家庭への支援は対応が可能ではないか等の提案もみられた[104]。

　こうした議論を踏まえ、2017（平成29）年、第4次改定となった保育所保育指針が告示された。幼児教育の積極的な位置づけとともに、保護者・家庭および

地域と連携した子育て支援の必要性が示されている。「第4章　子育て支援」においては、留意事項として関係機関との連携および協働について記され、指針の解説には、「子どもや子育て家庭に関するソーシャルワークの中核を担う機関と、必要に応じて連携」[105]することが示されるようになった。前回改定の「保育士が相応にソーシャルワークを果たす」という文言は消え、ソーシャルワークの基本的な姿勢や知識、技術等について理解を深めることが推奨されるにとどまった。

　保育所においてソーシャルワーク機能が期待されることの背景には、児童虐待の増加やひとり親家庭を多く含む子どもの貧困問題の表面化、外国をルーツとする家庭の増加、多胎児家庭の困難など、家族や家庭問題が多様化・複雑化したこととともに、学齢期以降においては学校ソーシャルワーカーの活用が進められてきたことも関連しているものと思われる。

　しかし一方で、保育所保育士への度重なる新たな役割の付加から保育現場が混乱の様相を示したことや、そもそもソーシャルワーク自体が自らの学問体系をもち、高度な福祉専門職としての役割を担うこと、地域の子ども・子育てに関するソーシャルワークを担う機関が一定整備されてきたことなどから、これらを踏まえた保育所保育士の役割として、多様なソーシャルワークを担う機関との連携がより強調されたといえる。別の見方をすれば、多様なソーシャルワークを担う機関の拡充や要保護児童対策地域協議会への保育所の参加などから、地域資源の一つとしての保育所、ほかの資源とつながりあう保育所の役割が意識化され、「そもそもの保育所の役割は何か」を再び問い直すことに迫られる面もあったのではないかと思われる。

　2018（平成30）年改定の保育所保育指針は、保育所におけるソーシャルワーク機能の強化というよりは、むしろ保育所独自の専門性を基盤とし、ほかの地域資源との連携を通して地域全体で子育てを支えようとする姿勢を示したもののようにもみえる。第5期と比較するなら、大きく福祉機能に傾いた専門性の揺れは、若干その揺れを振り戻しながら、地域における社会資源との関係を意識しつつ、福祉と教育との関連のなかで自らの独自性を大切に思い、模索を続けようとするものへと変容したといえる。

7.3　保育所のソーシャルワーク機能における新たな揺らぎ

　保育所保育指針の改定を受けて、2017(平成29)年、「保育士養成課程等の見直しについて(検討の整理)」が発表された。子育て支援に関する変更としては、これまでの「相談援助」「保育相談支援」「家庭支援論」が整理統合され、子育て家庭支援に関する基礎的な理解を促進する科目として「子ども家庭支援論」が、保育の専門性を活かした子育て支援に関する実践的な内容を扱う科目として「子育て支援」が新設された[106]。

　検討過程では保育所におけるソーシャルワークの重要性が一貫して話し合われたとされているが、社会福祉の実践体制である「相談援助」の名称は影を潜め、ソーシャルワークの色合いが後退しているようにもみえる。これに関して武藤は、それぞれの担当教員がこれまでの3科目の特徴や個別性を認識したうえで教育実践に取り組んできたかと疑問を呈し、「似たような科目」として扱われることは、ある意味当然のことではないかと振り返る[107]。

　こうした科目の削減や修正は、保育実践者や研究者の間においても、保育士の業務にとって近接領域との関連がどのようにあり、どのような専門性がどのように必要か、その理念と方法論がまだ明確にされていない、あるいは定着していないことを意味している。さらに保育所以外の児童福祉施設における専門性をどう担保していくかは、引き続き議論すべき課題として積み残されている。

Section 8

子ども家庭支援における
保育所等の独自性とは何か

8.1　保育士は、福祉職か、教育職か、それとも福祉職＋教育職か

　黎明期から現在に至る保育制度、保育士養成課程ならびに保育所保育指針
の記述内容とそれらに関する文献資料を中心に、保育士に求められる役割と
しての子育て支援・家庭支援に関する視座を整理してきた。明治期に救貧や
防貧から誕生した黎明期の託児は、やがて社会事業として発展したが、そこ
で求められる役割はソーシャルワーク機能を含むものであり、家庭をまるご
と支援する姿勢は不可避であった。戦後、幼稚園との二元化が進むなかで、保
育所は保育に欠ける子どもを対象とした保育制度として整備されるように
なるが、保育の場そのものに到達できない家庭の存在や、保育所と家庭生活
の乖離から、幼稚園とは異なる保育所独自の課題を模索する必要にも直面し
ていた。その実践的方法論として、ケースワークやグループワーク等のソー
シャルワークが想定され、保母養成課程として整備された教科目にも福祉系
の科目が多く反映されてきた。西郷は、保育士はかつてソーシャルワーカー
であったという歴史的事実を指摘するが[108]、本章での振り返りもそれをほぼ
追認する形となった。その後、保育士は教育職とする見方も強まるが、児童福
祉法における対人援助に必須の保育士関連の諸規定を鑑みると、やはり福祉
職としての特性も十分にもち合わせている専門職であることに気づかされ
る。
　保育所における子育て支援・家庭支援について振り返ってみると、おおよ
その時代においても「保育士は、福祉職か、教育職か、それとも福祉職＋教
育職か」という問いに遭遇した。家庭支援を視野に入れる必要性は、時代背景

によって多少の揺らぎはあるものの、根底においては変わらないものであった。長時間保育を常とした生活支援を内包する保育所保育は、子どもの家庭背景を理解したうえでしか成り立たない部分があり、さまざまな困難を伴う昨今の社会状況にあっては、それぞれの家庭がいつ、どのような生活困難に遭遇するかわからない。2020 (令和2) 年の春先からのコロナ禍においては、なおさらその傾向は強まるものと思われる。子どもの最善の利益を追求するためにも、子どもの生活基盤である家庭に関心を寄せることは必須となる。また昼間の居場所でもある保育所等が、家庭との連携を図りながら幼児教育を行う必要があることはいうまでもない。むしろ家庭環境に課題を抱える子どもたちにとって、保育所等は、必要な教育資源を享受できる貴重な場にもなる。

　またソーシャルワーク機能の導入の是非についても、振り子のように揺らぎながら繰り返し議論が行われてきたことも確認された。現在は、保育所のみで完結するものとしてソーシャルワークを捉えるのではなく、ソーシャルワークを主として担う多様な機関との連携が推奨されるようになった。こうした揺らぎは、保育所におけるソーシャルワーク機能がまったく不要になることはないことを知らせてくれるものであり、地域の社会資源との連携によってソーシャルワーク機能を果たすイメージを私たちに描かせるものとなる。今後は、保育所等を含めた地域資源がそれぞれに有機的に連関しながら、地域全体で子育てを支えていくシステムづくりへと向かっていくものと思われる。

8.2　保育所等の子ども家庭支援にかかわる「独自性の可視化」の課題

　そこでやはり課題が残る。「保育所等の独自性とは何か」という課題である。それは、保育所等の子ども家庭支援にかかわる「独自性の可視化」の課題とも言い換えることができる。多様な専門性をもった社会資源と連携していく際には、自分たちの「強み」や「特性」を知っておくことは肝要であり、子どもや家庭にとって有効な支援につながる。戦後吉見や副島がその探求に苦心したように、現代を生きる我々においてもその独自性を模索する必要があ

る。

　保育指導の原理や展開については、2000年代半ばから柏女らを中心に調査研究が行われてきたが[109][110]、それに引き続く保育所等における子ども家庭支援に関する帰納的な探求、演繹的な検証がさらに求められることとなる。それはさまざまな機能や資源を内包する保育所等という基盤に基づくものとなる必要がある。ソーシャルワークやカウンセリング、その他近接領域の援助理論や技術を取り入れたとしても、保育所等という環境になじむように加工し、定着するように体系化していかなければならない。それらを保育士養成課程の教科目の内容として、しっかりと息づかせ、定着させていく必要があろう。

　また保育所等は「組織」でもある。その組織のなかで、一人ひとりの保育者たちがそれぞれの家庭とどのようにかかわりあい、園内での連携を図り、支援をつくりあげていくのか。組織マネジメントの観点から、支援を支える要因にも目を向け、そこを強化することも求められる。

　さらに複数の困難を抱える家庭に対しては、寄り添い型の支援を行いながら潜在的な支援ニーズを把握し、必要な社会資源につなげていく支援の必要性が指摘されるようになってきた。こうした支援の一翼を担う機関として、保育所等の役割はやはり大きいものと考える。日常的な見守りや観察から、保護者の支援ニーズに気づき、個別的な介入は可能となると思われるが、その支援体制は自ずと整備されていくものではない。その支援体制を支える要因を明らかにし、保育者自らがその要因を意図的に取り込み、子どもや家庭のウェルビーイングを目指し、よりよい体制構築へと変革していくことが必要となる。

　最後に、本章の課題を記しておく。本章では明治期からの託児を出発点として、時系列的に保育所における子育て支援・家庭支援について振り返ってきたが、表面的な整理に留まらざるを得ず、また政策的に重要な節目をすべて網羅できているわけではない。例えば、子ども・子育て支援制度や幼稚園、認定こども園、地域型保育などとの関連、求められるソーシャルワーク機能の変遷等については、重要な観点を含むものであると思われるが、紙面の都合上言及することはできなかった。また2018（平成30）年改定の保育所保育指

針における子育て支援の重要なキーワードとして、「保護者及び地域が有す
る子育てを自ら実践する力の向上」が挙げられるが、これについても触れる
ことはできなかった。今後の課題としたい。

引用文献

1 　厚生労働省社会・援護局地域福祉課生活困窮者自立支援室(2015)生活困窮者自立支援制度について. https://www.mhlw.go.jp/stf/seisakunitsuite/bunya/0000059382.html(2020.8.28情報取得)

2 　厚生労働省(2020)2019年　国民生活基礎調査の概況

3 　文部科学省(1981)学制百年史. https://www.mext.go.jp/b_menu/hakusho/html/others/detail/1317591. htm(2020.7.30情報取得)

4 　上笙一郎・山崎朋子(1994)日本の幼稚園. ちくま学芸文庫. 32-40

5 　同上. 102-104

6 　上笙一郎・山崎朋子(1980)光ほのかなれども. 朝日新聞社. 136

7 　前掲4. 97-98

8 　前掲6. 137-138

9 　前掲6. 180-200

10　山縣文治・柏女霊峰編(2013)社会福祉用語辞典第9版. ミネルヴァ書房. 153

11　野口友紀子(2017)社会事業は教育とどのように関わったのか. 長野大学紀要38(3). 9-19

12　前掲4. 182

13　前掲4. 184

14　勅使千鶴(1981)大正・昭和戦前期の保育. 浦辺史・宍戸健夫・村山祐一編. 保育の歴史. 青木教育叢書. 75-81

15　田澤薫(2011)幼保一元化の可能性に関する史的検討. 保育学研究49(1). 18-28

16　森健蔵(1942)我が国の保育所. 幼児の教育42(1). 4-8

17　藤野井行仁(1938)保育所の使命と其の本領. 幼児の教育38(5). 2-5

18　志村貞子(1943)猿江善隣館を問ふ. 幼児の教育43(8-9). 17-20

19　前掲17. 4-5

20　水野浩志(2014)昭和前期の保育所保母養成. 水野浩志・久保いと・民秋言. 戦後保育50年史　保育者と保育者養成. 日本図書センター. 57

21　松崎芳伸(1947)保育所と幼稚園. 幼児の教育46(10). 9

22　待井和江(1980)保母の専門職化と保育者養成. 社会問題研究30(2・3・4). 120

23　全国保母養成協議会(1974)解説・保母の法的な位置づけについて. 保母養成資料(1). 9-10

24　小川正通(1949)「保育要領」批判. 幼児の教育48(2-3). 32-35

25　田澤薫(2018)興望館セツルメントにおける吉見静江. 聖学院大学論叢31(1). 34-35

26　副島ハマ(1980)回想　保育内容の基礎づくり. 岡田正章・久保いと・坂元彦太郎他編著『戦後保育史 1』フレーベル館. 236-237

27　副島ハマ(1955)保育所の眞の姿. 幼児の教育54(6). 49-52

28　前掲25. 35

29　厚生省児童局編(1952)保育指針. 日本児童協会. 142

30　厚生省児童局編(1957)保育児童のケースワーク事例集. 日本児童福祉協会.

31　田澤薫(2017)保育所保育の独自性を探る:『保育児童のケースワーク事例集』にみる幼児理解とソーシャルワーク. 聖学院大学論叢29(2). 1-14

32　前掲22. 136

33　待井和江(1976)幼稚園と保育所. 社会問題研究26(1・2・3・4). 77

34　岡田正章(1961)保育所保母は専門的教育職. 幼児の教育60(10). 8-10

35　前掲33. 77-78

36　中村強士(2009)戦後保育政策のあゆみと保育のゆくえ. 新読書社. 85

37　諏訪きぬ(1981)高度経済成長と保育要求の高揚. 浦辺史・宍戸健夫・村山祐一編. 保育の歴史. 青木教育叢書. 216-217

38　岡田正章(1973)「保育所保育指針」の発刊. 横山つる・浦辺史・岡田正章編. 戦後保育所の歴史. 全国社会福祉協議会. 163-164

39   中央児童福祉審議会保育対策特別部会(1971)「保育」と「教育」はどうあるべきか

40   山下俊郎(1973)幼稚園と保育所の問題を考える. 幼児の教育72(6). 4-7

41   藤田政雄(1973)保育所入所希望の理由から見た幼児教育の課題. 日本保育学会大会研究発表論文抄録(26). 21-22

42   全国保母養成協議会(1974)保母養成校(施設)の指定基準・修業科目の変遷についての解説(2)厚生省の解説. 保母養成資料(2). 32-35

43   中央児童福祉審議会(1971)保育所における幼児教育のあり方について

44   前掲22. 128. 142

45   中央児童福祉審議会保育制度特別部会(1963)保育問題をこう考える(中間報告)

46   前掲37. 219-220

47   待井和江・野澤正子(1999)保育所保育指針改訂の課題と保育士養成. 社会問題研究48(2). 22-23

48   柏女霊峰(1996)子ども家庭施策の潮流. 別冊発達21　子ども家庭施策の動向. ミネルヴァ書房. 8

49   文部省・厚生省・労働省・建設省(1994)今後の子育て支援のための施策の基本的方向について

50   森田明美(1996)1990年代の保育問題と保育政策の課題. 季刊保育問題研究159. 75

51   厚生省(1996)厚生白書(平成10年版). https://www.mhlw.go.jp/toukei_hakusho/hakusho/kousei/1998/dl/04.pdf(2020.7.30情報取得)

52   秋山邦久(2006)児童相談所の事例分析から捉え1990年代の特徴. 研究代表者　保坂亨. 児童虐待の援助法に関する文献研究(第3報:1990年代まで). 子どもの虹情報研修センター. 42

53   厚生労働省(2014)児童虐待の現状. https://www.mhlw.go.jp/file/06-Seisakujouhou-11900000-Koyoukintoujidoukateikyoku/0000108127_1.pdf(2020.7.30情報取得)

54   前掲52. 43-44

55   これからの保育所懇談会(1993)今後の保育所のあり方について――これからの保育サービスの目指す方向(提言)

56   同上

57   西山佐代子(2001)日本の保育政策. 北海学園大学経済論集49(2). 112

58   秋山泰子・金子さつき・高玉和子他(1997)児童虐待に関する保育者の認識. 日本保育学会大会研究論文集(50). 980-981

59   厚生省児童家庭局長通知(1995)特別保育事業の実施について

60   厚生省(1994)「緊急保育対策5か年事業」の概要

61   山縣文治(2002)現代保育論. ミネルヴァ書房. 154

62   中野菜穂子(1998)児童福祉政策史における保育所の対象と機能の変遷(その1). 岡山県立大学短期大学部研究紀要5. 92

63   小西祐朗(2000)改訂の趣旨と経緯. 保育所保育指針検討小委員メンバー編. 新しい保育所保育指針. チャイルド本社. 7

64   厚生省児童家庭局長通知(1999)保育所保育指針

65   徳永聖子(2013)保育士養成課程「保育相談支援」の意義と課題. 淑徳社会福祉研究(20). 50

66   保育士養成課程等検討委員会(2001)今後の保育士養成課程等の見直しについて(報告)

67   厚生労働省雇用均等・児童家庭局長通知(2001)「児童福祉法施行規則第39条の2第1項第3号の指定保育士養成施設の修業教科目及び単位数並びに履修方法」の施行について

68   柏女霊峰・山縣文治編(2002)家族援助論. ミネルヴァ書房. iii

69   保育士養成課程等検討会(2009)資料4保育士養成課程見直しの経緯. https://www.mhlw.go.jp/shingi/2009/11/dl/s1116-7d.pdf(2020.8.4情報取得)

70   岡本和子・矢藤誠慈郎・諏訪英弘他(2003)保育者養成の再検討. 岡山県立大学短期大学部研究紀要10. 100-103

71   永井憲一・寺脇隆夫・喜多明人他(2000)新解説子どもの権利条約. 日本評論社. 122-128

72   林陽子(2000)児童虐待防止法を検討する. 子どもの虐待とネグレクト2(2). 220

73   前掲58

74 厚生省児童家庭局長通知(2000)「児童虐待の防止等に関する法律」の施行について

75 前掲64

76 厚生労働省児童家庭局長通知(1990)保育所保育指針

77 柏女霊峰(2000)「保育士」の資格を法定化せよ. 朝日新聞. 11月4日朝刊

78 柏女霊峰(2003)子育て支援と保育者の役割. フレーベル館. 127

79 厚生労働省(2008)保育所保育指針解説書. フレーベル館. 179

80 亀﨑美沙子(2017)保育士の役割の二重性に伴う保育相談支援の葛藤. 保育学研究55(1). 69

81 前掲78. 129

82 改訂・保育士養成講座編纂委員会編(2007)改訂3版・保育士養成講座第11巻　家族援助論. 6-7

83 網野武博(2002)家族援助論. 建帛社. 164

84 前掲68. ii

85 徳広圭子(2006)指定保育士養成校における「家族援助論」の教授法. 岐阜聖徳学園大学短期大学部紀要38. 7-8

86 次世代育成支援施策の在り方に関する研究会(2003)社会連帯による次世代育成支援に向けて

87 厚生労働省(2008)保育所保育指針

88 前掲79. 183-184

89 網野武博(2009)保護者支援. 別冊発達29　新幼稚園教育要領・新保育所保育指針のすべて. ミネルヴァ書房. 178

90 松本しのぶ(2008)保育士の求められるソーシャルワークとその教育の課題. 奈良佐保短期大学研究紀要(15). 74

91 前掲78. 132

92 保育士養成課程等検討会(2010)保育士養成課程等の改正について(中間まとめ). 5-6

93 保育士養成課程等検討会(2010)参考資料1　第2回保育士養成課程等検討会における主な意見. https://www.mhlw.go.jp/shingi/2010/01/s0118-6.html(2020.8.25情報取得)

94 保育士養成課程検討会(2019)参考資料1　第3回保育士養成課程等検討会における主な意見. https://www.mhlw.go.jp/shingi/2010/02/s0209-7.html(2020.8.25情報取得)

95 前掲65. 61

96 前掲94. 別紙1

97 汐見稔幸(2012)保育学の自立を期して. 汐見稔幸監修. 保育学を拓く. 萌文社. 128-131

98 中山忠政(2012)保育士養成課程における教科目名称の変更「養護内容」から「社会的養護内容」へ. プール学院大学研究紀要(52). 179-181

99 上林陽治(2015)子どもの貧困対策推進に関する法律. 地方自治関連立法動向2. 62

100 閣議決定(2014)子供の貧困対策に関する大綱. https://www8.cao.go.jp/kodomonohinkon/pdf/taikou.pdf(2020.8.25情報取得)

101 子供の貧困対策会議(2015)すべての子どもの安心と希望の実現プロジェクト. https://www8.cao.go.jp/kodomonohinkon/kaigi/k_4/pdf/s2.pdf(2020.8.25情報取得)

102 社会保障審議会児童部会新たな子ども家庭福祉のあり方に関する専門委員会(2016)「報告(提言)」https://www.mhlw.go.jp/stf/shingi2/0000116162.html(2020.8.25情報取得)

103 社会保障審議会児童部会保育専門委員会(2016)「保護者支援」及び「職員の資質向上」に関する主な論点(例). https://www.mhlw.go.jp/stf/shingi2/0000121134.html(2020.8.25情報取得)

104 社会保障審議会児童部会保育専門委員会(2016)委員提出資料. https://www.mhlw.go.jp/stf/shingi2/0000121134.html(2020.8.25情報取得)

105 厚生労働省(2018)保育所保育指針解説

106 保育士養成課程等検討会(2017)保育士養成課程等の見直しについて(検討の整理). https://www.mhlw.go.jp/stf/shingi2/0000189068.html(2020.8.25情報取得)

107 武藤大司(2020)保育士養成カリキュラム改正におけるソーシャルワーク関連科目の論点整理. 安田女子大学紀要48. 116

108 西郷泰之(2010)専門職としての保育士の職種と社会福祉援助技術. 岸井勇雄・無藤隆・柴崎正行監修. 社会福祉援助技術(第二版). 同文書院. 154

109 柏女霊峰(2009)保育指導技術の体系化に関する研究. こども未来財団

110 柏女霊峰・西村真実・橋本真紀他(2010)保護者支援スキルアップ講座──保育者の専門性を生かした保護者支援 保育相談支援(保育指導)の実際. ひかりのくに

Chapter 2

求められる組織対応
保育ソーシャルワークと生活困難に関する文献レビューから

Section 1

保育所等における生活困難家庭への
支援へのアプローチの視点

　保育所等が対応する保護者の抱える子育て困難は、子どものかかわり方やしつけなどの相談など、日々の対応で解決できるものから、児童虐待のように保育所等内での連携や他機関との連携が求められるものまで幅広い。深刻な困難ほどその背景に、子育て以外の生活上の困難、例えば、経済的困難や保護者の疾病・障害、夫婦関係の不調があることが多い。そのため、保育所等にはさまざまな生活困難(保護者の健康、経済、就労、教育、家族関係、社会関係・社会参加に関する困難等)＊を見定めた対応が求められる場合がある。

　従来、保育所における子育て支援や保護者支援は、少子化や核家族化、家庭や地域の子育て機能の低下等を背景にめざましく進められてきた[1]。1997(平成9)年の児童福祉法改正により、保育所における保育に関する相談・助言の努力義務化が示され、続く1999(平成11)年の保育所保育指針第2次改定では、「保育所における子育て支援及び職員の研修」の章が創設されている。これにより保育所は、子育てに関するノウハウの蓄積を活用し、地域における子育て支援の役割を総合的かつ積極的に担うことが求められるようになった。

　2001(平成13)年の児童福祉法改正では保育士資格が法定化され、保育士の業務として「児童の保護者に対する保育に関する指導」が加えられた。2008(平成20)年の保育所保育指針第3次改定の際にも、「保護者への支援」の章が独立して設けられ、保育士の専門性を活かした子育て支援の役割が、特に重要なものとして位置づけられるようになっている。

＊　岡村重夫(1983)の社会生活の基本的要求に基づいている。社会生活の基本的要求とは、①経済的安定、②職業的安定、③家族的安定、④保健・医療の保障、⑤教育の保障、⑥社会参加ないし社会的協同の機会、⑦文化・娯楽の機会をいう。岡村はこの七つの要求を充足する過程の困難を社会生活上の困難と規定した。

　こうした法令や保育所保育指針における子育て支援や保護者支援の明示
は、保育所における家庭への支援が、保育業務と並ぶ重要な役割として社会
的にも共通認識され、大きな期待が寄せられるようになったことを示すもの
であるが、その援助内容はしだいに、単なる子育てのノウハウの提供から、
ソーシャルワーク機能を含む援助へと展開してきている。現行の「保育所保
育指針解説」では、育児不安を抱える保護者や不適切な養育を行う保護者に
対して、保育者の専門性に基づき支援を行いつつも、ケースによってはソー
シャルワークの知識や技術の活用が求められている[2]。

　保育所等におけるソーシャルワーク、あるいは保育士によるソーシャル
ワーク（以下、保育ソーシャルワーク）は、上記のような保育政策の動向に伴って、
1990年代以降しだいに研究の蓄積がみられるようになっている。保育ソー
シャルワークとは、「保育とソーシャルワークの学際的・統合的な概念として
位置づけられ、子どもと保護者の幸福のトータルな保障をめざし、その専門
的知識と技術をもって、保育施設や地域社会における特別な配慮を必要とす
る子どもと保護者（障がいや発達上の課題、外国にルーツをもつ子どもや家族、育児不安、不適切
な養育、虐待や生活上の課題）に対して行われる支援である」[3]と定義される。先行研
究においては、保育所等や保育士の保育ソーシャルワークに関する意識、知
識、技術の向上の必要性が論じられているが、保育ソーシャルワークの観点
から保育所等における子育て支援、保護者支援にアプローチすることは、
ソーシャルワーク理論をベースとした保育所等における生活困難家庭の支
援の捉え直しを可能にし、さらなる理論的課題を浮かび上がらせるものとな
る。

　一方、保育所等においてはこれまで生活困難家庭を含めた保護者支援を多
く実践してきた[456]。実際の保育現場では、生活困難家庭の支援において園長、
主任、担任といった職階が存在するため、一保育士が単独で他機関との連携
をとることは難しい。保育所内では、さまざまな役割の職員が組織的な体制
を組むことによって支援を行っているものと予想されるが、どのような生活
困難を扱い、どのような組織的体制が行われているのかなど、その実態が明
らかにされているわけではない。特に深刻な事例の場合には、保育所のみで
の対応には限界があり他機関との連携が必要となるが、その実態も定かでな

い。実践報告を含んだ文献をレビューすることによって、現在行われている保育所等における子ども家庭支援の実態や得意とする機能などが浮き彫りになると考えられる。

　これらの点を踏まえて、本章では、保育ソーシャルワークに関する文献レビュー（以下、調査A）と、保育所での実践報告を含む文献レビュー（以下、調査B）という二方向からの文献レビューを行う。前者は保育ソーシャルワークという理論から演繹的に、後者は保育実践を帰納的に読み取ることとなるが、そのことによって、生活困難家庭の支援における保育所等の強みが明確になり、課題が提示されるものと考えられる。

Section 2

文献レビューの方法

　文献の検索および文献収集、文献の選定は、以下の方法および手順で行った。

（ 1 ） 文献検索は、CiNii（NII論文情報ナビゲータ）を用いた。調査Aではキーワード検索を「保育＆ソーシャルワーク」で行った（最終アクセスは2015（平成27）年4月30日）。調査Bでは**表2-1**のとおり、キーワード検索を「保育所＆保護者／家族／家庭／親＆対応／支援」と設定した（最終アクセスは2013（平成25）年8月26日）。

（ 2 ） (1)の文献検索の結果、本研究に直接関連する文献を選択した。ここでいう文献とは、原則として研究目的、方法、結果が明記されている論文、実践報告、事例報告である。

（ 3 ） さらに、選択された文献の引用文献、参考文献にも目を通し、必要な文献については抽出し、分析の対象とした。

表2-1 検索のためのキーワード一覧

1	「保育所」	「保護者」	「対応」
2	〃	〃	「支援」
3	〃	「家族」	「対応」
4	〃	〃	「支援」
5	〃	「家庭」	「対応」
6	〃	〃	「支援」
7	〃	「親」	「対応」
8	〃	〃	「支援」

（4） 調査Aでは、保育所以外の児童福祉施設を対象にした研究、保育士養
　　　成課程を対象とした研究、文献レビューを目的とした研究は除外し
　　　た。調査Bでは、保護者の意識調査、ニーズ調査、育児不安研究、保護
　　　者自身の子どもへの対応に関する研究、歴史研究、地域子育て支援セ
　　　ンターに関する研究等は除外した。

（5） 分析の枠組みは、①保育ソーシャルワークの機能／生活困難に対応す
　　　るための業務の機能は何か、②支援の際の組織的対応の有無、③対応
　　　する生活困難、④他機関との連携、⑤基礎となる援助理論である。

Section 3

結果

　文献検索の結果、調査Aでは110本の文献が該当したが、直接本研究と関連した文献は**表2-2**のように37本であった。調査Bでは、**表2-3**のように37本の文献が抽出された。以下、五つの分析枠組みに沿って結果を示す。

3.1　保育ソーシャルワークの機能／生活困難に対応するための業務の機能

　保育ソーシャルワークの機能および生活困難に対応するための業務の機能については、保育ソーシャルワークの機能ソーシャルワーカーの役割から分類した先行研究に基づいて、**表2-4**のように、15の分類項目を設定し分類した[7]。機能の抽出・整理に当たっては、文献のなかでその機能が明記されたものだけでなく、文脈上読み取れる機能についても抽出した。さらに15の機能に、「早期発見機能」を付加し整理した。早期発見機能とは、虐待機能に限らずさまざまな保護者の生活困難を発見する役割である。なお、この機能を付加した理由は、保育所等は日々子どもや家庭とともに生活する場であり、虐待事例に限らずさまざまな保護者の生活困難を発見し得る場であると考えたこと、文献整理の作業を行った際、実際に早期発見についての記述が散見されたことが挙げられる。

　その結果、**表2-4**のように、調査Aでは、相談援助機能が32論文と最も多く、次いで連携機能（26論文）となり、この二つの機能が突出してみられた。特に相談援助機能については、日々の保護者や保育士のかかわり、子育て相談においてその機能を想定しているものが大半であった。さらに子育てサークルの結成など地域子育て支援で期待される交流支援・組織化機能が13論文と

表2-2　調査Aにおいて分析の対象となった文献リスト

No	論文
1	山本真実(2000)「保育所機能の多様化とソーシャルワーク」『ソーシャルワーク研究』26(3). 193-200
2	今堀美樹(2002)「保育ソーシャルワーク研究——保育士の専門性をめぐる保育内容と援助技術の問題から」『神学と人文(大阪キリスト教短期大学)』42. 183-191
3	石井哲夫(2002)「私説　保育ソーシャルワーク論」『白梅学園短期大学　教育・福祉研究センター研究年報』7. 1-3
4	石田慎二・前迫ゆり・智原江美・中田奈月・高岡昌子・福田公教(2004)「保育所におけるソーシャルワーク援助」『研究紀要(奈良佐保短期大学)』12. 9-17
5	鶴宏史(2004)「子育て支援における援助初期面接技法に関する考察:保育ソーシャルワーク試論(その1)」『神戸親和女子大学福祉臨床学科紀要』1. 49-56
6	赤瀬川修(2005)「保育士による家族に対するソーシャルワークに関する研究」『九州栄養福祉大学研究紀要』2. 85-95
7	福田公教・石田慎二(2005)「保育所におけるソーシャルワーク機能の検討」『佛教福祉学(種智院大学佛教福祉学会)』13. 71-81
8	今堀美樹(2005)「保育ソーシャルワーク研究——保育所におけるスーパービジョンの適用方法をめぐって」『神学と人文(大阪キリスト教短期大学)』45. 147-154
9	野島正剛(2005)「保育者のソーシャルワーク、カウンセリングと家族支援:親のエンパワメント」『紀要(上田女子短期大学)』28. 41-50
10	鶴宏史(2005)「子育て支援における援助初期面接技法に関する考察(事例編):保育ソーシャルワーク試論(その2)」『神戸親和女子大学福祉臨床学科紀要』2. 55-65
11	石田慎二(2009)「保育所の子育て支援に対する意識とソーシャルワーク機能に関する考察」『社会福祉士(日本社会福祉士会)』13. 109-115
12	土田美世子(2006)「エコロジカル・パースペクティブによる保育実践」『ソーシャルワーク研究』31(4). 285-294
13	鶴宏史(2006)「保育ソーシャルワークの実践モデルに関する考察(その1):保育ソーシャルワーク試論(その3)」『神戸親和女子大学福祉臨床学科紀要』3. 65-78
14	伊藤利恵・渡辺俊之(2007)「保育ソーシャルワークの展望」『高崎健康福祉大学総合福祉研究所紀要』4(1), 29-40
15	松岡俊彦(2007)「保育ソーシャルワークを再考する——統合保育の実践から学ぶもの」『子ども家庭福祉学』7, 75-80
16	中村和彦(2007)「保育実践者による『人——環境』への包括的理解:アセスメントスキル・トレーニングへの構想」『北方圏生活福祉研究所年報(北翔大学)』13. 83-92
17	新川泰弘(2007)「トランスセオレティカルモデルを活用した保育ソーシャルワーク研修の試み」『研究紀要(日本福祉図書文献学会)』6. 111-118
18	井上寿美・笹倉千佳弘(2008)「地域子育て支援におけるソーシャルワーク的な実践に関する研究——『保育ソーシャルワーク論』の構築に向けて」『関西福祉大学附置地域社会福祉政策研究所報告書2008年度』15-20
19	伊藤利恵・渡辺俊之(2008)「保育所におけるソーシャルワーク機能についての研究——テキストマイニングによる家族支援についての分析」『高崎健康福祉大学総合福祉研究所紀要』5(2). 1-26
20	伊藤良高・若宮邦彦・桐原誠・宮崎由紀子(2008)「保育ソーシャルワークのパラダイム——ケアマネジメント概念を手がかりに」『乳幼児教育学研究』17. 9-18
21	蘇珍伊(2008)「保育所におけるソーシャルワークの機能に関する研究——保育士の役割に焦点を当てた質的内容分析」『現代教育学研究紀要(中部大学現代教育学研究会)』1. 79-88
22	武田英樹(2008)「地域に求められる保育士によるソーシャルワーク」『近畿大学豊岡短期大学論集』5. 15-25
23	若宮邦彦(2008)「保育ソーシャルワークとスーパービジョン」『熊本学園大学論集総合科学』14(2). 61-86
24	安藤健一(2009)「保育ソーシャルワークに関する一考察——保育士による生活場面面接の可能性」『清泉女学院短期大学研究紀要』27. 1-11
25	森内智子・奥典之(2010)「保育と福祉の協働——保育ソーシャルワークの必要性」『四国大学紀要』34. 61-65
26	鈴木敏彦・横川剛毅(2010)「保育士の業務実践におけるソーシャルワーク機能に関する基礎研究——保育所保育士の保護者支援を中心に」『和泉短期大学研究紀要』30. 1-15
27	土田美世子(2010)「保育所によるソーシャルワーク支援の可能性:保育所へのアンケート調査からの考察」『龍谷大学社会学部紀要』37. 15-27
28	原田明美(2011)「保育ソーシャルワーク(神田試論)についての一考察」『名古屋短期大学研究紀要』49. 135-150
29	原田明美・坂野早奈美・中村強士(2011)「保育ソーシャルワーク論の試み:『子どもの貧困』問題からのアプローチ」『あいち保育研究所研究紀要』2. 55-67
30	百瀬ユカリ・丸山アヤ子(2011)「保育所併設型の地域子育て支援拠点における保育士の役割」『秋草学園短期大学紀要』28. 139-150
31	森内智子・奥典之(2011)「保育ソーシャルワーク——理論化への取り組み」『四国大学紀要』35. 21-23
32	土田美世子(2011)「地域子育て拠点施設としての保育所の機能と可能性:保育所ソーシャルワーク支援からの考察」『龍谷大学社会学部紀要』39. 21-31
33	伊藤良高・香崎智郁代・永野典詞・三好明夫・宮崎由紀子(2012)「保育現場に親和性のある保育ソーシャルワークの理論と実践モデルに関する一考察」『熊本学園大学論集「総合科学」』19(1). 1-21
34	若宮邦彦(2012)「保育ソーシャルワークの意義と課題」『南九州大学人間発達研究』2. 117-123
35	米山珠里(2012)「保育所におけるソーシャルワークに関する現状と課題:弘前市内の保育士に対するアンケート調査結果を中心に」『東北の社会福祉研究』8. 47-60
36	高田ひやか(2012)「保育ソーシャルワークに求められる専門性——「気になる子」の保育園実態調査より」『夙川学院短期大学研究紀要』42. 19-29
37	若宮邦彦(2015)「保育スーパービジョンの理論と動向」『南九州大学人間発達研究』5. 87-92

表2-3　調査Bにおいて分析の対象となった文献リスト

No	論文
1	矢野友子・隅田和子・中川かをり(2001)「実践報告　子育て困難な家族を支える保育——虐待問題に対応する)」『保育の研究』18,24-27
2	千葉郁子(2001)「保育士の立場から:保育所での母親・家族への支援」『小児看護』24(13),1812-1815
3	広利治治(2001)「保育所集団で不適応を起こした愛着障害幼児のケアーと家族支援」『宮城学院女子大学発達科学研究』1,29-36
4	網野武博(2001)「子ども・家庭・地域・外国人保育の課題と展望——我が国における行政の対応状況と保育所での受け入れ」『月刊福祉』84(5),88-91
5	二宮桂子(2001)「安心して暮らせるまちづくりをめざす——保育所の子育て支援と地域活動」『福祉のひろば』17(382),16-21
6	鈴木美子(2002)「実践報告2生活困難家庭を支える保育(特集保育所の役割・家庭の役割)」『保育の研究』19,42-45
7	文責:編集部(2003)「保育所が行う地域子育て支援をすすめる——親になることを支援する存在をめざして」『月刊福祉』86(1),42-45
8	中川かをり(2004)「公立保育所での家族支援」『季刊保育問題研究』210,117-126
9	片山順子・小方圭子・木山徹哉ほか(2004)「親子関係支援としての音楽表現やり取り遊び:保育における地域子育て支援の内容と方法」『九州女子大学紀要. 人文・社会科学編』41(1),27-38
10	岩崎美智子(2006)「親子の『生』を支える:保育所における子ども虐待への支援」『鳴門教育大学研究紀要』21,95-101
11	金子恵美(2007)「保育所における保護者支援の意義と方法」『保育の友』55(12),22-25
12	千葉千恵美・鑑さやか・渡辺俊之(2007)「保育所保育士による家族支援」『高崎健康福祉大学紀要』6,91-104
13	下野末紗子・稲富眞彦(2007)「保育所における『気になる』子ども——行動特徴、保育者の対応、親子関係について」『高知大学教育学部研究報告』67,11-20
14	斎藤愛子・中津郁子・粟飯原良造(2008)「保育所における『気になる』子どもの保護者支援」『小児保健研究』67(6),861-866
15	斎藤幸子・須永進・青木和史(2008)「保育所における保護者のニーズとその対応に関する調査」『日本子ども家庭総合研究所紀要』45,303-310
16	斎藤和子(2008)「保育所における子ども家庭支援に求められる保育士の専門性」『白梅学園大学・短期大学紀要』44,33-46
17	千葉県／私立保育園(2008)「身近な『親支援』施設としての保育所」『月刊福祉』91(10),28-31
18	佐々木さつみ(2008)「子育て期の母親が抱える困難と『子育て支援』の方向——県市における保育所・幼稚園調査をもとに」『社会文化論集』10,95-126
19	岩崎美智子(2008)「支援・応援・援助:保育所保育士による親子支援の現場から」『東京家政大学研究紀要』48(1),49-58
20	久保山茂樹・斉藤由美子・西牧謙吾ほか(2009)「『気になる子ども』『気になる保護者』についての保育者の意識と対応に関する調査」『国立特別支援教育総合研究所研究紀要』36,55-75
21	橋本真紀(2009)「保育所の児童虐待対応における保護者への支援」『小児看護』32(5),614-619
22	兵庫保問研子育て支援部会(2009)「保育所の保護者支援」『保育問題研究』(236),312-316
23	豊永せつ子(2009)「保育所の機能や特性を生かした子育て支援——保護者に対する支援」『別冊発達』(29),205-211
24	柏女霊峰・有村大士・板倉孝枝ほか(2009)「子ども家庭福祉分野におけるソーシャルワークとケアワークの体系化に関する研究(1)児童福祉施設における保育と保育相談支援(保育指導)技術の体系化に関する研究(1)保育所保育士の技術の把握と施設保育士の保護者支援」『日本子ども家庭総合研究所紀要』46,31-84
25	岩崎美智子・松本なるみ(2009)「『剥奪』とのたたかい:保育所保育士による親支援」『人間文化研究所紀要』3,1-9
26	小口将典(2010)「子育て家庭を支える保育所給食の役割」『医療福祉研究』(6),80-88
27	斎藤幸子・須永進・青木和史(2010)「保護者のニーズとその対応——保育所と幼稚園における調査結果の比較」『日本子ども家庭総合研究所紀要』47,329-336
28	山野良一(2010)「保育所で支えられた親と子——児童相談所の視点から」『保育問題研究』(244),62-68
29	大原麻由・横山順一・横山和恵(2011)「多くの問題を抱える家庭への保育所における支援」『山梨学院短期大学研究紀要』31,15-26
30	高井由起子(2011)「虐待ハイリスク家族への支援に関する論考——保育所内における支援を中心として」『社会福祉士』18,18-24
31	別府悦子・西垣吉之・水野友和ほか(2011)「幼稚園・保育所(園)における『気になる』子ども・保護者への対応の実態と保育者養成」『中部学院大学・中部学院短期大学研究紀要』12,119-128
32	小川晶(2011)「保育所における高学歴・高齢初出産母子に対する支援:母親と保育者の関係構築を基軸として」『保育学研究』49(1),51-62
33	中村みゆき(2012)「発達障害と地域支援(2)気になる子の子育て支援:保護者と子どもの架け橋になったM保育所での『CLMと個別の指導計画』を活用した支援」『子育て支援と心理臨床』4
34	宮崎つた子・梶美保(2012)「保育所における保護者支援のあり方に関する一考察」『高田短期大学紀要』30,131-139
35	平野華織・水野友有・別府悦子ほか(2012)「幼稚園・保育所における『気になる』子ども・保護者への対応の実態」『中部学院大学・中部学院大学短期大学部研究紀要』13,145-152
36	野島千恵子(2012)「保育所が取り組む育児困難家庭への支援」『保育の友』60(11),13-16
37	蕎川晴之(2012)「釜ヶ崎の真ん中にある保育所で:さまざまな事情を抱える親と子への支援」『福祉のひろば』146,10-17

表2-4　保育ソーシャルワーク機能／生活困難に対応するための業務の機能の分類項目

機能	役割	調査A	調査B
仲介機能	子どもや保護者と、社会資源の仲介者としての役割。保護者に必要な専門機関を紹介するとともに、専門機関との連絡や調整などを行う。	6	8
調停機能	子どもや家族と地域社会の間での意見の食い違いや争いがみられるとき、その調停者としての役割。親子関係、保護者関係などの調整を行う。	4	6
代弁機能	ニーズを自ら表明できない子どもや保護者の代弁者としての役割。保護者に対する子どもの代弁・権利擁護（虐待対応含む）や、地域の保育ニーズへの対応するために保護者を代弁する。	7	1
連携機能	各種の公的な社会的サービスや多くのインフォーマルな社会資源の間を結びつける連携者としての役割。他専門機関との連絡、調整、ネットワーク形成などを行う。	26	18
処遇機能	施設内の利用者に対する生活全体の直接的な援助、指導、支援者としての役割。日々の保育活動を行う。	10	7
相談援助機能	対等な関係性をもとに、保護者とともに問題解決に取り組み、協働するための役割（カウンセラーやセラピストの役割も含む）。子育て相談や助言などを行う。	32	17
教育機能	保護者に情報提供をしたり、新たなスキルを提供したり、学習する場を提供する役割。各種の情報提供や子育てに関するスキル学習を行う。	10	12
保護機能	生活上に深刻な問題を抱え、生命の危機的状況にあるような状態にある親子に対して、安全な環境を確保する役割。児童虐待からの保護などを行う。	4	1
交流支援・組織化機能	フォーマル、インフォーマルな活動や団体を組織する役割。保護者同士をつないだり、子育てサークルの組織支援を行ったりする。	13	7
ケースマネジャー機能	個人や家族へのサービスの継続性、適切なサービスの提供などのケースマネジャーとしての役割。子どもや親に適切な社会資源を結びつけたり、組み合わせたり、他専門機関との連絡・調整を行う。	7	6
側面的支援機能	保護者が主体的に子育てに取り組めるように側面的に援助する役割。	9	19
管理・運営機能	保育所組織で目的達成のために方針や計画を示し、組織が適切に機能するための維持・調整・管理の役割。所長や主任が保育所の運営管理、職員同士のチームワークの調整を行う。	1	14
スーパービジョン機能	一定の経験を積んだ保育士（園長、主任を含む）による、適切なサービス提供を可能にする支援、保育士の力量向上のための支援を行う役割。保育士への指導・研修を行う。	5	5
調査・計画機能	地域のニーズやサービスの整備状況を把握し、その整備などを計画的に進める役割。地域の子育てニーズの調査・把握をする。また、地域の資源の掘り起こしや地域住民の参加の促進、ボランティア育成を行う。	7	1
社会変革機能	地域の偏見・差別などの意識、硬直化した制度などの変革を行う社会改良・環境の改善を働きかける役割。子育てしやすい地域や社会をつくるためのソーシャルアクション。	7	0
早期発見機能	虐待機能に限らずさまざまな保護者の生活困難を発見する役割。	1	11

続いている。

　調査Bの分析からは、最も多いものは側面的支援機能(19論文)であり、次いで連携機能(18論文)、相談援助機能(17論文)、管理・運営機能(14論文)と続くことが明らかになった。早期発見機能は11論文でみられた。

3.2　組織的対応の有無

　保育所においてソーシャルワークを展開する際の、保育所内の組織的対応に言及した文献は、調査Aでは9本であった。例えば、土田[89]はフィールドワークを通して、保育所全体での理念の共有などを基盤に、役割分担しながら保育所全体としてソーシャルワークを実施できることを明らかにしている。その際、保育所長が主にソーシャルワークを担い、保育士が保育や保護者とのやりとりを担っていることを明らかにしている。

　一方調査Bでは、ケース会議、職員会議、役割分担、情報共有などの記載があるものを組織対応とみなして分類した。組織的対応の記述がみられたものは14論文であった。

3.3　対応する生活困難

　調査Aの保育ソーシャルワークが対応する困難では、ほとんどの文献が保育所利用の有無にかかわらず児童虐待まで含めた子育てに関するものであり、子育て以外の生活困難への対応に言及したのは10論文であった。各論文において、子育て以外の生活困難の具体的な内容は明確ではなかったが、保護者の就労や経済問題が推測されたのが1論文、また、「子どもの貧困」にかかわる背景としての保護者の生活問題(家族の貧困、保護者の精神疾患など)について言及したのが1論文であった。

　調査Bでは、対応した生活困難について具体的に挙げられている文献が多くみられた。従来から指摘される子育てに関する困難の記載は24論文でみられ、なかでも虐待の16論文が最も多く、次いで子どもの発達問題の7論文、子どもの障害の5論文、育児不安の4論文と続く。子育て以外の生活困難は

表2-5　子育て以外の生活困難の内容と数

内容	調査A	調査B
親の精神疾患（人格障害、統合失調症、うつ）	1	9
低い養育能力		8
親の病気やけが		2
経済的問題	2	5
保護者の仕事・失業	1	2
社会的孤立		5
夫婦間のトラブル		4
家族関係の調整		3
DV		4
アルコール依存		1
ひとり親家庭		4
若年出産		1
多子家庭		1
言葉、意思疎通（外国籍）		2
不法滞在		1
宗教による生活習慣の相違		1
合計	4	53

注：論文数と生活課題の数が異なるのは、一つの論文に複数の生活課題が取り上げられているためである。

18論文で確認され、親の精神疾患が9論文、親の低い養育能力が8論文、経済的問題および社会的孤立がそれぞれ5論文、DV、夫婦間のトラブル、ひとり親家庭がそれぞれ4論文、家族関係の調整が3論文抽出された。実際の保育現場では、子育て以外の生活困難にも直面し、対応すべき生活困難となりつつあることがわかる。

3.4　他機関との連携

　他機関との連携について、調査Aでは26論文で言及されていた。具体的な機関についてはほとんど触れられていなかったが、各論文において、保育所等と各種社会資源とが相互に連携し、ネットワークを形成し、それが有効に

表2-6　連携機関の内容（調査B　複数カウント）

連携先	数
保健所・保健センター	17
医療機関	10
市町村の所管	9
児童相談所	9
家庭児童相談室	8
民生委員	7
学校	6
育児サークル	4
地域の人	4
福祉事務所	3
ほかの保育園	2
幼稚園	2
療育センター	2
教育委員会	2
臨床心理士	2
その他	7

注：「その他」には、福祉センター、校区福祉員、助産師、
　　学童保育、警察、社会福祉士、児童福祉施設が含ま
　　れる。

機能することの重要性を指摘していた。また、①日々の保育の充実や地域の
子育て力向上のために地域住民や老人会などとの連携、②子どもの障害、保
護者の育児不安、児童虐待など親子の抱える課題対応や他専門機関との連携
に分類できた。すなわち、前者はインフォーマルな組織との連携で、後者が
フォーマルな組織との連携である。

　調査Bでは、**表2-6**に示されるように、保健所・保健センター、医療機関、市
町村の所管、児童相談所などとの連携が多くみられた。育児サークルや地域
の人などのインフォーマルな資源との連携も確認されている。学校や教育委
員会、幼稚園など、福祉機関だけでなく教育機関との連携もみられている。

3.5　基礎となる援助理論

　調査Aでは、保育ソーシャルワークの基礎となる援助理論の抽出を行った。その結果、12論文が該当し、ジェネラリスト・アプローチが4論文、エコロジカル・アプローチが3論文、解決志向アプローチが3論文、エンパワメント・アプローチが1論文、行動変容アプローチが1論文であった。

　伊藤・若宮・桐原・宮崎[10]や若宮[11]は、ジェネラリスト・アプローチ*を採用することで、親子の課題解決に際して、家庭背景や地域の状況などの背景を捉えることが可能となり、多様なシステムへのかかわりが可能になることを指摘している。また、土田[12][13]は、エコロジカル・アプローチ、特に、保育所実践におけるエコロジカル・パースペクティブ**の必要性について論じている。保育士がこの視点を身につけることで、親子の生活の多面性、多様性、複雑性、連続性を認識することができ、支援において、子ども・家族・地域間の交互作用に注目しながら、子どもとその環境に働きかけることができると指摘している。

　調査Bでは、基礎となる援助理論を推察することが難しいものが多くみられた。明確なところでは、ソーシャルワークを土台としているものが5論文、保育相談支援が2論文であった。その他、臨床心理学、心理学、社会学、特別支援教育などが基礎理論としてうかがえたが明確ではなかった。

---

*　ジェネラリスト・アプローチは、エコロジカル・アプローチと同様に、人と環境とを一体的に捉えて生態学の考え方や包括的な視点を採用し、個人や家族などの小さなシステムだけでなく、個人と家族、近隣、地域、制度・政策環境の複数のシステム同士との交互作用を促進させる。そのため、面接や社会資源の活用、グループワーク、他職種との連携も含めてさまざまな方法や技術を用いて生活困難を抱えた人を支援する。

**　エコロジカル・パースペクティブは、生態学的視座とも呼ばれ、個人とその人を取り巻く環境との相互関係を重視する。そのため、生活困難を抱える保護者を環境から切り離した個人としてではなく、家族や地域の一員として捉えることで、生活困難を保護者個人のせいにするのではなく、さまざまな環境との関係上の軋轢から生じたものとして把握しようとする。

Section 4

文献レビューからみえてきたもの
保育所等における子ども家庭支援の特性

4.1 生活困難家庭を支援するために重視される機能

　調査Aからは保育ソーシャルワークの機能について、15の機能のうち相談援助機能および連携機能の二つの機能が期待されているのが明らかになった。この点は山縣らの研究[14]の結果とも一致している。また調査Bでは、側面的支援機能が最も多く抽出され、次いで、連携機能や相談援助機能、管理・運営機能、早期発見機能が確認された。両調査でともに頻出した機能としては、相談援助機能、連携機能が挙げられる。これらの機能が共通して抽出されたのは、保育所保育指針や保育所保育指針解説において「子育てに関する相談、助言」や「地域の関係機関等との連携」が明記されているためだと推測される。

　相談援助機能は、ソーシャルワークにおいては中心的な機能とされ、傾聴や自己決定の尊重といった保護者との信頼関係形成や、情報収集、助言など支援の一連のプロセスのなかで必ず用いられる、基本的かつ重要な機能である[15]。よって、保育ソーシャルワークの観点からみても、保育所等の実践からみても、必ず提示される機能であると考えられ、子ども家庭支援には重要な機能となることはいうまでもない。

　連携機能についても、両調査において多く抽出され、その重要性が指摘されていることが把握された。しかしその方法を明確に示した研究は少なかった。連携の重要性は、理論的にも実践的にも認識されていることが明らかになったが、山本が指摘するように、具体的方法の明確化は今後の課題である。連携の概念の明確化と、その展開過程を明らかにする必要があるだろう[16]。

　また調査Aではそれほど多くは抽出されなかったが、調査Bで多く指摘されたものに側面的支援機能がある。側面的支援機能には、日常の見守りや保護者へのさりげない言葉かけ、意図的な世間話なども含まれている。それは生活や保育のなかに当たり前に溶け込んでいるがゆえ、これまでは保育士や保育ソーシャルワークの役割として抽出されにくいものであったと思われる。しかしその機能は、信頼関係の構築や保護者の安心感の土台にもなり得るものであり、その機能がもつ意味をより自覚していく必要があると思われた。支援を必要とする保護者に対して、いかに意図を盛り込んだ言葉かけをしつつ保護者を支えていくかが、保育所における保護者支援の「強み」となると考えられる。

　さらに調査Bでは、管理・運営機能も多くみられた。これは保育所組織での目的達成のために方針や計画を示し、組織が適切に機能するための調整や管理を意味する。調査Aでは、管理・運営機能はほとんど確認されていないことを考えあわせると、保育ソーシャルワークという学術的なアプローチでは、対保護者、対機関など、対外的な機能が多く確認される傾向にあると思われ、「保育所における子ども家庭支援」という実践に即したアプローチからでは、組織内での計画や方針、役割分担の工夫などがより語られるものと思われた。子ども家庭支援においては、一保育士が単独で行うのではなく、保育所内でさまざまな調整を行いながら「組織」として対応していることが反映された結果ではないかと思われる。あるいは「組織」として体制を組みながら対応するほうが、困難事例における効果をより実感でき、それが先駆的な実践報告として掲載されてきた可能性もある。

　また、調査Bでは早期発見機能も比較的多くみられた。保育ソーシャルワークにおいては、子どもや保護者の生活困難が前提にあり、それにどのように対応していくかが重視される傾向にあるため、早期発見機能に関する言及がほとんどなかったと推測される。調査Bでは保育所での実践ということで、保育者や保育所等が日頃から保護者とかかわっている前提があり、保護者の変化を捉えやすく、そこから生活困難を発見できることなどが推測された。つまり、保育士や保育所のように日々、子どもや保護者とかかわるからこそ発揮される機能であるといえる。

4.2 多様な生活困難への対応

　調査Aにおいて、保育所における保護者支援で子育て以外の生活困難への対応に言及した文献は37文献中10件あったが、その内容については、「子どもの貧困」に関するもの以外は、具体的内容は明確ではなかった。一方、調査Bにおいては、その生活困難について具体的に挙げられているものが多くみられた。虐待や育児不安、子どもの障害等、子育てに関するものに限らず、親の精神疾患、低い養育能力、親の病気やけがなど、家庭の子育て基盤を揺るがすさまざまな要因が抽出された。

　子育てに関する課題、子育て以外の生活困難の項目や小計を比べてみると、保育所で対応する保護者支援は、子育て以外の生活困難のほうが多様であることが示唆される。現場の保育所においては、すでに日々多様で複合的な生活困難に対応することが求められているものと思われる。もちろん保護者の子育て課題以外の深刻な生活困難に、保育所等のみでかかわり、問題解決することは不可能であるし、保育所等に本来求められる支援は、親子の関係構築や養育力の向上が中心であり、保護者の生活困難そのものへの対応に主眼を置くものではない[7]。しかし、育児不安や児童虐待などの子育て課題に対応する際には、その背後に、保護者や家庭の生活困難にかかわる事態も存在している可能性があることは念頭に置いておく必要があるだろう。

4.3 求められる組織的対応

　調査Aで組織的対応を検討した結果、保育所内での共通認識と役割分担の重要性が指摘されていた。しかし、全体としては組織的対応に言及した文献は37文献中9件と、それほど多いとはいえないものであった。保育ソーシャルワークの理論的側面からその機能や役割を俯瞰すると、連携や交流支援など意識的に行わないと実現しない機能は抽出されやすいが、職員同士の連携といった日常当たり前のこととして展開されている機能はむしろ把握しにくいものとして流される傾向にあったのではないかとも考えられる。

　一方で、調査Bの組織的対応については、園長、主任、担任、看護師等による

役割分担、情報共有、方針の決定などの具体的な記述がみられている。山本は解決困難な事例については、保育士個人が対応するのではなく、組織的体制を整えるべきと指摘している[18]。また橋本は、保育者が家庭支援を行う場合、組織内の援助体制の構築が重要として、組織内での役割分担を例示している[19]。さらに土田は、担任保育士によるケアワークと園長によるソーシャルワーク支援の連続性の確保が重要であると指摘している[20]。調査Bにおける分析結果は、これら課題として指摘されてきた事項をいくぶんか乗り越えているようにもみえるが、実際の保育所等における子ども家庭支援では、保育所等内の組織的対応が浸透してきている可能性もあるのではないかと思われた。あるいは、深刻な事例に向き合う場合、組織的対応が必然であるとも考えられる。

Section 5

保育所等における
子ども家庭支援の方法・技術に関する課題

　文献レビューから明らかにされた内容をもとに、保育所等における子ども家庭支援の方法・技術に関する課題について考察したい。

　相談援助機能の重要性が両調査から浮き彫りにされたが、保育所等が相談援助機能を有効に発揮するためには、特に、保育者の面接技術とアセスメント技術の習得が不可欠である。面接技術は、マイクロカウンセリングなどを基盤とした基本的な面接技術の習得に加え、先行研究で指摘された「生活場面面接の技法習得」が求められる[21]。なぜなら通常、保育者と保護者は送迎時などの日常業務のなかで比較的短時間で、しかも面接室以外の場でのかかわりが多いためである。日々のやりとりのなかで効果的に保護者との信頼関係を構築し、情報収集を行い、問題解決につなげることは、前述した側面的機能を有効に働かせることにつながると考える。

　またアセスメント技術については、二つの側面からの日々の子どもや保護者の姿から生活困難やニーズを捉える視点や技術が必要となる[22][23]。一つは日々のかかわりから小さなサインを見逃さない視点や技術である。これは早期発見機能を有効にするためにも重要であり、他機関・施設と比べ、保育所等の強みとなる可能性も考えられる。そのため、保育者が日々の子どもや保護者とのかかわりのなかで何を見ているのか、そして、何を根拠として生活困難を抱える子どもや家庭と判断し、働きかけていくのかを明らかにしなければならない（この点は、第5章第4節で詳述）。もう一つは、子どもや保護者の生活全体をエコロジカルな視点で捉え、理解するための技術である。そのためには後述する援助理論の習得に加え、生活困難に関するアセスメントに活用できるチェックシートなどの開発が求められる[24]。

　さらに連携の展開過程については、例えば、吉池と栄は、保健医療福祉領域における連携の展開過程を文献レビューによって整理しているが、①単独解決できない課題の確認、②課題を共有し得る他者の確認、③協力の打診、④目的と確認と目的の一致、⑤役割と責任の確認、⑥情報の共有、⑦連続的な関係の展開、の7段階があることを明らかにしている。このような連携の展開過程を明らかにすることは、連携の具体的方法の明確化の手がかりになると考えている[25]。

　側面的機能、相談援助機能、連携機能、管理・運営機能、早期発見機能について考察したが、これらの機能が有効に働くためには、基礎となる援助理論の理解・習得が求められる。そのためにまずは、本研究でも示されたように、ジェネラリスト・アプローチやエコロジカル・アプローチの活用が求められる。それによって、アセスメントにおいて、子どもや家族の生活全体や背景と捉えることが可能となり、同時に親子を取り巻く多様な環境への理解についても深めることができると考えられる。さらに、エンパワメント・アプローチや解決志向アプローチの考え方は、保護者のストレングスに着目し、それを保護者にも意識させることで保育士とのパートナーシップ構築に有効であるとともに、保護者の主体的な課題解決にも寄与できるであろう。

　保育所等は日々子どもや家庭とかかわることができるため、上記の課題をクリアしていくことで、子どもや家庭のわずかな変化に気づき、問題が深刻化する前段階で、家庭での生活困難を早期に発見することが可能になると思われる。そして、支援においては組織的対応を進め、同時に、他機関・施設との連携による対応が可能となるだろう。

　これまで論じてきたことは、まずは保育士養成課程において、「子育て支援」「子ども家庭支援論」などの保護者支援や地域子育て支援に直接的にかかわる科目で学習することになる。しかし、一朝一夕に家庭支援やソーシャルワークの視点や技術などを習得するのは困難であるため、キャリアアップ研修や本書で紹介される地域貢献支援員研修などを含めた、就職後の継続的な、かつ系統的な現任者研修が求められる。

引用文献

1　厚生省児童家庭局長通知(1999)保育所保育指針

2　厚生労働省編(2018)保育所保育指針解説. フレーベル館. 336-337

3　伊藤良高(2018)保育ソーシャルワークとは何か. 日本保育ソーシャルワーク学会(監修). 鶴宏史・三好明夫・山本佳代子・柴田賢一編. 保育ソーシャルワークの思想と理論. 晃洋書房. 8-9

4　井上寿美・笹倉千佳弘(2009)ソーシャルワーク的な子育て支援の実践に関する一考察. 日本保育学会第62回大会発表論文集. 594

5　柏女霊峰(2008)子ども家庭福祉サービス供給体制——切れめのない支援をめざして. 中央法規出版.

6　待井和江・野澤正子(1999)保育所保育指針改訂の課題と保育士養成. 社会問題研究. 第48巻第2号. 19-45

7　鶴宏史・中谷奈津子・関川芳孝(2016)保育所における生活課題を抱える保護者への支援の課題:保育ソーシャルワーク研究の文献レビューを通して. 教育学研究論集. 第11号. 1-8

8　土田美世子(2006)エコロジカル・パースペクティブによる保育実践. ソーシャルワーク研究. 第31巻第4号. 285-294

9　土田美世子(2010)保育所によるソーシャルワーク支援の可能性:保育所へのアンケート調査からの考察. 龍谷大学社会学部紀要. 第37号. 15-27

10　伊藤良高・若宮邦彦・桐原誠・宮崎由紀子(2008)保育ソーシャルワークのパラダイム——ケアマネジメント概念を手がかりに. 乳幼児教育学研究. 第17号. 9-18

11　若宮邦彦(2008)保育ソーシャルワークとスーパービジョン. 熊本学園大学論集総合科学. 第14巻第2号. 61-86

12　前掲8

13　前掲9

14　山縣文治研究代表(2008)保育士の子育て支援業務におけるソーシャルワーク機能の検討(2007年度日本証券奨学財団研究調査助成事業報告書)

15　齊藤順子・谷口泰史(1999)ソーシャルワーカーの機能と役割. 太田義弘・秋山薊二編著. ジェネラル・ソーシャルワーク——社会福祉援助技術総論. 光生館. 115-200

16　山本佳代子(2013)保育ソーシャルワークに関する研究動向. 山口県立大学学術情報. 第6号. 49-59

17　土田美世子(2011)地域子育て拠点施設としての保育所の機能と可能性:保育所ソーシャルワーク支援からの考察. 龍谷大学社会学部紀要. 第39号. 21-31

18　前掲16

19　橋本真紀(2015)家庭支援の展開過程. 橋本真紀・山縣文治編. よくわかる家庭支援論(第2版). ミネルヴァ書房. 72-73

20　土田美世子(2012)保育ソーシャルワーク支援論. 明石書店. 135-136

21　安藤健一(2009)保育ソーシャルワークに関する一考察〜保育士による生活場面面接の可能性〜. 清泉女学院短期大学研究紀要. 第27号. 1-11

22　中村和彦(2007)保育実践者による「人―環境」への包括的理解:アセスメントスキル・トレーニングへの構想. 北方圏生活福祉研究所年報. 第13号. 83-92

23　前掲16

24　金子恵美(2009)保育所における家庭支援. 全国社会福祉協議会. 124

25　吉池毅志・栄セツコ(2009)保健医療福祉領域における「連携」の基本的概念整理:精神保健福祉実践における「連携」に着目して. 桃山学院大学総合研究所紀要. 第34巻第3号. 109-122

参考文献

千葉千恵美(2011)保育ソーシャルワークと子育て支援. 久美

空閑浩人(2009)ソーシャルワーカーの機能. 日本社会福祉士会編. 新・社会福祉援助の共通基盤＜上＞(第2版). 中央法規出版. 214-233

中谷奈津子・鶴宏史・関川芳孝(2015)保育所における生活課題を抱える保護者への支援の課題——保護者支援・保護者対応に関する文献調査から. 大阪府立大学紀要(人文・社会科学). 63. 35-45
日本保育ソーシャルワーク学会編(2014)保育ソーシャルワークの世界——理論と実践. 晃洋書房
日本社会福祉実践理論学会ソーシャルワーク研究会(1998)ソーシャルワークのあり方に関する調査研究. 社会福祉実践理論研究. 第7号. 69-90
岡村重夫(1983)社会福祉原論. 全国社会福祉協議会
谷口泰史(2003)エコロジカル・ソーシャルワークの理論と実践——子ども家庭福祉の臨床から. ミネルヴァ書房

Chapter 3

保護者の相談のしやすさと
組織運営

Section 1

保護者は困りごとを誰に相談するのか

　保育所等の保護者支援は、保護者の抱える幅広い子育て課題に対応する。そして深刻な子育て課題ほどその背景に、子育て以外の生活困難[*]があることが多い。そのため、保育者には相談援助に関する知識や技術、さまざまな生活困難を見定めた対応が求められる。しかし一方で、保護者は、自分自身の悩みの相談相手として保育者を認知しておらず[1]、深刻な課題を抱える保護者ほど支援に拒否的なことが多い[2]。

　笠原[3]によれば、子育てのことを誰に一番相談したいかという質問に対して、子育ての悩みのなかで母親自身にかかるストレスは配偶者に、子どもの発育や発達の遅れに関する悩みは小児科医へ、子どもの性格や行動についての悩みは保育者にと、悩みの種類に応じて相談したい相手が変わっていた。また、笠原[4]は、保育者に限らず保護者に相談相手と認知された相手の特徴として、受容的態度、言語的対応の適切さ、よい点の指摘、指摘の明確さ、気軽さ・親しさ、交流・相談の場の提供、子どもを保育する能力、子育て経験を明らかにした。同時に、保育者や幼稚園教諭への相談の実態や要望に対して、保育者の人柄に加えて、保育者の保育能力が優れているかどうか、そして相談する時間や場所が関連すると指摘している。

　さらに笠原[5]は、保護者の悩みを、母親自身にかかるストレス、子どもの行動や性格についての悩み、発育・発達についての悩み、生活習慣の悩みに分類

---

[*]　ここでいう生活課題とは、保護者の健康、経済、就労、教育、家族関係、社会関係・社会参加に関する困難と捉える。これらは、岡村重夫（1983）の社会生活の基本的要求に基づいている。社会生活の基本的要求とは、①経済的安定、②職業的安定、③家族的安定、④保健・医療の保障、⑤教育の保障、⑥社会参加ないし社会的協同の機会、⑦文化・娯楽の機会をいう。岡村はこの7つの要求を充足する過程の困難を社会生活上の困難と規定した。本研究では、⑦は⑥に含めることにする。

したうえで、保育者への相談の有無を明らかにしている。それによれば、母親自身にかかるストレスに関する悩みを保育者に相談した母親は約30％で、それ以外のカテゴリーでは約40〜50％が相談をしていた。

そして同調査で、保護者が保育者に子育ての悩みを相談するか否かに何がかかわっているのかを明らかにした。それによれば、保育者に相談の専門性があり、相談する時間や場があることを保護者が認知すれば、保護者は自分の内面のつらさなどを保育者に打ち明けることが多くなる傾向にあった。また、子どもが喜んで保育園に通うなど保育の専門性の認知が高まると、子どもの行動や性格の悩みを開示しやすくなる。さらに、保育者がほかの専門機関に照会してくれることが認知されれば発育・発達面での相談を促しやすいことを示唆された。同時に、保育者に相談した保護者たちは、概して相談したことに対する満足度が高く、何かあったら保育者に相談する気持ちが高いことが明らかになった。

また、望月・諏訪・山本[6]の調査では、保育所への要望として母親の40％強、父親の30％弱が、保護者と保育者が落ち着いて話せる場所と時間を改善するべきと考えていることを明らかにしている。また、保育者への相談のあり方と内容に関して、保育者に対して話すのにとまどいや不安を感じる保護者は相対的に少なく、約半数の保護者は精神的な励ましを求めているが、それ以上に具体的な助言を求めている保護者が多いことを明らかにした。この点は、前述した笠原[7,8]の研究とも合致する。

このように先行研究からは、保育所等を利用する保護者は、①保育者が保育の専門性を有しているか否か、②保育者がほかの専門機関に照会してくれるかどうか、③保育者が相談援助に関する専門性を有しているかどうか、④保育所や幼稚園に相談する時間や場があるかどうかをもとに、保育者に相談するか否かを決定する傾向にあることが読み取れる。

しかし、保護者が保育者に自らの悩みを相談する条件に関する研究自体が少ない。また、先行研究では、保護者が保育者に自らの悩みを相談する条件を明らかにしているが、子育てに関する悩みに限定されており、子育て以外の生活課題にかかわる悩みを相談する条件は明らかになっていない。そして、個々の条件は明らかになっているが、相談前から相談後までの過程は明らか

になっていない。

　そこで、本研究では、保育所を利用する保護者がどのような条件であれば保育者に自らの悩みを相談するのか、また、相談に至るまでの過程を明らかにする。その結果に基づいて、保育所を利用する保護者が、保育者に対して生活困難を抱えるときの相談のしやすさと、子育ての困難に対する相談のしやすさは同じ質のものか確認することを目的とする。

Section 2

調査の方法

2.1　対象と方法

　調査対象者は、保育所の4歳児クラス、もしくは5歳児クラスの保護者（兵庫県2名、大阪府3名）とした。これらの保護者を調査対象とした理由は、保育所の利用年月が長く、さまざまな保育士との関係、保育所での経験があると予想したためである。調査協力者は、筆者らの研修経験などに基づく機縁法によって行った。調査期間は、2014（平成26）年2月〜3月である。

　方法は、研究協力者5名にインタビューガイドに基づく半構造化インタビューを行った。なお、兵庫県の2名は鶴が個別インタビュー、大阪府の3名は中谷がグループインタビューを行った。兵庫県では各30分程度、大阪府では1時間程度の時間を要した。インタビューはプライバシーの守られる場所で行い、研究協力者の了解のもとICレコーダーで録音した。

2.2　インタビュー内容（調査項目）

　研究協力者が自らの言葉で自由に話せるように、話の流れを遮<ruby>遮<rt>さえぎ</rt></ruby>らないように配慮しつつ、以下の質問を行った。
①　これまで保育士に子育てに関する相談をしたことがあるか
②　①で「ある」と答えた場合：相談した理由／「ない」と答えた場合：相談しない理由
③　①で「ない」と答えた場合：どのような条件であれば保育士に相談するか
④　子育て以外の生活の悩みを保育士に相談したことがあるか

⑤　④で「ある」と答えた場合：相談した理由／「ない」と答えた場合：相談しない理由

⑥　④で「ない」と答えた場合：どのような条件であれば保育士に相談するか

2.3　倫理的配慮

　保育所を通して、研究目的および研究方法を記載した書面で研究協力を依頼し、同意を得た。インタビュー当日にもあらためて口頭で説明を行った。そして、インタビューの日時は研究協力者の意向に沿うとともに、インタビューはプライバシーの守られる場所で行った。

　なお、本調査は大阪府立大学研究倫理委員会の承認を得て実施した。

2.4　分析方法

　KJ法[9]によって、以下の手続きをとりながら分析を行った。

①　ICレコーダーに録音した内容をすべて書き起こし、逐語録を作成した。

②　鶴と中谷がそれぞれ逐語録を読み込み、インタビュー内容の②③⑤⑥に該当する文書セグメント（意味のまとまりごとに分割）を抽出した。

③　鶴と中谷がそれぞれ抽出した文書セグメントを検討した。内容が一致するものは採用し、一致しないものについては両者で検討したうえで採用するか否かを決定した。採用された文書セグメントには通し番号を付した。

④　抽出された文書セグメントは、意味内容の類似性に基づいて分類し、それぞれ表札を付帯した。その際、すべての表札と文書セグメントの記述を総覧し、表札と記述の整合性を確認した。

⑤　意味内容の類似性に着目して、すべての表札についてさらに分類を行った。これら一連の分類作業は、3段階にわたって実施され、その後、関川を加えて、表札間の関係性を探り図解化を行った。

　結果の整理にあたって、1段階目で分類されたものを小項目と呼び〈　〉で示す。2段階目で分類されたものを中項目と呼び［　］で示す。3段階目で分類されたものを大項目と呼び【　】で示す。

Section 3

保護者が保育士に相談する条件

3.1 保育士への相談について

保護者5名全員が女性(母親)で、子育ての悩みも、子育て以外の生活の悩みも保育士に相談をしていた。

3.2 分類された項目

逐語録から合計134の文書セグメントが抽出された。1段階目の分類で50の小項目が形成され、2段階目の分類で19の中項目が形成された。3段階目の分類で、①【日常的な保護者へのアプローチ】、②【信頼される保育所運営】、③【地域との交流】、④【保育士としての行動特性】、⑤【敷居の低い相談対応】、⑥【相談場所であることの周知】、⑦【対人援助技術の活用】、⑧【相談内容に応じた具体的対応】の八つの大項目が形成され、それらはさらに基盤条件、誘因条件、実践条件という三つの条件のもと区分されるものと思われた。

表3-1は大項目から小項目の一覧であり、**図3-1**は大項目の内容と関係を空間配置したものである。なお、**表3-1**と**図3-1**の斜体の中項目および小項目は、子育て以外の生活の悩みを保育士に相談した理由のみで構成されたものである。併せてインタビューで語られた逐語の一部を紹介する。

表3-1 保護者が保育士に自らの悩みを相談しようと考える要因

大項目	中項目	小項目（セグメント数）
1）日常的な保護者へのアプローチ	日常的な保護者へのアプローチ	こまめな声かけ(2)
		子どもを話題とした意図的な会話(1)
		子どもの成長を喜び合う(1)
		園の状況の説明(3)
		小さな変化への気づき(4)
2）信頼される保育所運営	保育の説明責任	子どものケガに対する説明責任(を果たす)(2)
	質の高い保育業務	質の高い日々の保育業務(3)
		個人としての子どもの尊重(1)
		子どもの可能性への信頼(1)
		子どものペースに即したかかわり(3)
	園内職員の円滑なチームワーク	園全体の職員による子どもの認知(1)
		園内職員の円滑な連絡体制(2)
		園内職員の連携(1)
	専門性向上のための努力	保育士としてのプライド(1)
		スキルアップのための自己研鑽(5)
3）地域との交流	日常的な拠り所	日常的な拠り所(6)
	親同士の関係構築	親同士の関係構築への企図(6)
	在園児以外の多世代の受け入れ	卒園児の保護者の相談の受け入れ(2)
		在宅子育て家庭の行事への参加の勧奨(3)
		多世代を対象とした行事の実施(2)
4）保育士としての行動特性	保育士としての行動特性	笑顔(3)
		話しやすい雰囲気(がある)(3)
		忙しい姿を見せない(1)
		子どもの愛情(1)
		高いコミュニケーション力(3)
		人への興味(1)
5）敷居の低い相談対応	相談ニーズの読み取り	相談したい気配の察知(3)
		表情から親の気持ちの読み取り(1)
		親の心配ごとの予測(1)
	敷居の低い相談対応	細かいことへの相談対応(1)
		園内あらゆる場所での相談対応(6)
6）相談場所であることの周知	相談場所であることの周知	相談場所であることの周知(2)
	関係機関への窓口	関係機関とのつながり(6)
		関係機関への照会(1)
		関係機関の紹介(2)
7）対人援助技術の活用	カウンセリングマインドに基づく基本的姿勢	傾聴(3)
		受容(3)
		個人としての親の尊重(4)
		親の気持ちへの共感(2)
		保護者に対する優先的な受け止め(2)
		保護者の不安をあおらない対応(1)
	親の生活背景への理解	親の生活背景への理解(3)
8）相談内容に応じた具体的対応	丁寧な子ども理解に基づく保護者対応	丁寧な子ども理解(5)
		子どもの姿に基づく情報提供(3)
		子どもの姿に基づく見通しの提示(5)
	保護者のニーズを見越した積極的対応	保護者のニーズを見越した積極的対応(1)
	専門的な解決方法の教授	傾聴に基づく提案(2)
		専門的な解決方法の保持(3)
		専門的な解決方法の教授(2)
	深刻な相談に対する個別的対応	深刻な相談に対する個別的対応(1)

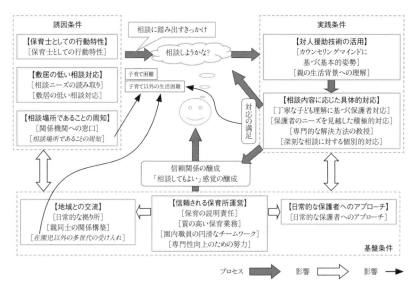

図3-1 保護者が保育士に相談をする条件と相談過程の全体図

3.3 基盤条件

　日常的な保護者へのアプローチ、信頼される保育所運営、地域との交流の三つの項目から成る条件である。これらは、直接的に保護者が保育士に悩みを相談するための条件ではない。しかし保護者に対して、保育士や保育所に対する安心感と信頼感を与えることから、相談のための基盤といえる。

（1）【日常的な保護者へのアプローチ】

　保育士が保護者に対して［こまめな声かけ］をすることや、保護者に［小さな変化への気づき］や［園の状況の説明］を伝えることで、保護者は安心感を得るとともに保育士への信頼を寄せるようになることが浮かび上がった。

　また、保育士が［子どもを話題とした意図的な会話］をし、［子どもの成長を喜び合う］ことで、保護者は保育士が我が子のことを理解していることを感じ、保育所や保育士に対して信頼を強めていくことが語られた。

　このように、保育士の日々の保護者へのかかわりが保護者に安心感を与え、信頼関係を築く基礎となることが示された。

〈インタビューから：［小さな変化への気づき］に関する語り〉

　　（保育士は）ちょっとしたことに気づくんですよ。髪型とか、この格好、今日も着てきたとか、変わりました？　とか。なんかね、子どもも私もちょっとしたことに気づいてくれてポンと言ってくれると「あ、気づきました？」みたいな感じで、そういうところからね、会話が弾める。…やっぱり先生と目が合って、で、「あら、お母さん、何か言いたいのかな」って思ってくれてるっていうのを感じる…。

（2）【信頼される保育所運営】

　保育所が保護者に信頼されるような運営をすることが、保護者に安心感を与えるとともに、保育所への信頼を高めていることが示された。

　保護者は、日々の送迎や行事などを通して、〈質の高い日々の保育業務〉〈個人としての子どもの尊重〉〈子どもの可能性への信頼〉〈子どものペースに即したかかわり〉といった保育所の［質の高い保育業務］を実感し、安心感を覚えていることが語られた。

　同時に、［園内職員の円滑なチームワーク］を目の当たりにすることによって、保護者は安心感を得ていた。

　また、保護者は、保育士とのかかわりのなかで保育士の［専門性向上のための努力］を感じ取ったり、保育士が〈子どものケガに対する説明責任〉などの［保育の説明責任］をきちんと果たすのを見たりして、保育所への信頼感を高めていることが浮き彫りになった。

〈インタビューから：［質の高い保育業務］に関する語り〉

　　やっぱり行事…プレッシャーに弱いんで、それはもう終わってから教えてもらったんですけど、「実はここの部分ですごくひっかかっていて、本人もすごくできないことを気にしてて」って。ほんとに本番は…こう、ねえ（苦笑）、ほんとに長く先生もきっと付き合って練習してくれはったんでしょうね。…（中略）…そういう過程があっても、やっぱり最後の最後まで先生は本人の力を信じて見守って、ずっとこう後押ししてくれてた。本人のもともともっている力を信じて教

育してくれてたんだなって。…それをまたね、「実は…」ってあとからちゃんと
報告してくれるっていう部分もほんとに先生たちの指導力というか、子どもた
ちに対する愛情というのをすごく感じましたね。やっぱりそういう話のなかで、
先生との話の内容とかで、言いやすさというのはありましたね。

（3）【地域との交流】

　保護者が、保育所は身近な頼れる場所で、保護者自身を含めて他者とつな
がれる場所だと認識することが保育所への信頼を高めることが示された。

　例えば、保育所を［日常的な拠り所］と感じ、多大な信頼を寄せるとともに、
最も頼れる場所として認識していることが語られた。また、保護者が、保育士
は子どもだけでなく保護者自身のことも気にかけていることを感じ取り、保
育士による［親同士の関係構築］を認識すると、より保育士への信頼感が高ま
ることも語られた。

　さらに保護者が、保育所は卒園児の保護者の受け入れや地域の子育てを支
える取り組み、地域住民同士がつながるような取り組みといった、［在園児以
外の多世代の受け入れ］を行っていることを認識すれば、子育てやそれ以外
の悩みについても相談してもよいのだという安心感を覚えることにつな
がっていた。

〈インタビューから：［在園児以外の多世代の受け入れ］に関する語り〉
・動物村もね、一般公開。
・園の人だけじゃなくて、地域の方もどうぞっていう時間があるね。
・(地域全体を包み込むという感じについて)もちろん専門的な保育っていうところが核に
　なっていますけど、お誕生日会の時におじいちゃんを呼んでとかもあるんです
　よ。ずっとされているんですね。そういうことも含めると、赤ちゃんからおじいちゃ
　んまでみたいな、範囲がすごく、対象が広いなぁっていうのがあって。
・普段からそういうのが行事ごとでもはさまれてるので、あんまり(対象が)ここだけ
　よっていう、保育だけよっていう感じじゃない。

3.4　誘因条件

　誘因条件は、保育者としての行動特性、敷居の低い相談対応、相談場所であることの周知から成り、保護者が悩みを抱えるときに相談を決断させる直接的な条件である。

（1）【保育士としての行動特性】

　保育者のコンピテンシー*が、保護者が保育士に相談するか否かのきっかけになることが示された。例えば、保育士の〈笑顔〉〈話しかけやすい雰囲気〉〈忙しい姿を見せない〉を見たり、保育士の〈子どもへの愛情〉や〈人への興味〉〈高いコミュニケーション力〉を感じ取ったりして、保護者に話をしようと決断していることが浮かび上がった。

> 〈インタビューから：[保育者としての行動特性]に関する語り〉
> 　朝来てもすごく「おはようございます」っていうその一言からして笑顔です。先生が。すごい支えられてるかもしれん。…(略)「じゃあ今日もがんばって楽しもうね」みたいなその笑顔でいつも迎え入れてくださってるので、スタートは全部それかもしれない。
> 　相談しようと思ったのは、まずはやっぱり担任の先生が話しやすいことがあります。

（2）【敷居の低い相談対応】

　保護者の非言語的ニーズを踏まえて保育士から対応したり、保護者が細かいなと感じる内容に丁寧に対応したり、さらに保育所内のどこでも話ができる雰囲気をつくることが、保護者が保育士に相談しようと思うきっかけになることが示された。

　保育士が、保護者の〈相談したい気配の察知〉して対応したり、〈表情から親の気持ちの読み取り〉ながら、〈親の心配ごとの予測〉をして対応したりする

＊　職務や役割における効果的ないしは優れた行動に結果的に結びつく個人特性

という［相談ニーズの読み取り］を行うことで、保護者は相談してもよい気持ちになったり、また相談したくなったりすることが語られた。

　また、保育士が〈細かいことへの相談対応〉を行ったり、〈園内あらゆる場所での相談対応〉を行ったりすることで、保護者は気楽に保育士に相談してもよいと感じるようになることが浮かび上がった。

〈インタビューから：［相談ニーズの読み取り］に関する語り〉
　　声かけてくれますね。何か聞き出そうって、さっきもおっしゃってましたけど…。「今日どうしよう、言おうかな」ってもしこっちが目で先生を探すなり、「なんか言おうかどうしようか。でも、いないからいいわ」っていうようなときもありますよね。そういうときでも、必ずその気配を察知されるんですよね。
　　「あれ、聞いとかんなん」って思って来たときとか「あ、こんなこと言っておかないといけないな」って思ったときには、必ず先生のほうから「あ、おかあさん!」って声がかかる。

（3）【相談場所であることの周知】
　保護者は、保育所が相談をしてもよい場所だと認知すれば相談をしようと考えることが示された。

　保護者が保育士に相談するきっかけとして、保育所と〈関係機関とのつながり〉があるという、保護者の認識があることが語られた。さらに、保護者が我が子に関することを相談した際に、保育所が〈関係機関への照会〉をしたり、〈関係機関の紹介〉をしたりすると、保育所への信頼感が高まり、今後も相談したくなることが浮き彫りとなった。

　また、掲示などを通して、保育所が子育て以外の悩みについても［相談場所であることの周知］がなされていれば、保護者は保育所において子育てに関する悩みだけでなく子育て以外のことの相談をしてもよいと認知していることが語られた。

3.5　実践条件

　実際の相談にかかわる条件で、対人援助技術の活用と、相談内容に応じた
具体的対応から成る。

（1）【対人援助技術の活用】

　相談の際、保育士がカウンセリングやソーシャルワークの原則に則って保
護者にかかわると、保護者は保育士を信頼し心を開くことが示された。

　保育士が〈保護者に対する優先的な受け止め〉をして、保護者の話を〈傾聴〉
し、〈親の気持ちへの共感〉や〈個人としての親の尊重〉の態度を示し、〈受容〉
するとともに、〈保護者の不安をあおらない対応〉をすることで、保護者は安
心して話をすることができることが浮かび上がった。

　さらに、保育士が［親の生活背景への理解］を示すことで、保護者の保育士
への信頼感が深めることが語られた。

　〈インタビューから：［親の生活背景への理解］に関する語り〉
　　お母さん疲れて帰ってきてて、これからまた家事をして大変だろうっていう
　その後のことも考えてるか、ちょっとした時間を大切にしてくれているなあとすご
　く感じます。
　　「働きながら子育てもして、お母さんたちも大変ですよね」っていう気持ち
　をもってくださってます。

（2）【相談内容に応じた具体的対応】

　保護者は相談の際に、自分の話を聞いてもらうだけでなく、相談の内容に
応じた具体的な対応を求めていることが示された。

　保護者の相談に対して、保育士が［丁寧な子ども理解に基づく保護者対応］
をすることで保護者は安心感を覚え、さらに［保護者のニーズを見越した積
極的対応］や［専門的な解決方法の教授］を保育士が行うことで、保護者は相
談してよかったことが語られた。

　また、［深刻な相談に対する個別的対応］を丁寧に行うことによって、保育

士への信頼が深まったことが語られた。

> 〈インタビューから：［深刻な相談に対する個別的対応］に関する語り〉
> 　まあもちろんすごく深刻な話だったりすると逆に先生が気を遣って、うちの主人の倒産とかいろいろあったときの話とかはほかのお母さんがいないときに切り出してくださるとか、そういうのがあったので、その辺の配慮ももちろんあったし、時間が許す限り話を聞いてくれる。

Section 4

保護者インタビューからの考察

4.1 保育者による相談に至るプロセス

　本研究の結果から、保護者が保育者に自身の悩みを相談する条件とその過程は以下のようにまとめられる[図3-1]。

　保護者は、保育者の【日常的な保護者へのアプローチ】を通して保育者や保育所に信頼を寄せる。同時に【信頼される保育所運営】や【地域との交流】を目の当たりにすることによって、保育者や保育所に対して安心感をもつとともに信頼を深め、「何かあれば相談しようかな」という感覚が無意識的・意識的に育まれていく。このような日々のかかわりなどから保護者と保育者の信頼関係が醸成され、相談のための基盤が整う。【信頼される保育所運営】を通して、【日常的な保護者へのアプローチ】や【地域との交流】が職員間でも共有されていると考えられ、【信頼される保育所運営】は両者に影響を与えていると思われる。

　その安心感と信頼感が根底にあり、保護者が主に子育てに関する困難を抱える際に、【保育士としての行動特性】によって保護者は相談しやすい雰囲気を感じ取る。そして、保育者の【敷居の低い相談対応】によって保護者は話すことが触発される。また、保護者への【相談場所であることの周知】は、保護者が安心して保育者に悩みを相談する誘因となる。

　実際に相談が始まれば保育者が【対人援助技術の活用】によって保護者に接することで、保護者は保育者をより深く信頼し、心を開きさまざまなことを語り出す。保育者は保護者の話を聴くだけでなく、【相談内容に応じた具体的対応】をすることで、保護者の抱える悩みが軽減される。この結果、保護者

は保育者の対応に満足し、さらに保育者や保育所への信頼が高まり、これらを基盤に、再び相談しようと考えたり、子育て以外の悩みを相談したりするようになる。

　以上が、保護者が保育者に自身の悩みを相談する条件と相談の過程である。【日常的な保護者へのアプローチ】【信頼される保育所運営】【地域との交流】の三つの項目は、直接的に保護者が保育者に悩みを相談するための条件ではないが、保護者の保育者や保育所等に対する安心感と信頼感を与えることから、相談のための基盤条件といえる。笠原[10]で示された、保護者に相談相手と認知された者の特徴である「気軽さ・親しさ」「子どもを保育する能力」「交流・相談の場の提供」とも一致しており、保育者の日々の業務や保護者へのかかわりの重要性が示唆された。

　また【保育士としての行動特性】【敷居の低い相談対応】【相談場所であることの周知】の3項目は、保護者が悩みを抱えるときに相談を決断させる直接的な条件と考えられることから、相談の誘因条件といえる。【保育士としての行動特性】は日々の保護者とのかかわりのなかでも重要であり、こうした行動特性が、保育者と話をしたいという保護者の気持ちを増幅させるとともに、悩みごとを相談するときのきっかけになると考えられる。【敷居の低い相談対応】においては、保育者が[相談ニーズの読み取り]を丁寧に行いながら保護者に声をかけることによって、〈細かいことへの相談対応〉や〈園内あらゆる場所での相談対応〉が可能となろう。

　また、笠原[11]の研究で示唆された、保護者が保育者はほかの専門機関に照会することが認知されれば子どもの発育・発達面での相談を促しやすいことと、【相談場所であることの周知】の下位項目である〈関係機関への窓口〉は一致していた。つまり、保育所の他機関への仲介、協働や連携の重要さが保護者の立場からも示された。また、保育所等が〈相談場所であることの周知〉をすることは、保育者が相談援助に関する専門性を有しているかどうかを保護者が認知するための物理的手段として有効だと考えられた。

　【対人援助技術の活用】と【相談内容に応じた具体的対応】は実際の相談にかかわる条件であるので、相談における実践条件といえよう。笠原[12]で示された、相談相手と認知された者の特徴である「受容的態度」「言語的対応の適切

さ」「良い点の指摘」がこの二つの大項目と一致しており、保護者に共感的に
かかわることに加えて、それぞれの保護者の相談の内容に応じた対応の重要
性や、保育者が相談援助の知識や技術を有することの重要性が明らかになっ
た。

　これら八つの項目はそれぞれに重要であるが、前述したように、基盤条件、
誘発条件、実践条件が循環的に機能することによって、保護者は保育所や保
育者への信頼を高め、主に保護者自身の子育ての悩みを保育者に相談する。
相談後、悩みが解消されるとその対応に満足し、子育てやそれ以外の困難が
生じたときに再び相談をすることが示された。こうした一連の過程が、先行
研究で示された、保育者が相談援助に関する専門性を有しているかどうかの
保護者の認知や、保育所に相談する時間や場があるかどうかの認知にも寄与
していると考えられた。

4.2　子育て以外の生活困難の相談

　保護者が保育者に対して、生活困難を抱えるときの相談しやすさと、子育
てに関する悩みに対する相談しやすさは同じ質のものか確認する。

　前述したように、基盤条件、誘因条件、実践条件が循環的に機能すること
によって、保護者は保育所や保育者への信頼を高め、保護者の子育てに関する
悩みだけでなく、それ以外のさまざまな生活上の悩みを保育者に相談するこ
とが示されていた。しかし、両者の悩みについてその条件を比較した際に、共
通する項目が多く、相談しやすさの質の違いについて明確に読み取れなかっ
た。

　ただ、個々の条件を見た場合、【地域との交流】の下位項目である［在園児以
外の多世代の受け入れ］と、【相談場所であることの周知】の下位項目である
［相談場所であることの周知］は、子育て以外の生活の悩みを保育者に相談し
た理由のみで構成された項目で、その相談の条件として読み取ることができ
た。

　［在園児以外の多世代の受け入れ］において、保護者は、保育所において卒
園児の保護者の相談や地域子育て支援、さらに地域住民との交流の様子をみ

ており、保育者が子どもだけではなくさまざまな世代にかかわり、対応する
力があると認知したと考えられる。さらに、保護者は保育所そのものに子育
て以外のことを受け入れる土壌があると判断したとも考えられた。

　[相談場所であることの周知]は、子育て以外のことでも相談できる旨の掲
示があり、それを保護者が見ることによって、それを認識し、子育てに関する
相談だけでなくそれ以外のことで悩んだときに保育者に相談するきっかけ
になると考えられた。

　以上から、この二つの条件がある場合、保護者が子育て以外の生活困難を
相談する可能性はより高くなると推察された。

Section 5

積み残された課題

　本研究において、保護者が保育者に自らの悩みを相談する条件を明らかにし、その過程を整理したことで、保育所や保育者が行うべき内容や姿勢などが示唆された。しかし、いくつかの課題が残された。

　まず、保護者が、保育者に対して生活困難を抱えるときの相談しやすさと、子育てに関する悩みに対する相談しやすさは同質のものか確認することはできなかった。例えば、保護者が保育士に初めて相談をした内容について明らかにするなど、インタビューガイドを精査したうえでの再調査が求められる。再調査を通して、この課題について取り組んでいきたい。

　次に、今回の調査では、対象者を「保育所を利用する保護者」とし、性別にこだわらずに依頼したものの、結局のところ母親のみのインタビューとなった。これは本研究の限界といえる。父親からみた相談のしやすさの条件は異なることも予想される。今後は父親を含めた調査を行いたい。

　最後に、各項目の関連性などを含めて、量的データの収集・分析からさらに実証的に検討していくことが求められる。

引用文献

1 笠原正洋(2004)保育園児の保護者が子育ての悩みを保育士に相談することに何がかかわっているのか. 中村学園大学・中村学園大学短期大学部研究紀要. 36. 25-31

2 谷口泰史(2003)エコロジカル・ソーシャルワークの理論と実践――子ども家庭福祉の臨床から. ミネルヴァ書房

3 笠原正洋(1999a)育児相談において保護者がとらえる保育者の対応について. 中村学園大学・中村学園大学短期大学部研究紀要. 31. 21-27

4 笠原正洋(1999b)保育者による育児相談への保育者の意識. 保育学研究. 37(2). 191-199

5 前掲1

6 望月彰・諏訪きぬ・山本理絵(2008)子育て中の父親・母親が保育園に望んでいること. 発達. 114. 26-33.

7 前掲3

8 前掲4

9 川喜田二郎(1986)KJ法――混沌をして語らしめる. 中央公論社

10 前掲3

11 前掲1

12 前掲3

参考文献

中谷奈津子・鶴宏史・関川芳孝(2015)保育所における生活困難を抱える保護者への支援(4)――保育所内における役割分担. 日本保育学会第68回大会発表要旨集

岡村重夫(1983)社会福祉原論. 全国社会福祉協議会

鶴宏史・中谷奈津子・関川芳孝(2016)保育所における生活課題を抱える保護者への支援の課題――保育ソーシャルワーク研究の文献レビューを通して. 教育学研究論集. 11. 1-8

鶴宏史・中谷奈津子・関川芳孝(2015)保育所における生活困難を抱える保護者への支援(3). 日本保育学会第68回大会発表要旨集

Chapter 4

発達障害の可能性がある子どもの
保護者への支援と
保育所等組織の役割

Section 1

保育所等に求められる
発達障害の可能性がある子どもの
保護者支援の実態と課題

1.1　発達障害児の早期発見・早期支援の必要性と課題

　2004(平成16)年に制定、翌年4月に施行された発達障害者支援法によって、初めて発達障害児支援が法的に位置づけられた。この発達障害者支援法の柱の一つが早期発見・早期支援である。早期発見について定めた第5条には、市町村が健診等で発達障害の早期発見に留意することや、発達障害の疑いがある場合には継続的な相談を行い、必要に応じて早期の診断が受けられるように専門機関を紹介することと明記されている。

　また、早期支援については、第6条で発達障害児が早期の発達支援を受けることができるよう、市町村は発達障害児の保護者の相談に応じたり、センター等の紹介や助言を行ったりすることとされている。なお、こうした措置を行うにあたっては、対象となる児童および保護者の意思を尊重するとともに、必要な配慮をしなければならないことも同時に記されている。

　このように早期発見・早期支援が重視される理由として、以下の三つが挙げられる。まず一つは、早期支援による効果であり、たとえば子どもの発達促進[1]、子どものQOLの向上[2]、親子関係の改善[3]、親のストレスや負担感の軽減[4]などがその効果として示されている。

　二つ目に、子どもの二次的問題の予防がある。発達障害に気づかれないまま不適切な環境におかれることで、自尊心低下・自信喪失などの心理状態の問題から不登校などの行動面の問題、神経症状態や反応性の精神病状態まで多様な二次的問題が起こる可能性が高い[5]。また、不適切な環境で育つことによって非行に至るケースも報告されている[6]。

　三つ目は、児童虐待防止の観点である。杉山[7]は診断を受けた広汎性発達障害児のなかに虐待がみられる割合が高く、知的障害のない発達障害の場合や母子ともに高機能広汎性発達障害である場合にはさらに虐待のリスクが高まることを指摘している。

　このように、発達障害の発見が遅れることは、親子関係のストレスを高め、子どもの二次的な問題を引き起こしかねないことから、それを防ぐための早期発見・早期支援が期待されている。

　しかし、発達障害の行動特徴は顕在化しにくいため、早期発見が非常に困難であり、乳幼児健診では発見できないことも多い。特に知的障害を伴わない発達障害の場合には、言語や運動に明確な発達の遅れがみられず、じっとしていられない、話を聞いていない、いつもと違う状況でパニックを起こす、他者の気持ちがわかりにくいことからトラブルになるなど、他者とともに生活する場面で困難さが顕著になる。よって、個別健診や保護者への問診を中心とする乳幼児健診では発達障害の発見が難しい。

　そのため、保育所等や幼稚園、場合によっては小学校に入ってから障害の可能性に気づくことがある。実際、保育者は日々集団生活のなかで子どもをみており、他児との比較のなかで子どもを捉えやすいことから、発達障害の可能性がある子どもに気がつきやすいといわれている[8]。クラスの担任保育者が子どもの発達の遅れに気づくのは1歳から2歳で最も多く[9]、多くの保育者が早期に発達の遅れや発達障害の可能性に気づいているといえる。これらのことから、保育所等が発達障害の早期発見・早期支援の場の一つとして機能することが求められている。

1.2　発達障害の可能性がある子どもの保護者支援の困難さ

　早期発見・早期支援の観点から考えると、保育所等で発達障害の疑いがある子どもを発見した場合には、早期に専門機関につなぐなどの対応が必要である。ただし、こうした対応にあたって、対象となる児童および保護者の意思を尊重するとともに、必要な配慮をしなければならないことは発達障害者支援法にも示されている。また、保育所保育指針にも、「子どもに障害や発達上

の課題が見られる場合には、市町村や関係機関と連携及び協力を図りつつ、保護者に対する個別の支援を行うよう努めること」[10]とあり、発達障害の可能性がある子どもの保護者支援を行う場合には個別の配慮が必要である。

　保育者が発達障害の可能性がある子どもを発見した際に、その保護者に子どもの障害の可能性や発達上の課題を伝えることで、保護者と保育者の関係が悪化することが報告されている[11]。これは、保育者が保護者の認識に反して、早期に理解を求めることによって起きる。

　保育者は比較的早い段階で子どもの発達障害の可能性に気づき始め、できる限り早い段階で障害に対する専門的な療育を受けることが"子どものため"だと考える。保護者も保育者同様に子どもの障害の可能性を疑っている場合には、こうした保育者の"子どものため"の理解の要求を受け入れやすい。しかし、多くの場合、保護者はまだそうした認識をもつには至っておらず、保育者の指摘を拒絶し、関係が悪化する。

　この関係悪化の背景には両者の認識のずれがあり、このずれは発達障害であるために起きやすいと考える。なぜなら、発達障害の場合には、子どもに対する捉え方と"障害"に対する反応の二つの点で保育者と保護者の間に違いが生じやすいからである。

　まず子どもの捉え方の違いについて説明する。発達障害の特徴は、個別場面より集団のなかで顕在化しやすいため、集団のなかで子どもを捉え、複数の子どもと比較する保育者は、子どもに対する違和感を明確に抱きやすい[12][13]。一方で、保護者は、個別もしくは少数のなかで子どもを捉えるため、発達障害の特徴を目の当たりにすることは少なく、他児との違いに気づきにくいといえる。実際、保育者が「気になる」感じを子どもに抱いていても、約7割の保護者は気にしていないか、もしくは気にはしていても解決行動を起こすまでには至っていないという報告がある[14]。また、子どもの行動上の問題を評価する質問紙を使用した研究でも、保育者が「心配」レベルと評定している子どもに対し、保護者は「心配なし」と認識している「ずれ」が多い[15]。さらに同じ場面で同じ子どもの姿を見ていても評価が異なることも指摘されており[16]、保護者が我が子を客観的に捉えること自体が難しいともいえる。

　次に、保育者と保護者の"障害"に対する反応の違いがある。保育者は、発

達障害の早期発見・早期支援の要請から、発達障害の可能性に気づくと、"早期"に専門機関につなごうという"子どものため"の思いを強める。一方、保護者はたとえ違和感を抱いても、"障害"への心理的抵抗から子どもの課題を明確にするのを避けようという思いが強まる。この心理的抵抗を収めるには一定の時間を要する。

　保育者はこうした保護者との認識のずれから生じる関係悪化を恐れ、発達障害の可能性に気づいたとしても保護者への働きかけに躊躇する。実際に、保護者が子どもの課題を理解していない場合や、専門機関にかかる意思がない場合には、子どもの課題の伝え方に悩み[17][18]、専門機関への紹介や発達上の課題の伝達といった積極的な働きかけを行いにくいことが示されている[19][20]。こうした苦悩は、保育者の年齢や経験年数、私立・公立にかかわらず[21]、保護者への子どもの問題伝達の困難性は、保育者のバーンアウトとも関連する[22]。つまり、保育者は子どものために保護者に理解を求めたいが、保護者の気持ちに合わせる支援の重要性も理解していることから、"子どものため"と"保護者のため"の板挟みという葛藤状態に陥っているといえる[23]。

Section 2

発達障害の可能性がある子どもの
母親の気づきと行動のプロセス

　保護者はいつまでも子どもの発達障害の可能性に気づかないというわけではなく、保護者が子どものニーズに気づき動き出すまでには何らかの過程があることが予想される。そこで本章では、発達障害児の母親のインタビュー調査から、母親が他者との関係のなかで我が子のニーズに気づき動き出すプロセスを示し、そのうえで保育者や保育所等に求められる組織的支援について考察する。

2.1　調査の概要

　発達障害の特性をもつ子どもの母親10名を対象にインタビュー調査を行った。調査時点での母親の年齢は、30代3名、40代7名であり、対象となる子どもは、小学1年生が3名、2年生が4名、3年生が1名、4年生が2名であった。子どもの診断は、自閉スペクトラム症(当時の診断では、広汎性発達障害や高機能自閉症、アスペルガー症候群など)が5名で、注意欠陥多動性障害が1名であった。あとの4名は、医師やその他の専門家から発達障害の傾向や落ち着きのなさを指摘されているが、正式な診断は受けていないと回答した。診断を受けている場合の診断時年齢は、2歳2か月から7歳頃であった。

　インタビューは1対1の半構造化面接法で、了解を得て録音し、逐語録を作成した。面接は1人につき1回、1時間半程度とし、長くなる場合は対象者の了承を得て延長した。データ収集は、2011(平成23)年3〜7月(4名)、2012(平成24)年12月〜2013(平成25)年2月(6名)と2期に分けて行った。インタビュー実施場所は、大学、対象者の自宅など、対象者の希望に合わせて設定し、周囲

に会話が漏れないよう配慮した。インタビューの総時間は16時間39分（最短1時間8分、最長2時間23分）であった。逐語録は、総計A4用紙（1ページ1600字）290ページであった。分析はインタビューデータを中心とし、事前アンケートや調査対象者から提供された記録等も参考にした。

上記で得たデータを、修正版グラウンデッド・セオリー・アプローチ[24]を用いて分析した。本研究における分析焦点者は、「保育所入所後にわが子のニーズを認識し、支援につながった発達障害児やその可能性がある子どもをもつ母親」であり、分析テーマは「母親が保育士を含む他者との関係の中で、どのようにわが子のニーズに気づき動き出すのか」である。

倫理的配慮として、調査対象者に、調査の主体や目的、録音の承諾などについて口頭と文章で説明を行い、合意が得られた場合にのみ面接調査を行った。また本文中に引用する語りにはデータ番号を付記せず、人名や地名を伏せることで、調査対象者や関係者を特定できないようにした。これら一連の調査について、大阪府立大学人間社会学研究科倫理委員会で承諾を得ている。

2.2 母親の気づきと行動のプロセス

ここでは、前記の方法で得られた調査結果[25]をもとに、四つの時期に分けて、母親の気づきと行動のプロセスを概説する[図4-1]。

2.2.1 第I期:違和感が曖昧な時期

第I期は、子どもの発達について母親の側に違和感がないか、違和感をもっていたとしてもそれが非常に曖昧な時期である。たとえば「ちょっとウロウロするな」「片付けしようと言ってもできないな」という程度の違和感であるため、それが"障害"とは結びつかない。また、発達障害の特性から、幼い頃から一人遊びが多く、手がかからなかったり、家庭生活のなかでは日々のルーティンが決まっているため、大きな問題が起きなかったりすることもある。

ほかにも「男の子だから」「2月生まれだから」「自分に似ているから」など

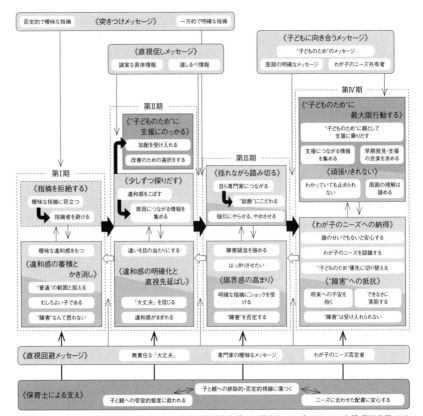

出典：木曽陽子 (2016) 発達障害の可能性がある子どもの保護者支援——保育士による気づきからの支援. 晃洋書房. 64を一部改変

図4-1 発達障害の可能性がある子どもをもつ母親が他者との関係のなかで我が子のニーズに気づき動き出すプロセス

とさまざまな理由をつけて、ちょっとした違和感は無意識にかき消されていく。そのため、この時期に保育者があいまいな形で子どもの課題を指摘すると、母親は自分自身の子育ての仕方を責められていると感じ、指摘する相手に対して苛立ちを覚え、時にはその相手を避けるようになる。

2.2.2 第Ⅱ期:違和感が明確化する時期

　第Ⅱ期は、母親自身が徐々に子どもの育ちに対する違和感を募らせていく時期である。特に、母親自身が他児との違いを目の当たりにすると、これまで

あいまいだった違和感が徐々に明確になり、その原因がどこにあるのか少しずつ探りだすようになる。たとえば、保育園の行事等で、同じクラスの子どもたちと比べたときに、自分の子どもだけが落ち着きがない様子を目の当たりにし、「やはり我が子はほかの子とは違う」という形でこれまであいまいだった違和感が明確になる。そこで母親は保育者にあえて軽い言い方で「この子落ち着きないですよね」などと伝えてみることで保育者の反応を探り、違和感の原因を探ろうとし始める。

ここで、保育者は母親の不安を察し、なんとか励まそうと咄嗟に「大丈夫ですよ」と言ってしまうことがある。しかし、この「大丈夫」という言葉によって、母親は一時の安心を手にし、また違和感をかき消して第Ⅰ期に戻っていくことがある。一方、このときに保育者から子どもの日々の姿を誠実に伝えられ、子どものもつニーズに対して今できる支援があることを知ると、母親は"子どものため"の支援を受け入れる。すなわち、「支援にのっかる」ようになる。つまり、母親がこの段階にくるまで意図的に待ち、このタイミングで支援につなぐことが、結果的に子どもへの早期支援につながるといえる。

2.2.3　第Ⅲ期:限界感が高まる時期

第Ⅲ期は、さらに子どもに対する違和感が募り、さまざまな情報を得るなかで、母親自身も「障害」を明確に疑っていく時期である。違和感という状態をそのままにしておくことができず、白黒はっきりつけるために自ら診断を求め、専門機関を受診することもある。この時期になると、むしろ我が子とほかの子どもの違いに意識が集中し、できれば"障害"であってほしくないという思いから、ほかの子どもと同じようにふるまうよう強引にやらせたり、逆に障害特性とみられる行動を無理にやめさせたりと子どもへのかかわり方が厳しくなることがある。

2.2.4　第Ⅳ期:"子どものため"に最大限行動する時期

障害の診断の有無にかかわらず、専門家等から子どもに向き合うメッセージが得られると、第Ⅳ期に進んでいく。第Ⅳ期は、"子どものため"に最大限行動する時期である。これは障害か否かへのこだわりや、障害に対する拒否感

という母親自身の視点から大きく転換し、母親である自分がどういう行動を
することが"子どものため"になるのかという視点に立つようになることか
ら起こる。これによって、自ら専門機関等に通って子どもへの支援を求めた
り、さまざまな勉強会などにも参加して情報を集めたり、と積極的に動いて
いく。ただし、「障害」に対する拒否感や将来への不安が消えるわけではない
ため、子どものできなさを目の当たりにするたびに落胆したり、子どもの特
性を理解していても子どもに厳しくあたってしまったりする。

　ここまで述べたように、母親は徐々に子どものニーズに気づき、それに合
わせて行動も変化させていく。ただ、このプロセスは単純に段階的に進むわ
けではなく、行きつ戻りつを繰り返しながら螺旋状に進む。たとえば、第Ⅲ期
に進んでも、周囲の反応等に影響を受け、第Ⅱ期に戻ることがあり、母親は常
に揺らぎ、葛藤しながら進んでいくのである。

Section 3

保育所等組織での
役割分担による支援の提案

ここでは、前記の調査によって明らかになった母親の気づきと行動のプロセスをもとに、保育所等における組織的支援について提案する。

3.1 母親のプロセスに合わせた支援の必要性

保育者が保護者の認識に反して、早期に理解を求めることによって両者の関係悪化につながる危険性があることは先に指摘したとおりである。保育者は直接的に保護者とその子どもを支えることができる貴重な存在であり、保護者に無理に障害への気づきを求めることで関係が悪化することは避けるべきだと考える。また、保護者と保育者の関係が悪化すると、保護者は子どもの問題から目を背けたり、必要以上に子どもに厳しく接したりするようになることもある。特に乳幼児期は子どもも発達の途上であり、たとえ早期に専門機関にかかっても障害と診断されないことがあり、障害の早期発見を求めることがよけいに保護者を追い詰める危険すらある。

そのため保育所等においては、上記の母親の気づきと行動のプロセスを理解し、そのプロセスに合わせた支援を行うことが重要となる。特に、保護者に子どものニーズの気づきを促す際には、先述の第Ⅱ期のように保護者に合わせた適切なタイミングを"待つ"必要がある。そして、このタイミングで、保護者が子どものニーズを知り、"子どものため"の支援をうまく利用できるようになる（前記のプロセスでいうと第Ⅱ期の「支援にのっかる」）ところにつなげることが保育所等における保護者支援の目標だと考える。

3.2　保護者支援役割の整理

　図4-2に示すとおり、発達障害の可能性がある子どもの保護者支援の役割には、"子どものため"に母親の気づきや行動を促す役割（以下、「促す役割」）と、母親を支え続ける役割（以下、「支える役割」）の二つがある。しかし、一人の保育者が子どもへの支援と同時にこれら二つの役割を担うことは困難であり、保育所等組織全体での対応が必要となる。その理由を以下に示す。

　先述のとおり、保育者が「促す役割」を担う際には、母親に合わせた適切なタイミングを"待つ"支援が必要である。しかし、子どもへの直接支援を職務の中心とする担任保育者がこの支援を行うことは非常に難しい。なぜなら、子どもに日々接している担任保育者は、"子どものため"にできるだけ"早期"に療育につなげたいという思いが高まりやすく、この思いが保護者に合わせて"待つ"こととの間に葛藤を生じさせる。この葛藤を担任保育者が一人で背負うことは、保育者のストレスを高めることにつながる。

　さらに、近年は保育時間の長時間化や入所児数の増加[26]、地域の子育て支援の役割など保育所等に求められる役割と機能の拡大があり、保育所等は役割過多の状態である[27]。

　一方で、こうした役割を担うための人員配置は十分でなく、保育所等に

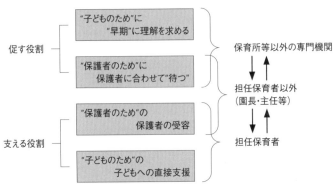

出典：木曽陽子 (2016) 発達障害の可能性がある子どもの保護者支援――保育士による気づきからの支援.晃洋書房. 100を一部改変

図4-2　発達障害の可能性がある子どもの保護者支援役割

よっては保育者が最も重視すべき保育自体の質の低下が懸念されている現状もあり、保育者自身が葛藤を調整しながら、保護者に合わせた判断を行うことは困難といえる。特に、保育者は、発達障害の可能性がある子どもの保育そのものにも苦悩しており[28][29]、保護者に合わせて"待つ"だけの余裕がないことも推測される。

　以上のことから、一人の保育者が子どもの支援と同時に保護者に「促す役割」を担うことは困難であり、特に保育を主要な職務とする担任保育者は子どもの保育に注力できるよう、「促す役割」を担わずに済む組織体制を整えることが重要と考える。そのため、ここでは「促す役割」は担任保育者以外の園長や主任等が担い、「支える役割」は担任保育者が担うといった保育所等内での役割分担を提案する。

　具体的には、「促す役割」を担う園長や主任等は、単に早期に子どもの課題を指摘するのではなく、"保護者のため"に保護者に合わせて"待つ"支援を行う。そのため、園長や主任等は後に示すように母親の変化に合わせて時期ごとに支援を変化させる必要があると考える。

　担任保育者は、子どもに対して日々直接かかわれることが強みである。そのため、まず担任保育者は子どもへの直接支援を担う中心的存在として、子どもに適切にかかわっていくことが重要であろう。これは子どもの発達促進につながり、ひいては保護者への間接的な支援にもつながる。保護者に対しては「支える役割」を意識し、保護者の揺れ動く気持ちを否定したり、評価したりせずに、そのままを受けとめて聴いていくこと、つまり受容的支援が担任保育者の役目であると考える。

3.3　保護者の気づきと行動のプロセスに合わせた組織的支援

　ここでは、先述の母親の気づきと行動のプロセス4期をもとに、保育所等における役割分担による具体的な保護者支援の内容を示す。なお、保護者の行動から四つの時期のアセスメントができるよう、各時期にみられる保護者の具体的な行動を**表4-1**に整理した。このアセスメント項目は、**図4-1**のなかで母親の行動に関する概念を抜き出し、母親の実際の語りから得られた行動

を具体例として作成したものである。

3.3.1　第Ⅰ期:違和感があいまいな時期の支援

　第Ⅰ期は、保護者が違和感をもっていないか、もっていてもかき消している時期である^{図4-3}。この時期に、保育者が保護者の違和感を確認するのは難し

表4-1　保護者の気づきと行動のプロセスのアセスメント項目

	保護者の行動	保護者の具体的な行動	保護者の心情
第Ⅰ期	指摘を拒絶する	□子どもの課題を指摘されると、怒りを示す □子どもの課題を伝える相手を避ける	違和感の蓄積とかき消し
第Ⅱ期	少しずつ探りだす	□子どもの気にかかる様子を口に出す。(例:「この子、いつも1人でいますよね」) □連絡事項として、子どもの気になることを伝える(例:「言葉が少ない子なんです」) □子どもの様子を積極的に聞くようになる(例:「今日はどうでしたか」) □集団での子どもの様子を観察する □障害に関する情報を集め始める	違和感の明確化と直視先延ばし
	"子どものため"に支援にのっかる	□加配の認定を勧められると受け入れる □子どもの課題が改善するよう、訓練や療育に通い始める	
第Ⅲ期	揺れながら踏み切る	□専門家を探し始める □専門機関に相談に行く □障害の診断にこだわる(例:「診断はされていないです」) □子どもを厳しく叱りつけて、無理にさせようとする □子どもの"普通"ではない行動を無理にやめさせようとする	限界感の高まり
第Ⅳ期	"子どものため"に最大限行動する	□積極的に子どもの支援を求める(例:「保育所でも○○をしてください」) □保護者自身で子どもへの支援を始める □子どもの情報を詳しく聞く □発達障害に関する勉強会などに積極的に参加する □より適切な早期発見・早期支援を訴える	わが子のニーズへの納得
	頑張りきれない	□子どもに対して厳しく叱りつけるような不適切な対応をする □他者に子どもの障害について説明しない、話さない	"障害"への抵抗

出典:木曽陽子(2016)発達障害の可能性がある子どもの保護者支援——保育士による気づきからの支援.晃洋書房. 113を一部改変

く、保育者が子どもの課題をあいまいに指摘すれば、両者の対立に至る可能性がある。

保護者が子どもの課題に気づいていない場合には、担任保育者が子どもへの直接支援を重点的に行い、園長や主任等が意図的に保護者の気づきのタイミングを"待つ"ことが重要である。第Ⅱ期への移行のサインとなるのは、保護者が「少しずつ探りだす」行動である。そのため、園長や主任は、保護者が子どもの気にかかる様子を話したり、保育所等での様子を積極的に聞いたりする姿がないかといった保護者に関する情報を担任保育者等から得ながら、保護者を注意深く見守る必要があると考える。

また、次の第Ⅱ期で、保護者に具体的支援を提示できるよう、第Ⅰ期のこの時期から子どもの様子や提供できる支援に関する情報を整理しておくことも考えられる。強制されない状況で提供された情報は母親が受けとめやすいという指摘[30]があることからも、母親が自由に入手できる形で、発達障害に関する情報や、相談機関等の情報を保育所等に掲示することも有効であると考えられる。これらが、意図的に"待つ"支援である。

この間担任保育者は子どもへの直接支援を重視し、子どものニーズに応じ

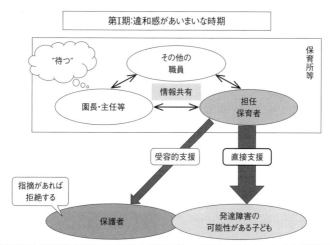

出典:木曽陽子 (2016) 発達障害の可能性がある子どもの保護者支援──保育士による気づきからの支援.晃洋書房.111をもとに作成

図4-3 第Ⅰ期:違和感があいまいな時期の支援

た適切な配慮を保育のなかで行う。同時に保護者に対しては、保護者を支えるための受容的支援を行い、保護者の気づきを無理に促そうとはしないことが重要だと考える。

3.3.2　第Ⅱ期:違和感が明確化する時期の支援

　第Ⅱ期では、保護者が子どもの他児との違いを認識し始めることで、子どもの様子を尋ねたり、観察したりといった「少しずつ探り出す」姿がみられる[図4-4]。母親の気づきと行動のプロセス(本章2.2)で示したように、このタイミングで子どものニーズに着目した"子どものため"の具体的支援が提示されると、保護者は支援を受け入れることができると考えられる。

　そのため、保護者のこうした姿に気づいた職員は、所長や主任等に報告するという保育所等内での情報共有がより重要となる。たとえば、保護者が担任保育者やその他の職員に対して子どもの様子を尋ねてきた場合には、担任等は無責任に「大丈夫」と言わないように気をつけながら保護者の気がかりや不安を受けとめ、保護者が園長や主任等との相談につながるようにする。

　園長や主任等は保護者が落ち着いて話ができる時間等に声をかけ、保護者

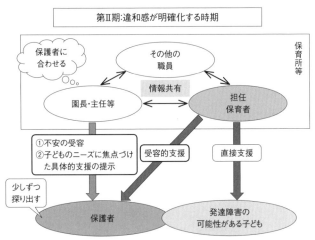

出典:木曽陽子(2016)発達障害の可能性がある子どもの保護者支援——保育士による気づきからの支援.晃洋書房.111を
もとに作成

図4-4　第Ⅱ期:違和感が明確化する時期の支援

の子どもへの違和感や不安を十分に受けとめたあと、子どものニーズに焦点づけた具体的な支援方法を提示する。ここで園長等は、障害の有無に着目するのではなく、保護者の違和感を引き出しながら、その違和感に沿った具体的な子どもの姿を共有すること、そして保護者とともに子どものニーズ(子どもの困り)を整理し、それに対する支援を提示することが重要であるだろう。具体的には、保育所等で実際に行っている支援方法を伝えたり、加配保育士等の支援制度の利用や発達支援が受けられる具体的な専門機関の紹介をしたりすることが挙げられる。

　ただし、どれだけ"待つ"支援をしても、保育者が保護者の少しずつ探り出す行動を把握できない場合も考えられる。保護者が子どもの違和感にまったく気づかない場合は、保育所等から子どもの課題を明確に伝えることで、気づきを促すことも可能ではあるだろう。ただし、その場合は保護者との関係悪化を覚悟しなければならず、逆に保護者の心理的抵抗が高まり、理解が遅れる可能性もある。そのため、基本的には保育所等内でできる子どものニーズに応じた支援を続け、子どもの二次的な問題を予防することが優先だと考える。

　また、保護者が子どもの違和感に気づいていても保育者に相談しないことがある。悩みを抱えた保護者が保育者に相談するためには、保育者に相談対応の専門性があり、ほかの専門機関を紹介してくれるという保護者の認知や受けとめてもらえたことによる相談の満足感が必要との指摘がある[31]。このことを踏まえると、発達障害に関する情報や相談機関等の情報を保護者全体に示すことや、担任保育者が支える役割を重視し、保護者との信頼関係を構築することが優先的な支援となるだろう。

　一方、保護者に「少しずつ探り出す」行動がみられても、子どもに発達障害の可能性がみられない場合もあり得る。子どもの示す行動は保育所等と家庭とで異なる可能性もあり、保育所等では課題を感じない子どもであっても、保護者が何らかの違和感を抱えている場合には、それに対して真摯に対応する必要がある。保護者の訴えがある場合には具体的に聞き取り、保護者が感じる子どものニーズがどこにあるのか、その点は保育所等でどのような姿であるかを整理し、ともに考えていくことが、保護者と子どもの双方への支援

になると考える。

3.3.3　第Ⅲ期:限界感が高まる時期の支援

　第Ⅲ期には、保護者が障害の可能性に気づき、障害疑念と障害の否定の間
で葛藤し、限界感を高めることで専門機関等の受診につながる[図4-5]。このとき
の葛藤は非常に激しく、保護者が子どもに対して不適切な行動をとる場合も
ある。

　この時期には、保護者は自身の葛藤から子どもが障害かどうかはっきりさ
せたいと考え始めているため、園長や主任等は保護者の意向を聞きながら、
具体的な専門機関等を提示する。それと同時に、保護者が気づいている子ど
もの他児との違いを、「障害」かどうかではなく、子どもの「ニーズ」と捉えて
焦点化し、"子どものため"にできる支援や配慮を具体的に話し合う。特に、具
体的な支援や配慮については、園長や主任等に加えて担任保育者も交え、保
育所等のなかでこれまでに行ってきた実践や現在実施している支援、これか
らできる支援を保護者に伝えていく。

　また、この時期は保護者が子どもに対して強く叱ったり無理にさせたりと

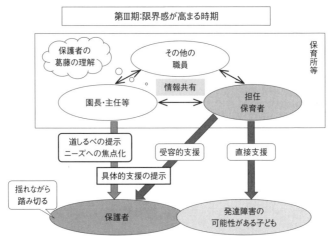

出典:木曽陽子(2016)発達障害の可能性がある子どもの保護者支援──保育士による気づきからの支援.晃洋書房.112を
　　もとに作成

図4-5　第Ⅲ期:限界感が高まる時期の支援

いった不適切なかかわりをしてしまうことがある。すべての職員がそうした保護者のかかわりを批判するのではなく、葛藤を理解しながら傾聴する。保護者の"障害"への拒否感が強いと、この時期が長引き、子どもに対する不適切な対応が深刻化する可能性があるため、職員全員で子どもと保護者の様子を丁寧に見守る必要があるだろう。

3.3.4　第Ⅳ期:"子どものため"に最大限行動する時期の支援

　第Ⅳ期には、保護者が積極的に支援を求めて"子どものため"に最大限行動する一方で、障害に対する抵抗を抱き続け、時に子どもに対して不適切な行動をとる[図4-6]。

　この時期になると、保護者が子どものニーズを理解し始めているため、園長や主任と担任保育者は、ともに保護者とのパートナーシップのもとで、子どものニーズに対する具体的な支援を検討したり、実行したりすることが重要であると考える。

　また、保護者はこの時期にも"障害"への抵抗から、子どもに対する不適切なかかわりをして自責感を抱えている場合があるため、引き続き担任保育者

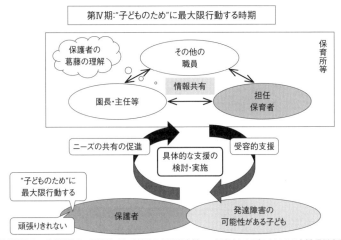

出典:木曽陽子 (2016) 発達障害の可能性がある子どもの保護者支援——保育士による気づきからの支援. 晃洋書房. 112を
もとに作成

図4-6　第Ⅳ期:"子どものため"に最大限行動する時期の支援

を中心に保護者の葛藤を受けとめていく。さらに、園長や主任が中心となり、母親が孤立することのないよう、父親やその他の家族に対しても子どものニーズを共有していくこと、保護者に親の会を紹介するなど同じ立場にある保護者と交流できる場につなげること、保育所職員全員が共通認識をもって子どもと保護者にかかわるように促していくことなども重要である。

Section 4

発達障害の可能性がある子どもの
保護者を支えるために

　発達障害児の早期発見に関しては、乳幼児健診でのチェック体制の強化や5歳児健診などの新たな体制整備などが進みつつある。しかし、乳幼児期から集団のなかで子どもをみる保育者が、子どもの発達上の課題を最も発見しやすい立場にあるのは今後も変わらないであろう。そのため、引き続き保育所等が発達障害の早期発見・早期支援の役割を担っていく必要がある。

　しかし、保育者が発達障害の早期発見を重視するばかりに、その子どもと向き合う保護者の思いを置き去りにして性急な支援を行えば、むしろ早期支援の妨げになる危険性もある。そこで、本章で示したように、保護者の気づきと行動のプロセスに沿って、保護者の思いを受けとめながら保護者の気づきに合わせて支援をしていくことが保育所等に求められている。ただし、一人の保育者が子どもと保護者の両者への支援を同時に担い、なおかつ保護者に合わせる支援を行うことには限界がある。なぜなら、ここまで述べてきたように、保護者のプロセスに合わせて待つことが、保育者の"子どものため"に"早期"にという思いに反するからである。そのため、子どもと保護者のどちらを優先すべきか、という葛藤を保育者個人が抱えこむことがないよう、保育所等内での組織的な対応が必要である。

　本章では、園長や主任等が保護者に促す役割を、担任保育者が子どもへの直接支援を中心に据えつつ保護者を支える役割を担うことを提案し、母親の気づきと行動のプロセス4期に基づく組織的支援のあり方を提示した。今後は、この支援のあり方を実践のなかで検証し、子どもと保護者と保育所等組織の三者にとってよりよい支援になるよう精査していく必要があるだろう。

引用文献

1 北野絵美・吉岡恒生(2009)広汎性発達障害を早期に疑われる幼児への発達支援　第1報——療育機関等から保育園・幼稚園等への移行を通して見えてくる「意義」と「課題」について. 治療教育学研究. 29.47-55

2 Kamio, Y., Inada, N. and Koyama, T.(2013)A Nationwide Survey on Quality of Life and Associated Factors of Adults with High-Functioning Autism Spectrum Disorders. *Autism*. 17. 15-26

3 伊藤良子・伊藤由紀・浦島裕美(2008)早期療育を受けた高機能広汎性発達障害幼児の発達過程. 東京学芸大学教育実践研究支援センター紀要. 4. 73-81

4 宋慧珍・伊藤良子・渡邉裕子(2004)高機能自閉症・アスペルガー障害の子どもたちと家族への支援に関する研究——親のストレスとサポートの関係を中心に. 自閉症スペクトラム研究. 3. 11-22

5 宮本信也(2000)通常学級にいる軽度発達障害児への理解と対応——注意欠陥多動障害・学習障害・知的障害. 発達障害研究. 21(4). 262-9

6 定本ゆきこ(2005)発達障害と児童虐待——非行臨床の現場から見えるもの. 子ども虐待とネグレクト.7(3). 313-8

7 杉山登志郎(2007)高機能広汎性発達障害と子ども虐待. 日本小児科学会雑誌. 111(7). 839-46

8 後上鐵夫(2007)乳幼児期からの一貫した軽度発達障害者支援体制の構築に関する研究——乳幼児期における発見・支援システムの実態調査を中心に. 国立特殊教育総合研究所

9 西川ひろ子(2019)保育所における気になる子どもへの保育士が行う運動遊びを用いた支援と課題. 安田女子大学紀要. 47. 143-154

10 厚生労働省(2017)保育所保育指針. https://www.mhlw.go.jp/file/06-Seisakujouhou-11900000-Koyoukintoujidoukateikyoku/0000160000.pdf(2020.9.15情報取得)

11 木曽陽子(2011)「気になる子ども」の保護者との関係における保育士の困り感の変容プロセス——保育士の語りの質的分析より. 保育学研究. 49(2). 84-95

12 後上鐵夫(2007)乳幼児期からの一貫した軽度発達障害者支援体制の構築に関する研究——乳幼児期における発見・支援システムの実態調査を中心に. 国立特殊教育総合研究所

13 半澤嘉博・渡邉健治・田中謙ほか(2012)個別の配慮が必要な園児への対応の現状と課題について——東京都の公立保育所における実態調査から. 人間文化研究所紀要(東京家政大学人間文化研究所). 6. 39-51

14 中村仁志・藤田久美・林隆ほか(2005)幼稚園および保育園における落ち着きのない子どもの困難性と対応について. 小児保健研究. 64. 26-32

15 大神優子(2011)「気になる子」に対する保育者と保護者の評価——SDQ(Strengths and Difficulties Questionnaire)を利用して. 和洋女子大学紀要. 51. 179-88

16 Reed, P. and Osborne, A. L.(2012)The Role of Parenting Stress in Discrepancies between Parent and Teacher Ratings of Behavior Problems in Young Children with Autism Spectrum Disorder, *Journal of Autism and Developmental Disorders*. 43(2). 471-7

17 斎藤愛子・中津郁子・粟飯原良造(2008)保育所における「気になる」子どもの保護者支援——保育者への質問紙調査より. 小児保健研究. 67(6). 861-6

18 平野華織・水野友有・別府悦子ほか(2012)幼稚園・保育所における「気になる」子どもとその保護者への対応の実態——クラス担任を対象とした調査をもとに(第2報). 中部学院大学・中部学院大学短期大学部研究紀要. 13. 145-53

19 高橋脩(2007)広汎性発達障害、注意欠陥多動性障害等の早期発見と対応に関する研究. 平成18年度厚生労働科学研究費補助金(こころの健康科学研究事業)研究報告書. 5-27

20 佐藤日菜・田口敦子・山口拓洋・大森純子(2019)保育士による発達上「気になる子」の保護者への支援の実態と関連要因の探索:発達上の課題の伝達に着目して. 日本公衆衛生雑誌. 66(7). 356-369

21 川池智子(2006)「子育ち・子育て支援」をめぐる保育政策の課題(その3)——障害児等、特別な配慮を必要とする子どもと親の支援. 山梨県立大学人間福祉学部紀要. 1.43-64

22 木曽陽子(2016)発達障害の傾向がある子どもの保育や保護者支援と保育士の心理的負担との関

係——バーンアウト尺度を用いた質問紙調査より. 保育学研究. 54(1). 67-78

23　木曽陽子(2011)「気になる子ども」の保護者との関係における保育士の困り感の変容プロセス——保育士の語りの質的分析より. 保育学研究. 49(2). 84-95

24　木下康仁(2007)ライブ講義M-GTA——実践的質的研究法　修正版グラウンデッド・セオリー・アプローチのすべて. 弘文堂.

25　木曽陽子(2016)発達障害の可能性がある子どもの保護者支援——保育士による気づきからの支援. 晃洋書房. 57-98

26　実方伸子(2013)保育所の現状と課題—— D保育所の開所時間と延長保育. 全国保育団体連絡会・保育研究所編. 保育白書2013年版. ひとなる書房. 62

27　太田光洋(2009)社会の変化が保育に及ぼす影響と保育を支えるもの. 発達. 118(30). 2-8

28　大塚郁郎・岡森正吾・山本昌邦ほか(2010)「気になる」子を担当する保育士の意識に関する調査Ⅱ. 金城大学紀要. 10. 1-12

29　木曽陽子(2014)保育における発達障害の傾向がある子どもとその保護者への支援の実態. 社会問題研究(大阪府立大学人間社会学部社会福祉学科). 63. 69-82

30　山崎せつ子・鎌倉矩子(2000)事例報告——自閉症児Aの母親が障害児の母親であることに肯定的な意味を見出すまでの心の軌跡. 作業療法. 19(5). 434-44

31　笠原正洋(2006)園の保護者による保育者への援助要請行動——満足度および援助要請意図の関連. 中村学園大学・中村学園大学短期大学部研究紀要. 38. 19-26

Chapter 5

保育所等における
子ども家庭支援の実際

Section 1

大阪府を調査対象とする理由
「保育園における地域貢献事業」の開発と定着

　本章では、大阪府で実施した保育所等における生活困難家庭への支援に関する予備調査、本調査をもとに論を進めていく。具体的な調査の概要は次節に譲るとして、本節では調査のフィールドとなる大阪府の民間保育所や大阪府社会福祉協議会保育部会等の取り組みについて概説し、大阪府での調査に至った背景について述べていくものとする。

1.1　大阪府民間保育所の取り組み

　高度経済成長期以降、核家族化が進み、親族や地域住民ともつながりがないまま、孤立して子育てしている世帯の増加が課題として浮き彫りになってきた。特に大阪のような都市部では、地域コミュニティのつながりも希薄化し、子どもの発達や子育てについての不安や悩みを誰にも打ち明けられないまま、負担感を募らせる子育て世帯の様子が散見された。

　こうしたなか、大阪の民間保育所による子育て支援活動は、1982（昭和57）年に府内の女性1万人を対象に「育児についての女性の意識調査」を実施し、明らかになった女性のニーズに対応するものとして始まっている。保育所の機能をさらに充実させていくとすればどのような取り組みが必要と考えるかの質問に「子育ての悩みや相談に応じてほしい」という回答が多くみられたことから、大阪府社会福祉協議会保育部会は、1984（昭和59）年から「でんわ育児相談事業」を開始した。民間保育所から経験豊富なベテランの保母が派遣され、電話による育児相談に応じることとなった。

　さらに1990（平成2）年には、「でんわ育児相談事業」を発展的に解消し、新た

に子育て支援アドバイザー「育児相談員」を民間保育所に配置し、地域の子育てに対する相談に応じる「育児相談員制度」を始めている。併せて相談員の専門性を確保するため、育児相談員養成研修も行うようになった。これらの研修内容と実績については、大阪府からも評価され、1998（平成10）年より受講修了者に対し大阪府知事から「育児相談員」の認定が与えられている。

この時期、国においても「保育所地域活動事業」（1989（平成元）年）が創設され、補助金の交付を通じて、保育所に対し地域の子育て支援の役割が求められるようになった。さらに1999（平成11）年の保育所保育指針の改定、2001（平成13）年の児童福祉法の改正があり、保育所および保育士に対し、保護者や地域の住民に対する相談・助言の役割が明記されている。大阪の民間保育所の先駆的な取り組みが、国の制度にも取り入れられ、保育所が地域子育て支援の拠点として制度化され、全国に広がっていったという経緯がみてとれる。

育児相談事業において相談される内容は、保育・子育てだけに限られるものではない。実際に相談を受けてみて、保育や子育て以外にも、経済課題、傷病、障害、介護、家庭の問題などさまざまな生活困難を抱えて悩んでいることが明らかになる事例も少なくなかった。当初は、「誰かに相談し、話を聞いてもらいアドバイスを受けるだけで、本人が解決してしまうケースが多い」と考えられていたが、しだいに、問題を抱え本当に困っている人は、相談のために保育所に来所できないのではないか、保育所の育児相談につながっていないのではないかと考えられるようになった。やがて育児相談の活動では、保育・子育て以外のさまざまな問題を抱える子育て家庭には十分な対応ができていないなどの課題も指摘された。このような育児相談事業の限界に対し、保育所が地域にアウトリーチし、本人に寄り添い問題解決に至るまでを支援する総合相談の実施が必要と考えられるようになった。

すでに大阪府社会福祉協議会老人部会では、2004（平成16）年より、会員の介護施設等にコミュニティソーシャルワーカーを配置し、ワンストップで相談を受ける総合相談事業「生活困窮者レスキュー事業」を社会貢献として始めていた。これは、在宅における介護についての相談以外にも、制度の狭間にあって生活困窮しているなど、さまざまな生活困難についての相談を受け、アウトリーチによる生活困窮者に寄り添った相談・支援を行い、必要な制度・

サービスにつなぐなどの活動である。大阪府社会福祉協議会保育部会においても、老人部会による社会貢献事業をモデルにして育児相談員事業を見直し、2007（平成19）年より現行の「保育園における地域貢献事業」を始めることとなった。本事業は、大阪府社会福祉協議会保育部会が、全国に先駆けて始めた公益的な取り組みともいえる。

1.2　地域貢献支援員（スマイルサポーター）と家庭支援

　大阪府の「保育園における地域貢献事業」は、保育や子育ての相談以外にも、生活困窮につながる失業、介護、傷病、DVなどさまざまな生活課題に対し、ワンストップで相談を受け必要な制度やサービスにつなぐなど、問題解決に向けた取り組みを行うものである。「悩んだ時は、保育園が力になります」と掲げるように、地域貢献支援員（通称：スマイルサポーター）を配置する大阪民間保育所のネットワークが、制度の狭間にあって生活に困窮する子育て家庭に対しても、地域のセーフティネットとしての役割を引き受けるものとなる。

　これに伴い育児相談員の養成研修もスマイルサポーター養成研修に再編された。実務経験5年以上の保育者を対象とし、生活保護や地域福祉などの専門知識に加え、社会資源の把握、幅広い相談業務への対応力を身につけるロールプレイ、専門機関との連携に向けたワークショップを重視した研修となっている。スマイルサポーターを養成することで、保育所等における早期発見、相談援助、他機関連携などの機能強化をねらうものである。また養成研修のほかにも、スマイルサポーターの認定を受けた保育者に対し、毎年フォローアップ研修を行っている。

　大阪の民間保育所が設置するスマイルサポーターの役割の一つは、子育て中の保護者のさまざまな相談に応じ、継続的な支援が必要なケースには、情報提供および助言にとどまらず、保護者が抱える問題の解決に向けて、寄り添い型の包括的な支援を行うことにある。子育てや虐待の相談、子どもの発達や障害についての相談、失業等による生活困窮に至るまで、制度や対象分野を問わず相談者の状況に応じて包括的に相談・支援することを基本として

いる。複合的な課題を抱える世帯についても、スマイルサポーターを配置する施設としてワンストップで相談・支援を行う。育児に関する相談に限定せず、子育て世帯の抱えるさまざまな課題に何でも丸ごと相談を受け、必要な制度につなぐなど、多様なニーズに対応しようとするところに特徴がある。

　またスマイルサポーターの配置事業は、高齢者の施設、障害者の施設等とも連携し、施設事業の種別を越えて「オール大阪しあわせネットワーク」として社会貢献事業、生活困窮者レスキュー事業に取り組むものとなっている。生活困難の状況が児童の範囲を超えるような複合的なニーズに対しては、大阪府社協に所属する社会貢献支援員との連携によって対応可能となる。家族の抱える問題の一つに祖父母の介護問題が認められる事例については、高齢者の施設に配置されているコミュニティソーシャルワーカーとも連携できる体制ができている。子どもの貧困に対しても、親子の生命にかかわる緊急・窮迫した事例に対しては、施設長の決裁によって、10万円を限度とする「経済的援助（現物給付）」による支援ができるようになっている。

1.3　地域全体で生活困難家庭を支える社会資源の一つとして

　これまで述べてきたように「保育園における地域貢献事業」は、保育所を経営する社会福祉法人の地域貢献として始まった。社会福祉法人は、福祉施設を管理し、福祉の専門職を配置させ、自治体および専門機関や地域とつながる機能的な存在である。社会福祉法人として、保育など制度の枠組みのなかでは対応できないニーズに対しても、保育所等の機能を地域に展開し、相談・支援することによって、地域に貢献しようと考えたことの集結ともいえる。

　実際、社会福祉法の一部改正においては、社会福祉法人には、日常生活等において支援を必要とする者に対し、制度の狭間の生活困窮にも対応するなど、セーフティネットとしての役割が求められている。保育所等においても、法人・施設の特徴や強みを活かし、利益の一部を還元し地域のニーズに対応するなど、非課税にふさわしい施設経営のあり方が問われている。そしてこうした事業こそ、社会福祉法人が経営する保育所・認定こども園としての、非課税にふさわしい公益的な活動といえる。

　児童福祉法および就学前の子どもに関する教育、保育等の総合的な提供の推進に関する法律（認定こども園法）においても、保育所および認定こども園には地域における子育て世帯および施設を利用する保護者に対し、保育等の相談に応じ、助言を行うことが求められている。このことからも、保育所等の社会的責任として、施設機能を地域に展開し、積極的かつ総合的に地域の子育て支援の役割を引き受けていくことが求められている。

　大阪府の私立保育所・認定こども園の実績は、従来から地域の子育て支援の必要性を実感し、かつ子育て課題にとどまらない、制度の狭間にあるような潜在的ニーズへの対応を捉え、それを制度として開発・定着させてきたことにある。こうした経緯をもつ大阪府の私立保育所等を調査の対象とすることによって、生活困難家庭への支援実践において、ほかの地域にはないより有益な知見が得られるものと考える。

Section 2

調査の概要

2.1　大阪府の私立保育所および認定こども園を対象とする理由

　第5章で報告する調査の対象は、大阪府内の私立保育所および認定こども園の保育者である。先述したように、大阪府では民間保育所による積極的な子育て支援の歴史的経緯があり、それは現在も大阪府社会福祉協議会保育部会による地域貢献支援員（通称:スマイルサポーター）の養成研修に引き継がれている。研修は、経験年数5年以上の保育者を対象とし、総研修時間は45時間（2014（平成26）年および2015（平成27）年の調査時点）、研修内容は、保育所等における生活困難を抱える保護者支援に関するもので、地域における保育所等の役割、相談援助技術、社会資源の把握と連携、事例検討などが含まれている。大阪府内の私立保育所等においては、このスマイルサポーター養成研修を受講した保育者も多く（2015（平成27）年の調査時点で1953名の認定者）、そもそも大阪という地域特性から、従来の子育て困難だけでなく生活困難家庭への支援に対して積極的な取り組みが期待される側面もある。こうしたことから大阪府内の私立保育所等を調査対象として設定することによって、組織として保護者や家庭の抱える潜在的ニーズをどのように把握し、問題が深刻化する前の支援的な介入や他機関連携、課題解決に向けた個別的、継続的な支援をどのように行っているかについて、有益な知見が得られると判断した。

2.2　調査の概要

　本章ではこれ以降、主に以下の二つの調査から得られた知見をもとに論を

進めていく。

| 2.2.1　予備調査

(1)　予備調査の目的

　　予備調査では、保育所等組織内における子ども家庭支援の必要性の認識、生活困難家庭発見のための糸口、生活困難家庭支援の現状と課題、それらを取り巻く組織体制や役割分担などの実態把握を行うものとする。地域貢献支援員となった保育者が多く勤務する保育所等を対象にすることで、子ども家庭支援におけるより効果的な実践の抽出を試みるものとする。

(2)　予備調査の対象

　　大阪府社会福祉協議会保育部会が主催する研修会「地域貢献支援員（スマイルサポーター）養成研修」を受講し、スマイルサポーターとして勤務している保育士が4名以上いる、大阪府内の私立保育所等24園の園長および保育士120名。大阪府社会福祉協議会の協力を得て、対象となる保育所等を抽出した。

(3)　予備調査の期間

　　2014（平成26）年2月

(4)　予備調査の方法

　　郵送法による質問紙調査。調査票は「園長」票、「主任」票、「スマイルサポーター」票、「クラス担任」票、「フリーの保育士」票の5種類あり、各保育園それぞれ5名に回答を求めるものとした。ただし主任が地域貢献支援員養成研修の受講経験をもつ場合は主任の立場からの回答を依頼し、フリーの保育士がいない場合は、その調査票には回答しなくてもよいこととした。回答された調査票は各自封筒に入れ封をした状態で園ごとにまとめて返送するよう依頼した。配布は24園120票、回収は21園96票、回収率は80.0％であった。

(5)　主な質問項目

　　属性（個人、園）、生活困難家庭への支援の必要性の認識、子ども家庭支援における体験の有無とその評価、早期発見のための視点（自由記述）、園内の役割分担（自由記述）など。

2.2.2 本調査

(1) 本調査の目的

　予備調査で得られた知見をもとに、以下のことを検討することを目的とした。

・早期発見の観点に対する認識の実態把握
・子ども家庭支援に対する必要性の認識の実態把握
・組織内における職階ごとの役割傾向の有無
・園長のリーダーシップや組織風土が子ども家庭支援に及ぼす影響
・生活困難家庭を支援するにあたっての保育所等の課題　　等

(2) 本調査の対象

　大阪府内649か所の私立認可保育所、認定こども園の649園の園長および保育者3245名。

(3) 本調査の期間

　2015（平成27）年8〜9月

(4) 本調査の方法

　郵送による質問紙調査。大阪府社会福祉協議会の協力を得て対象となる保育所等に調査票を配布した。それぞれに調査票を5部送付し、表紙には、園長用、主任用、担任用、地域担当用、非常勤用と記載し、該当の保育者に回答を求めた。個別の回収用封筒に封をして、園ごとに集約し、郵送によって返送するよう依頼した。配布は3245票（649か所×5部）、回収は1271票、回収率は39.2％であった。

(5) 主な質問項目

　属性（個人、園）、支援の必要性の認識と共有、職場風土、園長のリーダーシップ、園内のソーシャルサポート（園長以外）、生活課題の早期発見の手がかりの認識、関係機関との連携・協働の有無、子ども家庭支援に関する園内役割の重視と実施、園での保護者対応への評価など。

　上記二つの調査を中心として得られた知見について、次節以降詳細に述べるものとする。なお、上記二つの園の調査はともに、大阪府立大学人間社会学研究科倫理委員会で承諾を得ている。

Section 3

生活困難家庭に対する支援の必要性の認識と支援経験、他機関連携の実際

3.1 予備調査の結果から

3.1.1 回答が得られた保育所等の概要

運営主体は、社会福祉法人が21園（100%）、定員数は、90名未満3園（14.3%）、90〜120名未満5園（23.8%）、120名以上5園（23.8%）、無回答8園（38.1%）であった。地域貢献支援員養成研修を受講した者は全体の77.1%であり、職階ごとにみると園長71.4%、主任95.2%、地域貢献支援員（以下、スマイルサポーター）100%、担任55.0%、フリー60.0%という内訳となった。

3.1.2 生活困難家庭に対する支援の必要性の認識と支援経験の有無

生活困難家庭に対する支援の必要性を保育所等ではどのように認識しているのかを把握するために、予備調査では具体的な場面を想定できるように、以下のような問いを設けた。

問い 「状況1」に直面したとき、あなたは保育園として支援する必要性を感じますか。

状況1

保育園に通うある子どもの家庭では、保護者が借金や失業、保護者の病気などの生活課題を抱えていることがうかがわれ、子どもの生活にも影響があると思われるが、判断に迷い専門機関に相談できないまま、その子どもを保育しなければならなくなった。

園長をはじめとする保育者96名による回答のうち、子どもに対する支

について「非常に必要性を感じる」というものは85.4％、保護者に対しては
68.8％となった。「少し必要性を感じる」は、子どもに対して13.5％、保護者
に対して27.1％であった。子どもに対して「全く必要性を感じない」(1.0％)、
保護者に対して「どちらともいえない」(4.2％)という回答もみられた。

　職階別にみると、子どもへの支援の必要性については、フリー保育者に「非
常に必要性を感じる」と回答する割合が93.3％と最も高く、次いで主任
90.5％、スマイルサポーター84.2％であった。保護者への支援の必要性につ
いては、フリー保育者に「非常に必要性を感じる」と回答する割合が86.8％と
最も高く、次いで園長が71.4％、担任が65.0％であった。

　「状況1」と類似した体験の有無について尋ねたところ、保育者全体のうち
「ある」は52.1％、職階別にみると、園長および主任で71.4％、担任で40.0％
という結果であった。

　さらに予備調査では、状況1が展開した事例「状況2」「状況3」を想定し、そ
れぞれの体験の有無について尋ねている。

問い　「状況1」は次のように展開したとします。類似した事例を体験したことがありますか。

状況2

　状況1を踏まえ、園長が保護者との面談を行った。面談のなかで、その家庭は保育園だけ
で対応しきれない生活課題を抱えていることがわかり、保育園として適切な専門機関と連携する
ことが必要と考えられた。

状況3

　状況2を踏まえ、保育園は専門機関と連携をとり、保護者を適切な専門機関につなげた結
果、保護者は専門機関から必要な援助を受けていくことになった。またその子どもは引き続き保
育園を利用している。

　状況2に類似した体験については、「ある」が全体では36.5％、職階別では
園長が最も多く52.4％、主任が47.6％、担任では20.0％であった。状況3に
ついては、「ある」が全体の33.3％、職階別では園長が57.1％と最も多く、主
任38.1％、担任30.0％であった。

　以上から、まず生活困難家庭に対する支援の必要性の認識について整理しよう。第一に、スマイルサポーターを4人以上抱える、子ども家庭支援に対してかなり積極的と思われる保育所等では、生活困難がうかがわれる家庭の子どもと保護者双方に対して、支援の必要性を強く認識する傾向にあることが示された。理由を尋ねる自由記述からは、「福祉施設として当然」「生命の保障ができない」「保護者の支援も保育園の業務と考えている」などの回答がみられている。予備調査の対象となった保育所等では子ども家庭支援の必要性が、職員全体に浸透していることがうかがえた。

　第二に、保護者よりも子どものほうに、より支援の必要性の認識を強める傾向にあることが明らかとなった。「保護者が大変な状況であれば、そのしわ寄せは必ず子どもにくる」「保護者のしんどさやイライラの矛先になっていないか、道連れにされることがないか不安に思う」という記述からも読み取れるように、子どもの最善の利益を考慮する児童福祉施設としての使命を強く自覚する姿勢がうかがえる。

　第三に、しかしながら予備調査の対象として選定されるような、かなり積極的な実践が期待される保育所等であっても、潜在的なニーズに対する支援の必要性には、ある程度の濃淡があるということも明らかになった。「しばらく様子を見る」「子どもへの影響が出てきた場合は対応をする」といった見守りの姿勢を貫く保育所等もあれば、「個人情報であり、保護者からどれだけの情報を得ることができるのか」「保護者が自立できるよう支援を少なくする必要はある」など、保護者対応の難しさを懸念する意見や援助観そのものを問う記述もみられている。

　そして第四に、支援の必要性の認識は、それぞれの職階や立場によって異なる可能性があることも浮かび上がった。状況1に対する回答では、フリー保育者の支援の必要性の認識が最も高く、次いで保護者に対しては園長が、子どもに対しては主任が高い傾向にあった。どのような保育所等でも同様の傾向にあるのかは予備調査だけで判断することはできないが、フリー保育者に支援の必要性の認識が強いことは、一定の傾向としてみることができるのではないかと思われる。一般的にフリー保育者は、その日の保育や職員の状況から、手助けの必要なクラスに入って業務を行う。いろいろなクラスに

入って多様な子どもや保育者に接し、丁寧な対応が求められる親子にかかわる機会も多いものと思われる。配慮の必要な親子の生活背景に触れることで相対的にそれぞれの様子や事情を把握することにもつながり、結果として、支援の必要性を強く認識するようになるのではないかと考えられた。

さらに、状況1のような潜在的ニーズに直面した経験の有無について尋ねたところ、予備調査では半数の保育者が、こうした事例に遭遇していることがわかった。その割合を多いとみるか少ないとみるかの判断は保留するとして、主任や園長にその割合が高くなっていることから、保育所等全体の情報が管理的な立場の主任や園長に集約され、彼らが中心となって事例に対応している様子が読み取れる。職階別による経験の差異は状況2や状況3についても同様の傾向があり、特に専門機関との連携においては園長の割合が高いことも明らかとなった。他機関との連携およびその後の対応については、保育者個人が対応する性質の問題ではなく、園長を介して「組織」として行われることがうかがえるものとなった。

3.1.3　子ども家庭支援に関する対応の実際

では実際に生活困難家庭への支援は、どのように行われているのだろうか。「状況1」に類似した事例として記述されたものから、いくつか紹介する。文章は、意味内容が変わらないように配慮しつつ、必要に応じて加筆修正を行っている。

【事例①】ネグレクト気味の母親への支援

母親が若いということと理解があまりできないということもあり、忘れ物が多かったり、洗濯や子どもをお風呂に入れるのも毎日している様子がなかった。父親の育児の協力は見込めなかった。ネグレクトという判断はしつつも、少し様子をみることにした。園としては、持ち物（が必要なとき）には（忘れないように）毎回声をかけたり、メモを渡したり、夏場は園で子どもの全身を洗うなどの配慮を行った。ちょうど親戚の子どもが当園に通っていたので話をし、母を交えて何度も話し合いの場を設けた。
（その後の経過）
親戚の協力を得て、園での子どもへの支援が減った。周囲から支えてもらえるようになり、母親の表情が明るくなった。
（課題となる点）
母親の根本的な理解不足は変わっていない。

【事例②】母親に精神疾患が発症した家庭への支援

　父親は子育てに対して無関心、非協力的であり、母親一人が子育てする家庭であった。うつ病の発症から母親は失業し、生活リズムが不安定なものとなり、育児に対する不安が増大するようになった。それに伴い、子どもの情緒も不安定化するようになったが、母親の実家は遠方で、周囲に友人もおらず、普段の話し相手は父親しかない状況であった。

　そのような家庭状況を把握していた園では、園長が、母親に対して十分に声かけを行うようにし、主任保育士が日々の聞き役になり、必要に応じて母親にアドバイスするという流れで母親のストレスの軽減に努めた。母親が負担を感じないように配慮しながら、生活リズムの改善を促していった。担任は、電話や連絡ノートで母親と話をする機会を設け、子どもの様子を伝えつつ、子どもの欠席が続かないようにバス送迎をしたり、電話で連絡を取り合いながら母親の体調をうかがい、病院へ行くことを勧めたりした。

　子どもは、午睡時に周囲の子どもが眠ると担任にべったりくっついたり、おんぶを求めたりしたが、十分にかかわりをもつなかで少しずつ表情が豊かになり、保育者に自分の思いを言えるようになった。

（その後の経過）

　母親が明るく前向きになり、子どもにも明るくかかわるようになった。再就職も果たすことができた。子どもの姿にも顕著な変化がみられ、園児同士のトラブルもなくなった。母親の体調が悪いことや朝ご飯を食べてこなかったことなど、保育者に隠さずに話ができるようになった。子どもの思いを母親に伝えることで、母親が誤解していたことが解消することもあり、親子の信頼関係が深まったように感じられる面もあった。

（課題となる点）

　母親のうつ病は今後も再発することが予想される。子どもの進学時に他市に転居することを予定しており、同じような見守りが新しい学校の環境で可能となるのか不安である。保護者、子どもともに孤立しないか心配である。

　二つの事例は、いずれも他機関連携が必要か否かの「狭間」にあるような事例である。この状況においては、親子分離ではなく、家庭での子育てが何とか継続されるように保育所等で寄り添いながら日常的な支援をしていくことが求められる事例といえる。しかしこうした家庭を、単に忘れ物が多く遅刻の多い「困った家庭」と保育者が認識してしまえば、家庭の抱えるしんどさは、日々の多忙な保育業務に埋没してしまい見えない事例となるだろう。

　自由記述の内容から、保育所等として行っていることがある程度読み取れる。忘れ物や臭い、生活リズムの不安定さなどのインシデントから家庭の状況を読み取ること、家庭の脆弱性が見受けられた場合は保育者から声をかけ家庭を孤立させないよう配慮していること、よりよい生活のためのアドバイスや関係調整を行うこと、子どもの登園そのものが命を守ることにつながる

ことから子どもの登園を継続させる工夫をすることなどである。子どもに対しても、情緒的な不安定さを受けとめ、困ったことは大人（保育者）に話してよいことを伝えようとする姿勢がうかがえる。

　事例にあるような保育所等においては、日々の親子の様子から脆弱な家庭の状況に気づき、その脆弱性が子どもの生活や発達、さまざまな関係性を脅かしていることを認識する様子がうかがえた。それとともに、その家庭を支えるためのさまざまなアプローチを行っていることも推察された。また就学や転居などを機に保育所等との関係が切れることによって、現状のような、家庭をまるごと支援する体制の維持は困難となることが予想され、支援体制の継続を望む意見もみられている。

3.1.4　他機関連携の実際

　予備調査では、他機関連携そのものを尋ねる項目を設けていないため、詳細な実数は示すことはできないが、自由記述の内容から連携先を推察した。児童相談所や家庭児童相談室からの問い合わせから始まる連携もあれば、困難事例の相談・連携先として、市の担当課（児童課、子育て支援課、生活保護課）、保健センター（保健師）、警察、地域の支援会議、民生委員、主任児童委員、弁護士などが挙げられていた。

3.1.5　支援の基盤として保育所等組織で行っていること

　「状況1」の事例に対応するために保育所等で行っている内容を自由記述で尋ねた。日常の見守りや守秘義務の遵守、職員間の「ホウレンソウ（報告・連絡・相談）」の徹底が記述され、「状況1」のような状況を見越してマニュアルを作成する保育所等もみられた。「その疑いに気づいた職員は、リーダー、主任を通して園長に報告し、園長は内容によって市町村や法人に報告することにしている」「園長より、職員には家庭状況、子どもの様子を観察するよう指示、併せて園長は、保護者の送迎の様子とその時の会話の様子を職員から具体的に聞き取っている」など、直接子どもや保護者とかかわり、生活困難の兆候を発見しやすい保育者と、支援の必要性の有無を判断するプロセス、必要に応じて保育所等として他機関連携につなげていく園長の役割がみてとれる。そこに

は何層にもわたる情報のリレーがありそうである。

　しかしこれらの記述からは、子どもや保護者のどのような兆候を生活困難の発見の糸口とするのかは不明であり、子ども家庭支援のための役割にはどのようなものがあり、誰がその担い手になり得るのかについてはあいまいさが残る。よって第4節においては早期発見のための視点を、第5節においては子ども家庭支援にかかわる組織内の役割を、詳細に整理するものとする。

3.2　本調査の結果から

3.2.1　回答が得られた保育所等の概要

　次に、大規模調査で得られた内容について述べていく。園長票によると回答が得られた保育所等は、保育所が最も多く約7割を占め、次いで幼保連携型認定こども園が約3割であった。社会福祉法人が9割を超え、住宅地域に位置する園が多い。少子高齢化を反映して、地域における高齢者が「やや多い」が6割となる一方、子どもが「やや多い」は5割、「あまりいない」4割という結果となった。地域における支援を必要とする保護者は「やや多い」と認識するところが半数を超えている。大規模調査において地域貢献支援員養成研修を受講した保育者のいる園は9割にのぼり、保育所等における地域貢献支援員は1〜2名が4割と最も多く、次いで3〜4名の3割となった。5人以上いる園も1割程度存在している。

　園長が最も平均年齢が高く、保育経験も長い。担任、非常勤ともに平均10年以上の保育経験をもっており、ベテランの域に達している保育者の回答と考えられる。保育士資格の所有率は、園長以外で9割を超えるものであった。

3.2.2　生活困難家庭に対する支援の必要性の認識

　予備調査では積極的に子ども家庭支援を担う保育所等が対象であったため、一般的な保育者の支援の必要性の認識の傾向について確認する必要がある。本調査では育児不安を抱える保護者とその子どもへの支援も含めて確認し、生活困難家庭への支援に対する必要性の認識の現状をより明確に捉えることを試みた。

　「育児不安を抱える保護者の<u>子どもについて</u>、園で特に配慮しつつ支援すること」「生活困難を抱える家庭の<u>子どもについて</u>、園で特に配慮しつつ支援すること」という問いを設け、「とても必要だ」から「全く必要ない」の4段階で回答を得た（保護者について尋ねるときは、下線部分を「<u>保護者について</u>」と入れ替えて尋ねている）。**図5-1**は、「とても必要だ」と回答された割合を職階別に示したものである。

　子どもと保護者、どちらが支援対象として強く認識されているかということについては、予備調査と同様に「子ども」が強く認識される傾向にあった。また、生活困難家庭よりも育児不安に対する支援の必要性を強く認識する傾向にあることもうかがえる。育児不安の保護者への支援については、全体の7割が支援の必要性を認識しているものの、生活困難家庭の保護者については4割程度に留まり、予備調査における結果と比較してもその割合は低い。一般的に生活困難家庭への支援は、特に子どもの成長・発達に影響を及ぼさない限り、保育所等の役割として認識されにくい側面があると思われる。

表5-1　回収数および平均年齢と平均保育経験年数

職階等	回収数（計1,271）	平均年齢（歳）	平均保育経験（年）
園長	273	55.5	22.4
主任	276	45.2	20.5
担任	258	35.6	12.9
地域	223	42.4	16.6
非常勤	241	42.6	13.3

表5-2　資格・免許の有無

		保育士資格		幼稚園教員免許		社会福祉士	
		度数	%	度数	%	度数	%
あり	園長	163	59.7	112	41.0	23	8.4
	主任	271	98.2	220	79.7	2	0.7
	担任	251	97.3	221	85.7	12	4.7
	地域	201	90.1	163	73.1	8	3.6
	非常勤	231	95.9	197	81.7	10	4.1
	Total	1117	87.9	913	71.8	55	4.3

　保育所保育指針においても、保護者の育児不安等に対する支援については触れられているが[1]、貧困や介護問題、DV、親の障害などといった特別な配慮を必要とする家庭については、部分的に指針の解説書に示されているものの言及は少なくなっている[2]。生活困難の状況は、子どもの生活基盤としての家庭を不安定化させるといっても、子どもに対する影響が顕在化しない限り、保育所等では生活困難家庭への支援にはつながりにくいことが示された。

　職階等に着目すると、地域担当と主任で支援の必要性の認識を強くもっていることがわかる。地域担当は、園庭開放や親子教室など、地域の親子を対象とした子育て支援活動を企画・運営するなかで、現代の子育て家庭が抱える困難や不安に接したり、実際に相談を受けたりすることも多いものと思われ、子どもの姿から家庭の困難を把握するというよりは、保護者の言動そのものから直接的に困難を読み取ることとなる。そうした保護者への直接的なアプローチから支援の必要性の認識を高めていると思われる。一方、主任は園全体の保護者の様子を把握することが期待され、担任だけでは解決できない事態に保護者対応として向き合うことも多いものと思われる。やりとりのなかで、それぞれの家庭の深刻な事情を垣間見ることにつながり、支援の必要性を実感する傾向にあるのではないだろうか。

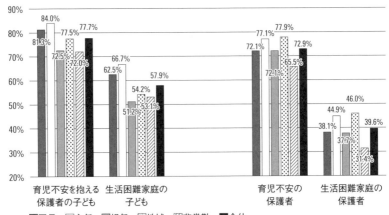

注：「とても必要だ」と回答したものの割合

図5-1　支援の必要性の認識（職階別）

　予備調査では、担任から主任へ、主任から園長へと必要な情報が伝達される保育所等も確認されているが、主任が事例の深刻さをある程度見極め、園長に要支援の家庭として相談したり打診したりする役割をもつとするなら、主任による支援の必要性の認識は、非常に重要な意味をもつものといえる。

3.2.3　他機関連携の実際

　他機関連携についてはどのような現状にあるのだろうか。本調査において、保護者支援のための関係機関と連携・協働の実態について確認した。園長票によると、最も多いのは保育・児童担当の行政（約9割）、次いで子どもや子育てにかかわる専門機関である子ども家庭センター（児童相談所）（約7割）、保健所・保健センター（約7割）、学校（約7割）、家庭児童相談室（約5割）であった。全体的に子どもに関連した機関での連携・協働の件数が高くなっている。生活困窮家庭にかかわる行政（生活保護担当）とも、4割の保育所等で連携をとっていることが明らかとなった。保育所等における他機関連携の平均は5.6か所（最小値0、最大値16、標準偏差2.86）となった。

　子ども家庭支援を含んだ保育所等の運営は、それ単独では十分に機能する

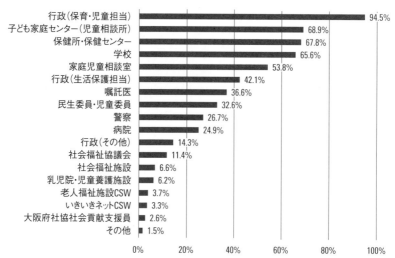

図5-2　連携・協働した関係機関（過去5年、園長回答のみ、n=273）

ことが難しく、多様な地域資源との相互依存のなかで機能する必要性がうかがえた。個別の配慮が必要な園児に関する外部機関連携と比較してみると[3]、行政（保育・児童担当）との連携が最も多いことは共通しているが、児童相談所、学校、行政（生活保護担当）、民生委員・児童委員、警察については本調査における割合が高く、子ども家庭支援にとって重要な連携先であると思われた。これらの機関は要保護児童対策地域協議会のメンバーとしても想定されており[4]、会議の開催時には顔を合わせる機会もあることから連携につながりやすいとも考えられる。在園している家庭が生活困窮に陥った場合や生活保護受給家庭を支援する際には、行政（生活保護担当）との連絡・調整が実際に行われているものと思われた。

3.3　家庭の脆弱性や潜在的ニーズに着目する必要性

　本節では、予備調査および本調査から得られた支援の必要性の認識と支援経験、他機関連携の実際を中心に述べてきた。生活困難家庭への支援の必要性の認識については、予備調査では「非常に必要性を感じる」とする割合が高いものであったが、大阪府全域の保育所等にその対象を広げると、その認識はそれほど高いとはいえない状況であった。生活困難家庭への支援は、子どもの育ちに影響を及ぼさない限り、そしてその影響が「家庭背景から起因しており、園で何らかの対応が必要」と捉えられない限り、必要なこととして認識されにくい可能性があると思われた。予備調査の事例①や事例②から推察すると、そうした家庭の様子について、単に「困った家庭」「園では手を出しにくい事例」として扱ってしまう保育所等もあるのではないかと推察され、保育所等や保育者による家庭の脆弱性に着目する視点の獲得も求められるものとなる。

　また予備調査では、実際に潜在的ニーズに遭遇した経験のある保育者が半数を占め、主任や園長にその割合が高くなっていることが把握された。子どもの7人に1人が貧困の状態にあると指摘される昨今においては、地域差を考慮してもそれぞれの保育所等に10件前後の要支援家庭が存在しているとも考えられる。こうした状況は深刻さを増すものと思われ、保護者や家庭の

抱える潜在的ニーズの把握、問題が深刻化する前の支援的な介入や他機関連携は、今後さらに求められよう。

　本節においては、次なる課題も提示された。それは、生活困難家庭の早期発見のための視点を整理することであり、子ども家庭支援を展開するために必要な保育者の役割の抽出である。その作業は次節以降に委ねるとして、それらの視点や役割を可視化することで、それぞれの保育者が意識的に支援に携われるようになることを期待したい。

引用文献

1　厚生労働省(2017)保育所保育指針

2　厚生労働省(2018)保育所保育指針解説書. フレーベル館. 336

3　半澤嘉博・渡邊健治・田中謙・山本真祐子(2012)個別の配慮が必要な園児への対応の現状と課題について. 人間文化研究所紀要. 6. 39-51

4　厚生労働省(2007)要保護児童対策地域協議会設置・運営指針. https://www.mhlw.go.jp/bunya/kodomo/dv11/index3.html(2020.1. 22情報取得)

Section 4

生活困難家庭を早期に発見する視点

4.1 生活困難家庭を早期に発見する視点の必要性

　保育所や幼稚園、認定こども園では、各施設を利用する保護者の抱える幅広い子育て課題に対応する。育児困難感と不適切な養育の関連が強いことは指摘されているが[1]、さらに、児童虐待などの不適切な養育においては、その背景に保護者が子育て以外の生活困難を抱えていることが多い。

　厚生労働省によれば、**図5-3**のごとく児童虐待の対応は、自立した育児が可能な虐待ローリスクから生命の危険等の最重度虐待までのレベルの異なる事例への対応が含まれていると指摘する[2]。主に保育所等が対応するのは、虐

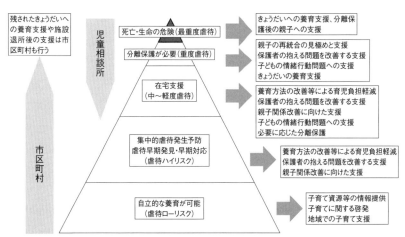

出典:厚生労働省 (2014) 子ども虐待対応の手引き (平成25年8月改正版).有斐閣. 12

図5-3　虐待の重症度等と対応内容および児童相談所と市町村の役割

待ローリスクおよび虐待ハイリスクの家庭となろう。虐待ハイリスク家庭に対しては、集中的虐待発生予防や虐待早期発見・早期対応を目標として、養育方法の改善等による育児負担軽減、保護者の抱える問題を改善する支援、親子関係改善に向けた支援が求められる。

このようなことから、保育者には相談援助に関する知識や技術に加えて、保護者の抱える問題、つまり、さまざまな生活困難*を見定めた対応が求められる。その基礎的なものとして、児童虐待予防の観点から、日々の子どもや保護者の姿から生活困難やニーズを捉える視点や技術が必要となる。言い換えれば、予防的観点から、子育て家庭が生活困難を抱えている（抱えつつある）ことを、日々の親子とのかかわりを通してその兆候を見逃さない視点や技術である。

そのための方策の一つとして、生活困難を抱える家庭の早期発見やアセスメントに活用できるリスクアセスメント指標やチェックリスト開発が求められる。児童虐待対応に関しては、早期発見やアセスメントに活用できるチェックリスト開発が進められている。要支援の親子発見のためのチェックリストとしては、「要支援児童等チェックシート（乳幼児期）」[3]がある。保育所や幼稚園等における児童虐待発見のために開発されたチェックリストやリスクアセスメント指標に限定すれば、加藤の保育所用リスクアセスメント指標[4]、笠原の「保育所や幼稚園等における児童虐待の発見のためのチェックリスト」[5]、神奈川県小田原保健所の開発した「おや？おや？チェック表」[6]などがある。

しかし生活課題を発見するためのチェックリストについてはほとんどみられない。そのため保育者が日々の親子とのかかわりのなかで何を見ているのか、そして何を根拠として生活困難を抱える子どもや家庭と判断し、働きかけるのかを明らかにすることが求められる。そこで本節では、予備調査から保育者が何を根拠として、生活困難を抱える子どもや家庭と判断している

---

* ここでいう生活困難とは、保護者の健康、経済、就労、教育、家族関係、社会関係・社会参加に関する困難と捉える。これらは、岡村（1983）の社会生活の基本的要求に基づいている。社会生活の基本的要求とは、①経済的安定、②職業的安定、③家族的安定、④保健・医療の保障、⑤教育の保障、⑥社会参加ないし社会的協同の機会、⑦文化・娯楽の機会をいう。岡村はこの七つの要求を充足する過程の困難を社会生活上の困難と規定した。本研究では、⑦は⑥に含めることにする。

のかを明らかにする。さらに本調査から、いくつかの特徴的な項目について保育者に尋ね、生活困難家庭の早期発見のための項目として、どれぐらい認識されているのか把握することを目的とする。

4.2　生活困難家庭の早期発見のための項目作成の手順

　生活困難家庭の早期発見のための項目作成については、予備調査を活用した。「子どもや家庭のどのような様子から、その家庭の生活困難を発見できると思うか」について、①子どもの様子、②保護者の様子、③その他の三つの視点から自由記述による回答を求め、その内容を分析した。

　分析は以下の手順で行った。①回答のあった項目を、一つの意味のまとまりになるように分けた。②①の手続き後、具体的なもののみを抽出した。例えば、「表情」は抽出せず、「表情が暗い」を抽出した。③抽出したものを、意味内容の類似性に基づいて分類した。

　予備調査の自由記述から得られた記録単位は、子どもの様子が375単位、保護者の様子が300単位、その他が32単位であった。具体的な記録単位は、子どもの様子が203単位、保護者の様子が165単位、その他が30単位であった。その他については、子どもの様子(10単位)、保護者の様子(20単位)のいずれかに含むことができた。そのため、最終的には、子どもの様子が213単位、保護者の様子が185単位となった。

　類似性に基づいて分類したところ、次に示すような結果となった。

4.3　生活困難家庭の早期発見のための項目

(1)　子どもの様子
　子どもの様子については、**表5-3**のように、①不衛生である、②食行動が変化する、③感情の起伏が激しくなる、④不自然なけがが増える、⑤意欲が低下する、⑥攻撃的な行動が増える、⑦子どもから家庭の深刻な状況を聞く、⑧成長・発達がみられない、⑨過剰に甘えるようになる、⑩何らかの身体症状があらわれる、⑪保護者をかばう言動をとる、の11項目にまとめられた。

　「①不衛生である」が突出して多かったが、清潔でない様子や身だしなみが
きちんとしていない様子でまとめられた項目で、「衣服の汚れ」や「異臭・悪臭
がする」に関する記述が多く、具体的には「着ている服や下着が毎日一緒」「同
じ下着をずっと着ていたり、風呂に入ってなかったりして持ち物が清潔でな
い」といった記述であった。

　次の「②食行動が変化する」では、「給食やおやつをむさぼるように食べる」
や「給食を何度もおかわりする」「友達のおやつを奪う」などの記述があった。
三番目に多かった「③感情の起伏が激しくなる」は、「急に怒ったり泣いたり
する」「何かに怯えている」「びくびくしている」などが挙げられた。

表5-3　子どものどのような姿から生活困難と判断するか

項目	内容	数
①不衛生である	異臭・悪臭がする。入浴していない。爪が伸びている。服が汚れている。何日も同じ服を着ている。季節に合っていない服を着ている。虫歯が多い、あるいは増えてきた。	60
②食行動が変化する	給食やおやつをむさぼるように食べたり、何度もおかわりをしたりする。	29
③感情の起伏が激しくなる	情緒不安定である(急に怒ったり泣いたりする、あるいはよく泣いている)。何かに怯えている。びくびくしている。	27
④不自然なけがが増える	不自然な(理由があいまいな)傷・あざがある。頻繁にけがをする。	25
⑤意欲が低下する	元気がない(ふさぎ込んでいる、暗い表情、笑顔がない)。意欲が低下したり、無気力になったりする。無表情である、あるいは表情が乏しい。集中力が低下したり、落ち着きがなかったりする。	22
⑥攻撃的な行動が増える	イライラしている。言動が乱暴・攻撃的である(言葉遣いが悪い、すぐにきれる、すぐに暴力をふるう、自己主張が激しくなる)。他児との関係不良(他児とのトラブルが増える、他児とうまくかかわることができない)がみられる。	18
⑦子どもから家庭の深刻な状況を聞く	子ども自身が家庭の状況を言う。子どもとの話の内容から家庭の深刻な状況が推測できる。	10
⑧成長・発達がみられない	身体発育の不良(低体重、低身長、体重増加不良)がみられる。言葉の遅れなどがあるように思われる。	9
⑨過剰に甘えるようになる	必要以上に甘えたり、保育士を独占しようとしたりする。	7
⑩何らかの身体症状があらわれる	チック、脱毛、自傷などの何らかの身体症状がみられる。	5
⑪保護者をかばう言動をとる	保護者をかばう言動をとる。	1

(2) 保護者の様子

　保護者の様子については、**表5-4**のように、①身だしなみが変化する、②保育者との関係が不良である、③必要経費の滞納が続く、④送迎時の様子が変化する、⑤身体的な不調が見られる、⑥精神的な不調が見られる、⑦忘れ物が増える、⑧子どもを登園させなくなる、⑨子どもへの暴言・暴力がある、⑩不衛生である、⑪保護者に傷やあざが頻繁に見られる、⑫連絡帳の無記入が続

表5-4　保護者のどのような姿から生活困難と判断するか

項目	内容	数
①身だしなみが変化する	身だしなみが変化（衣服の乱れ、衣服・化粧などが派手になった、髪の乱れ、化粧をしなくなった）。	30
②保育者との関係が不良である	保育者とかかわりたがらない（保育者と話をしない・話を聞かない、目を合わさない）。保育者への風当たりが強い。理不尽な苦情・要求をする。	26
③必要経費の滞納が続く	保育料などの必要経費の支払いが遅れる、あるいは支払いをしない。	24
④送迎時の様子が変化する	送迎時間が遅れたり、不規則になったりする、あるいは迎えに来ない。送迎者が保護者以外になった。	22
⑤身体的な不調が見られる	元気がない。疲れている。やつれている。体調がよくない。何らかの疾病がある（極度にやせてきたなど）。	22
⑥精神的な不調が見られる	精神状態が不安定、情緒が乱れているように見える（イライラしている、不安がある、怯えている、表情が乏しい、おろおろしている様子がみられる）。	13
⑦忘れ物が増える	忘れ物が多い。忘れ物が増える。提出物を出さない。	13
⑧子どもを登園させなくなる	子どもを登園させない。子どもが病気でないのに休ませる。	7
⑨子どもへの暴言・暴力がある	子どもに対する厳しい対応がみられる（子どもに対してイライラしている、子どもを激しく怒る、子どもへの暴言・暴力）。	9
⑩不衛生である	清潔さがない（衣服の汚れなど）。	5
⑪保護者に傷やあざが頻繁に見られる	保護者に傷やあざがある。保護者自身の傷やあざを隠そうとしている。	5
⑫連絡帳の無記入が続く	連絡帳が無記入であったり、連絡事項に反応がない。	4
⑬子どもの養育に対して無関心である	子どもに関心がない、あるいは子どものことを把握していない。子どもが病気になっても通院してくれない。	3
⑭ほかの保護者との関係が不良である	ほかの保護者から孤立している、ほかの保護者とかかわろうとしない。	2

く、⑬子どもの養育に対して無関心である、⑭ほかの保護者との関係が不良
である、の14項目にまとめられた。

　上位5項目については、大きな差はみられなかった。一番多かった「①身だ
しなみが変化する」は、「衣服の乱れ」「髪の乱れ」「化粧をしなくなった」の身
だしなみに構わなくなった記述と、「衣服・化粧が派手になった」の記述に分
かれた。次いで「②保育者との関係が不良である」では、「保育者と話をしな
い」「保育者の話を聞かない」「保育者と目を合わさない」といった保育者との
かかわりを避ける項目と、「保育者への風当たりが強い」や「保育者に理不尽
な苦情・要求をする」といった保育者を攻撃する項目に分けられた。三番目に
多かった「③必要経費の滞納が続く」は、「必要経費の支払いが遅れる」や「必
要経費の支払いをしない」という内容であった。

4.4　児童虐待に関するチェックリストとの比較から

　「要支援児童等チェックシート（乳幼児期）」[7]や児童虐待チェックリスト[8][9][10]と
比較したところ、子どもの様子と保護者の様子のいずれもほぼ共通してい
た。つまり保護者が生活困難を抱えるということは、子どもが虐待的環境、あ
るいはそれに近い状況におかれるということを意味する。

　例えば、経済的困窮や貧困という生活課題は保護者の抑うつや心理的葛藤
を引き起こし、日々の生活の行き詰まりから、子どもを適切な養育ができな
い状況（ネグレクト、あるいはネグレクトに近い状況）を生じさせやすい[11]。予備調査から
抽出された子どもに関する項目では、子どもの様子の「①不衛生である」「②
食行動が変化する」「⑧成長・発達がみられない」はネグレクト状態の子ども
の様子と一致している。保護者に関する項目では、「①身だしなみが変化す
る」のうち「髪の乱れ」「化粧をしなくなった」「③必要経費の滞納が続く」「⑥
精神的な不調が見られる」「⑩不衛生である」「⑬子どもの養育に対して無関
心である」が経済的困窮と関係すると考えられる。

　また、経済的困窮や貧困はそうでない状況よりも虐待を誘発しやすいこと
も指摘されており[12]、予備調査の子どもに関する項目では「③感情の起伏が激
しくなる」「④不自然なけがが増える」「⑤意欲が低下する」などが、保護者に

関する項目では「②保育者との関係が不良である」「⑤身体的な不調が見られる」「⑧子どもを登園させなくなる」「⑨子どもへの暴言・暴力がある」「⑭ほかの保護者との関係が不良である」が関係すると思われる。

　経済的困窮や貧困を例にしたが、すなわち、予備調査で示された項目は、生活困難家庭における保護者や子どもの具体的な姿といえる。なお、保護者の様子の最頻出項目である「①身だしなみの変化」は「要支援児童等チェックシート（乳幼児期）」や児童虐待チェックリストでは言及されていなかった。この点は、日々、保護者と接する保育者であるからこそ気づく項目であると考えられた。

4.5　生活困難家庭の早期発見の視点を保育者はどう認識しているか

　生活困難家庭の早期発見の視点について、保育者たちはどのように認識しているのであろうか。その実態を把握するために、予備調査で抽出された生活困難家庭の早期発見の視点のうち、子どもの姿、保護者の姿それぞれから特徴的と思われる項目を3項目ずつ選び、質問項目とした。「全く有効とは思わない（1点）」から「とても有効だと思う（4点）」と4件法で回答を得た。「とても有効だと思う」と回答されたものを職階別に集計した図5-4。おおよそどの項目においても「とても有効だと思う」との回答が半数を超え、これらの項目については、保育者たちが生活困難家庭と認識するための視点、あるいは基準であると考えられた。特に、子どもに関する項目の「子どもが不衛生になった」は各職階において80％を超えており、その重要性が示唆された。

　一方、予備調査で多く抽出された「①身だしなみの変化」は、本調査ではほかの項目より有効と思う割合が低くなっていることも明らかとなった。予備調査の対象となるような家庭支援に積極的な保育所等においては、保護者の身だしなみの変化は、それぞれの家庭理解や生活の変化を読み取るための重要な視点となっていることがうかがえるが、保育所等全体からすれば、その視点は重要なものとしていまだ共有されていないことを意味している。

　また職階別の集計においては、子どもの姿では「子どもの意欲の低下」に関する項目で、保護者の姿においてはすべての項目において有意差が認められ

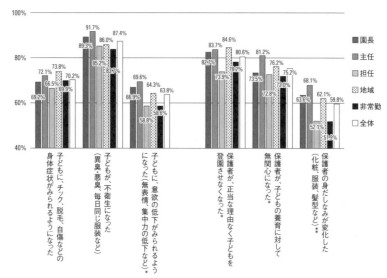

注：職階ごとにχ^2検定を行った。*:p＜.05、**:p＜.01
図5-4　生活困難家庭の早期発見の視点について「とても有効だと思う」の割合

た。これらの視点を最も有効と認識するものは、園長、主任保育士、地域担当保育士であった。特に主任保育士は、すべての項目で「とても有効だと思う」の割合が高く、子どもや保護者の生活困難を見極める視点を有している可能性が示唆された。

4.6　生活困難家庭の早期発見の視点からみえる課題

　予備調査において、生活困難家庭の早期発見の視点として子どもに関する項目は11項目、保護者に関する項目は14項目が浮き彫りになった。これらの項目は、児童虐待チェックリストの項目と共通点が多いことから、生活困難家庭の子どもは虐待的環境かそれに近い状況にあると考えられた。そのため保育者がこれらの様子を発見した際には、何もせずにそのままにしておくのではなく、同僚との情報共有や施設内での連携を図り、親子の様子を観察し、それらの状況が継続したりさらに深刻化したりするようであれば、具体的な支援を開始することが求められる。

　本調査では、予備調査で抽出された子どもに関する項目と保護者に関する項目のうち、それぞれ3項目ずつを選択し生活困難家庭の発見の視点として有効かどうかを質問した。どの項目も「とても有効だと思う」との回答が半数を超える結果となった。しかし項目によっては職階による認識の差がみられ、総じて担任や非常勤に「有効と思う」という割合が低いことが明らかになった。職階による認識の相違は、保育や子育て支援の経験によるものなのか、それぞれの保育者の意識なのかなどについては本研究では明らかではない。その関連要因を明らかにすることが今後の研究課題として考えられるとともに、保育所等内の実践においては非常勤も含めた保育者が、園長や主任保育士などと常に情報を共有し、生活困難を抱える家庭の発見と対応について体制を整え、支援の時機を逃さないようにしていくことも肝要であると思われた。

　こうした早期発見・初動対応を実現するためには、抽出された項目をもとにしたアセスメント指標あるいはチェックリストを作成し、実際に保育現場で使用してその有効性を検証することが課題の一つとして挙げられる。また、現任研修を通して生活困難家庭の早期発見を含めた、生活困難家庭への支援について学びを深めることができるような体制づくりや研修カリキュラムの構築が求められよう。

引用文献

1　山野則子（2006）「育児負担感と不適切な養育関連モデル」の実証的研究：共分散構造方程式モデリングによる分析. 梅花女子大学現代人間学部紀要. 第3号. 25-32

2　厚生労働省（2014）. 子ども虐待対応の手引き（平成25年8月 改正版）. 有斐閣.

3　厚生労働省通知. 要支援児童等（特定妊婦を含む）の情報提供に係る保健・医療・福祉・教育等の連携の一層の推進について（平成28年12月16日雇児総発1216第2号・雇児母発1216第2号）. 別表2

4　加藤曜子（2003）保育所におけるリスクアセスメント指標利用の意義──地域の児童虐待防止ネットワーク・在宅アセスメントの発展にむけて. 流通科学大学論集 人間・社会・自然編. 第15巻第3号. 33-43

5　笠原正洋（2011）保育所や幼稚園における児童虐待発見のためのチェックリストの作成. 中村学園大学発達支援センター研究紀要. 第2号. 13-24

6　鈴宮寛子・前坂機江・古屋好美・鈴木俊彦・川島ひろ子（2006）医療・保健連携による養育支援を必要とする母親への早期介入および虐待予防. 全国保健所長会. 平成18年地域保健総合推進事業（http://www.phcd.jp/02/kenkyu/chiikihoken/pdf/2006_05.pdf）

7　前掲3

8　前掲2

9　前掲4

10　前掲5

11　西原尚之（2018）家族ストレスとメンタルヘルスの課題. 大西良（編著）. 貧困のなかにいる子どものソーシャルワーク. 中央法規出版. 47-48

12　同上

参考文献

保育・学校現場での虐待対応研究会編著（2013）保育者・教師に役立つ子ども虐待対応実践ガイド. 東洋館出版社

保育と虐待対応事例研究会編著（2019）保育者のための子ども虐待対応の基本──事例から学ぶ「気づき」のポイントと保育現場の役割. ひとなる書房

岡村重夫（1983）社会福祉原論. 全国社会福祉協議会

庄司順一（2002）発生要因. 高橋重宏・庄司順一編. 子ども虐待. 中央法規出版

鶴宏史・中谷奈津子・関川芳孝（2016）保育所における生活課題を抱える保護者への支援（5）. 日本保育学会第70回大会要旨集

Section 5

組織内の役割傾向と保育所等の特性

5.1 子ども家庭支援に関する役割項目を抽出する意義

　生活困難を抱える子ども家庭支援に関する文献レビューによると（第2章参照）、保育所等ではすでに虐待や育児不安、子どもの障害等の子育てに関するものに加え、親の精神疾患、低い養育能力、親の病気やけがなど、家庭の生活・子育て基盤を揺るがすさまざまな生活困難に対応していることが浮き彫りになっている。一方で多くの生活困難への対応は、保育者一人の力ではどうしようもなく、保育所等としての組織的な対応が必要とされている[1][2]。

　文献レビューからみた具体的な取り組みについては、園長、主任、担任、看護師等による役割分担、情報共有、方針の決定などが指摘されつつあり[3]、担任などのワーカーによるケアワークと園長によるソーシャルワーク支援の連続性の確保が重要と指摘するものもある[4]。しかしそれらの研究は提言論文や特定の園における事例研究であるなど、一般化できる実証研究として明確にされているとはいいがたい。組織対応が必要であると提示されてはいても、生活困難家庭への支援のために、保育所等ではどのような役割が実施され、組織内の誰がどのような役割を担っているのかなどについては、あいまいなままである。

　よって本節では、生活困難を抱える家庭支援を行うにあたって、保育所等組織内において実施することが求められる具体的役割を抽出し、さらに組織内の職階や配置（以下、職階等）によって役割遂行に異なる傾向はないのかを確認することを目的とする。生活困難を抱える家庭支援の具体的役割を抽出することを通して、保育所等における子ども家庭支援の一つひとつの行為を保

育者自身が意図的に行うことが可能となり、支援の質を高めることにつなが
る。また、組織内の役割遂行の傾向を把握することにより、子ども家庭支援の
組織的体制の現状と課題が明確となり、今後のよりよい組織体制の構築に向
けた考察ができると考える。

　なお、本節で取り上げる調査は、予備調査および本調査*である。予備調査
のデータをもとに具体的役割の抽出を行い、その後保育所等の園長および主
任に助言を求め、具体的役割を精査する。整理された項目を用いた大規模調
査から、保育所等における役割傾向を把握し、それら役割の実施状況と支援
の自己評価についての検討を行う。

5.2　具体的役割項目の抽出──予備調査から

　予備調査においては、「各家庭の生活困難に対応するために、園内でどのよ
うな役割分担が必要だと考えますか」という問いを立て、園長、主任、担任、地
域貢献支援員(以下、スマイルサポーター)、フリー、その他と職階等別に自由に記述
してもらった。それら具体的役割に関する記述データを、意味のまとまりご
とに分割し、通し番号を付して記録単位とした。1011の記録単位が抽出され
た。分類するにあたり、保育相談支援の展開過程を参考に[5]、①支援の前提、②
支援の開始、③情報収集・交換、④事前評価、⑤支援計画の作成、⑥支援の実
施、⑦経過観察、⑧事後評価、⑨終結、⑩職員間の連携、の分類軸を設定した。
内容分析の手法により10項目に分類された役割項目を、「行為」の類似性に
基づき、各項目内で集約し、類型ごとに表札を付した。すべての表札と下位の
記録単位を総覧し、表札と記録単位の整合性を確認した。さらに表札の抽象
度が同程度の水準となるまで項目の用語を精査し、具体的役割を99項目作
成した。職階等別の集計結果も併せて示す[表5-5]。

---

*　予備調査においては、職階等を園長、主任、スマイルサポーター、担任、フリーとした。しかし保育所等では、スマイ
　ルサポーターは、主任や担任、地域担当が兼任することが多いとの指摘から、本調査では、職階等を園長、主任、
　担任、地域担当、非常勤とした。

表5-5 予備調査から得られた子ども家庭支援における具体的役割項目

支援プロセス		通しNo	役割内容	園長	主任	スマイル	担任	フリー	計
支援の前提	子どもの日常的観察	1	日常的な子どもの観察	0	0	3	18	4	25
		2	日常的な子どもとの会話	0	0	0	3	0	3
		3	気になる子どもの把握	0	0	0	1	2	3
		4	クラスの様子の把握	0	1	0	0	1	2
		5	園全体の様子の把握	0	0	0	0	3	3
	保護者の日常的観察	6	日常的な保護者の観察	0	0	3	13	0	16
		7	気になる保護者の把握	0	0	0	2	0	2
		8	子どもと保護者の関係性の把握	0	0	0	3	0	3
		9	園全体の家庭の把握	0	0	1	0	2	3
	保護者との関係形成	10	相談体制の整備	3	1	1	0	0	5
		11	相談しやすい環境づくり	0	1	7	0	0	8
		12	公的援助の知識の保持	0	0	1	0	0	1
		13	早期発見に対する知識	0	0	0	2	0	2
		14	相談業務実施の周知	1	0	1	0	0	2
		15	保護者との関係形成	0	3	3	8	3	17
		16	話しやすい雰囲気づくり	0	0	0	5	1	6
		17	保護者への声かけ・挨拶	2	0	2	2	2	8
		18	保護者との会話	2	3	0	8	2	15
		19	保護者の気持ちの受容	1	2	0	3	0	6
		20	子どもの様子の伝達	0	0	2	1	0	3
		21	保護者との信頼関係の形成	0	2	0	5	1	8
	職員間の連携	22	職員へのケア	2	0	0	1	1	4
		23	職員への助言	0	3	4	1	0	8
		24	職員への援助	0	7	3	0	1	11
		25	職員間の連携	2	6	5	2	0	15
		26	全体把握・統括	5	4	0	0	0	9
支援の開始	保護者からの相談	27	保護者からの相談を受ける	2	15	20	8	1	46
		28	地域からの相談を受ける	1	0	2	0	0	3
		29	相談することへの勧奨	0	0	1	1	1	3
	子どもの変化の読み取り	30	子どもの変化の読み取り	0	0	1	15	8	24
	保護者の変化の読み取り	31	保護者の変化の読み取り	1	0	1	16	2	20
		32	保護者対応の要請	0	0	0	3	0	3
情報収集	必要な情報の把握	33	子どもの様子の把握	1	5	0	11	5	22
		34	保護者の様子の把握	0	2	0	8	5	15
		35	家庭の状況把握	2	4	3	2	0	11
		36	意図的な観察	0	0	3	0	0	3
		37	意図的な話しかけ	0	1	2	4	0	7
		38	子どもからの聞き取り	0	0	0	2	0	2
		39	担任からの聞き取り	0	5	0	0	0	5
		40	職員からの聞き取り	6	0	0	0	0	6
		41	他機関からの聞き取り	2	0	0	0	0	2
		42	状況の把握	2	7	2	0	3	14
情報交換	保護者と保育士	43	保護者の話を聴く	1	3	11	10	0	25
		44	保護者との面談	15	14	7	0	0	36
		45	保護者の意向を把握	1	0	0	0	0	1
事前評価	事前評価	46	情報の集約	9	3	3	0	0	15
		47	情報の共有	4	0	0	0	0	4
		48	情報の整理	0	2	2	0	0	4
		49	子どもの情報の整理	0	0	0	0	0	0
		50	保護者の情報の整理	0	0	0	2	0	2
		51	課題の明確化	0	3	3	0	0	6

174

Part 2
子ども家庭支援の実態
——生活困難家庭に焦点を当てて

Chapter 5
保育所等における子ども家庭支援の実際

支援プロセス		通しNo	役割内容	園長	主任	スマイル	担任	フリー	計
事前評価	事前評価	52	判断	8	0	0	0	0	8
		53	支援の必要性の判断	0	1	1	2	0	4
		54	緊急性の判断	1	0	1	0	0	2
		55	連携の必要性の判断	2	0	1	0	0	3
		56	意見の統括	3	5	0	0	0	8
支援計画の作成	支援計画の作成	57	会議の開催	0	1	2	0	0	3
		58	会議の進行	0	1	0	0	0	1
		59	支援目標の設定	3	0	1	0	0	4
		60	対応策の検討	5	9	11	6	1	32
		61	連携先の検討	0	1	5	0	0	6
		62	関係機関の情報収集	0	0	2	0	0	2
		63	関係機関への相談	4	0	4	0	0	8
		64	対応策の決定	0	3	0	0	0	3
		65	最終判断	8	0	0	0	0	8
		66	支援計画の作成	0	0	1	0	0	1
		67	方針の統一	0	0	0	0	1	1
		68	職員の役割分担	2	0	0	0	0	2
		69	個人情報遵守への対応	2	0	0	0	0	2
		70	支援の指示	4	0	0	0	0	4
支援の実施	保護者への支援	71	支援方法の実践	4	9	8	8	1	30
		72	保護者への連絡	0	0	0	4	0	4
		73	保護者への助言	0	3	0	0	0	3
		74	方法の提案	1	0	0	0	1	2
		75	今後の対応の提示	1	0	0	0	0	1
		76	関係機関の紹介	0	1	7	0	0	8
		77	関係機関への仲介	12	0	0	0	0	12
		78	保護者との連携	0	0	1	0	0	1
	他機関との連携	79	関係機関への連絡・調整	31	1	7	1	0	40
		80	関係機関との連携	37	6	4	0	0	47
	子どもの保育を通しての支援	81	子どもの保育を通じての支援	0	2	3	13	11	29
		82	子どもへの言葉がけ	0	0	0	0	0	0
		83	子どもの情緒安定を図る	0	0	0	4	3	7
		84	子どもの衣食の保障	0	0	0	3	0	3
経過観察	経過観察	85	見守り	0	1	0	0	1	2
		86	対象児の見守り	0	0	0	0	2	2
		87	保護者の見守り	0	1	0	0	1	2
		88	担任と保護者の関係の見守り	0	0	1	0	0	1
		89	保護者との継続したコミュニケーション	0	0	2	0	0	2
事後評価	事後評価	90	見守りの必要性の検討	0	2	0	0	0	2
職員の連携	報告	91	報告をする	3	28	10	58	14	113
		92	報告を受ける	12	15	4	3	2	36
	連絡	93	連絡をする	0	0	0	4	3	7
		94	連絡を受ける	0	1	0	0	0	1
		95	報告や相談の仲介	0	12	0	0	0	12
	相談	96	相談し合う	3	11	5	0	5	24
		97	相談をもちかける	0	3	0	13	3	19
		98	相談を受ける	3	6	2	0	0	11
	協議	99	職員間で協議	1	7	5	5	3	21
合計				215	227	187	284	98	1011

注1：項目のうち、段落を下げているものは、その上の項目に含まれる内容と思われるが、項目を一つにまとめると抽象度が高くなりすぎ、具体的内容が抽出されなくなるため、統合せずにそのまま表記したものである。
　2：表中の数字は自由記述における出現度数。
　3：出現度数÷96（回答票の数）で％を算出し、％によって色を変え網掛けした。

■ 20%以上　　■ 10%以上　　■ 5%以上

5.3 予備調査における職階等別の単純集計から

　予備調査の結果を職階等別にみると、園長の役割として最も多く必要とされたものは、関係機関との連携であり、その内容は、連携(37)、連絡・調整(31)、仲介(12)となっている(（）は出現度数。以下同じ)。その他、保護者との面談(15)、園内報告を受ける(12)が挙げられた。主任の役割では、園内業務として報告をする(28)、報告を受ける(15)が多くみられ、直接保護者から相談を受ける(15)、保護者と面談を行う(14)などもみられている。スマイルサポーターの役割としては、保護者からの相談を受ける(20)、保護者の話を聞く(11)など、主任の役割同様、保護者対応にその必要性が高く、対応策の検討(11)、園内で報告をする(10)という役割も示されている。

　担任の役割では、報告をする(58)、他の職員に相談をもちかける(13)という組織内における間接的な役割が期待される一方で、日常的な子ども(18)や保護者(13)の観察、子ども(15)や保護者(16)の変化の読み取り、子どもの保育を通じての支援(13)、などと直接子どもや保護者に対応する役割も必要とされる傾向が読み取れた。フリーの役割では、報告をする(14)、子どもの保育を通じての支援(11)が多くみられている。

　以上のことから予備調査においては、日常的には、主に担任による観察を通して、子どもや保護者の変化を読み取ることが必要とされていた。何らかの気になる変化がみられた際には、ほかの職員や主任、園長に報告、相談することが求められており、主任もまた適宜園長への報告が求められていた。一つの気になる事例をめぐって、情報が担任―ほかの職員―主任―園長へと情報のリレーのように引き継がれていることが読み取れる。第3節でも述べた「その疑いに気づいた職員は、リーダー、主任を通して園長に報告し、園長は内容によって市町村や法人に報告することにしている」という実践が、生活困難を抱える家庭を支援する際には期待されるものであることがうかがえる。

　さらに、より具体的な情報が必要と判断された際には、園長と主任には、保護者と面談を行うことが期待されており、そこからより具体的な状況を聞き取り、次なる支援の必要性を判断することが求められているものと思われ

た。他機関との連携が必要とされる場合には、園長が他機関連携のための窓口となり、保護者自身が他機関とつながれるように調整する役割も求められているようであった。園内をうまく機能させるために職員間で支援内容を協議する役割が主任に求められ、担任は子どもの保育を通じての支援を期待されていた。保育所等における生活困難家庭への対応においては、組織的、構造的な支援が必要とされていることが読み取れた。

5.4　具体的役割項目の精査——大規模調査に向けて

　予備調査で抽出された99項目の具体的役割について、積極的に子ども家庭支援を実施する保育所等の園長および主任1名ずつに助言を求めた。主なポイントは、実践におけるあいまいな用語の有無、不要と思われる項目、さらに必要と思われる役割の補足などである。得られた意見をもとに、本研究チームでさらに具体的役割項目を精査した。特に「職員間の連携」に関する項目群は、直接的に子ども家庭支援にかかわるものではなくむしろ「前提」となるものであり、支援とは質的に異なるものであるとの意見から、子ども家庭支援の役割項目からは削除した。また予備調査からは抽出されなかったが、「改善」や「終結」に関する項目など、実施することが期待される役割項目を挿入した。実践者にわかりやすいよう平易な表現に努め、具体的な役割項目の精査を行った。その結果、子ども家庭支援にかかわる具体的役割項目は79項目となった^{表5-6}。

5.5　子ども家庭支援の具体的役割の重視度と実施状況
　　——大規模調査から
5.5.1　単純集計の結果から
　予備調査は、子ども家庭支援における積極的な実践の抽出に主眼をおいたものであり、一般的な傾向を把握したものとはいえない。これ以降、大規模調査の分析結果を用いて、保育所等内では子ども家庭支援にかかわる役割がどのように担われているのか、職階等によってその役割遂行に異なる傾向はないのかを確認していくものとする。さらにそうした役割遂行が、子ども家庭

表5-6 子ども家庭支援に関する役割項目（精査版）

通し番号		役割内容	通し番号		役割内容
1	子どもの日常的観察	日常的に子どもを観察する（服装、表情、人間関係）	44	支援計画の作成	ケース会議に参加する
2		気になる子どもを把握する	45		保護者支援の目標を設定する
3		クラスの様子を把握する	46		対応策を検討する
4		園全体の様子を把握する	47		連携先を検討する
5	保護者の日常的観察	日常的に保護者を観察する	48		対応策を決定する
6		気になる保護者を把握する	49		支援計画を作成する
7		子どもと保護者の関係性を把握する	50		職員の役割分担を調整する
8		園全体の家庭を把握する	51		職員に支援の指示をする
9	相談体制の整備	相談しやすい空間的環境づくりに心がける	52	保護者への支援	保護者に支援に関する連絡をする
10		公的援助の知識を持つようにする	53		保護者に助言する
11		早期発見に対する知識を持つようにする	54		保護者に方法の提案をする
12		相談業務を行っていることを保護者や地域に知らせる	55		保護者に今後の対応を説明する
13		相談業務が行えるよう必要な研修を受講する	56		保護者に関係機関を紹介する
14	保護者との関係形成	話しやすい雰囲気づくりに心がける	57		保護者と関係機関がうまくつながるように仲介する
15		保護者への声かけ・挨拶を行う	58		保護者と連携する
16		保護者と会話する	59	他機関との連携	関係機関と連絡・調整を行う（電話やメールなど）
17		保護者の気持ちを受容する	60		関係機関と連携・協働する
18		子どもの様子を伝える	61	子どもの保育を通しての支援	子どもの情緒安定を図る
19	保護者からの相談	保護者からの相談を受ける	62		子どもの食事の保障をする
20		地域からの相談を受ける	63		子どもの清潔の保障をする
21		保護者に相談することを勧める	64		子どもの睡眠の保障をする
22	子どもと保護者の変化の読み取り	子どもの変化を読み取る	65	評価	支援経過について記録する
23		保護者の変化を読み取る	66		支援の目標が達成されたか評価する
24		上司に保護者対応の要請をする	67		ケース会議等で課題の抽出が適切にできたか評価する
25	必要な情報の把握	意図的に子どもを観察する	68		支援の対応策がうまくいったか評価する
26		意図的に保護者を観察する	69		関係機関との連携がうまくいったか評価する
27		意図的に子どもへ話しかける	70		職員間の役割分担がうまくいったか評価する
28		意図的に保護者へ話しかける	71		園長や主任などからの助言・指導が適切であったか評価する
29		子どもから情報を聞き取る	72	改善	改善の必要がある場合は、支援の目標を変更する
30		園の職員から情報を聞き取る			
31		他機関から情報を聞き取る	73		改善の必要がある場合は、支援の対応策を変更する
32		児童票、徴収金に関わる書類等を確認する			
33	保護者からの情報収集	相談室等の個室で、保護者の話を聞く	74		改善の必要がある場合は、連携先を変更する
34		相談室以外の場所で、保護者の話を聞く	75	終結	終結の判断をする
35		保護者がどうしたいのか意向を把握する	76	経過観察(follow up)	支援終了後も、対象児を見守る
36	事前評価	職員が持つ情報を集約する	77		支援終了後も、保護者を見守る
37		必要な情報を職員間で共有する	78		支援終了後も、保護者と子どもの関係を見守る
38		得られた情報を整理する			
39		保護者の抱える課題を明確化する	79		支援終了後も、保護者と職員の関係を見守る
40		支援の必要性を判断する			
41		支援の緊急性を判断する			
42		関係機関との連携の必要性を判断する			
43		職員の意見を統括する			

支援に対する自己評価と関連するのか否かについても検討する。

　79の具体的役割項目について、どれぐらい重視しているか（重視度）、どのくらい実施しているか（実施状況）を5件法でたずね、その平均値を算出した図5-5。重視度については、ほとんどの項目で4点以上の高得点となり、どの項目においても重視度が実施状況を上回る結果となった。重視度と実施状況で平均値が4.5以上ある項目は、子どもの観察や把握、保護者への声かけ・挨拶や会話、保育を通した子どもへの支援であった。一方、平均値の低い項目（重視度4.0、実施状況3.3以下とする）は、地域からの相談を受ける、保護者支援の目標の設定、支援計画の策定、職員の役割分担の調整、支援への評価・改善に関するものであった。

5.5.2　職階による重視度、実施状況の比較

(1)　子ども家庭支援の具体的役割項目の因子分析

　項目が多岐にわたるため、79項目をそのまま職階別に比較しても十分に検討することは難しいと思われた。そのためこれらの項目がどのような共通因子をもつのか重視度の得点を採用し因子分析を行った（最小二乗法、プロマックス回転）。その結果、固有値1.0以上の因子が11抽出され、それぞれの因子を「相談体制の整備」「日常的な観察」「保護者との関係構築」「意図的な情報収集」「情報の集約と共有」「事前評価」「支援計画の作成」「具体的な保護者支援の展開」「子どもの保育を通しての支援」「支援計画の評価・改善」「経過観察・見守り」と命名した表5-7、表5-8。

(2)　職階等別の各因子下位得点の平均値の比較（重視度）表5-9

　各因子の下位項目を合計し項目数で除したものを下位尺度得点とし、これを従属変数、非常勤をのぞく職階等を独立変数として一元配置の分散分析を行った*。その結果、各職階等において重視する具体的役割項目に傾向があることが示された。園長は「相談体制の整備」「事前評価」「支援計画の作成」などの得点が高く、主任は「日常的な観察」「意図的な情報収集」「情報の集約と共有」「子どもの保育を通しての支援」で、担任は「保護者との関係

＊　当初、非常勤を含めて職階等間の比較を行ったが、F値が非常に大きくなり、園長、主任、担任間の実態を適切に反映できないと判断したため、非常勤を除く分析を行うこととした。

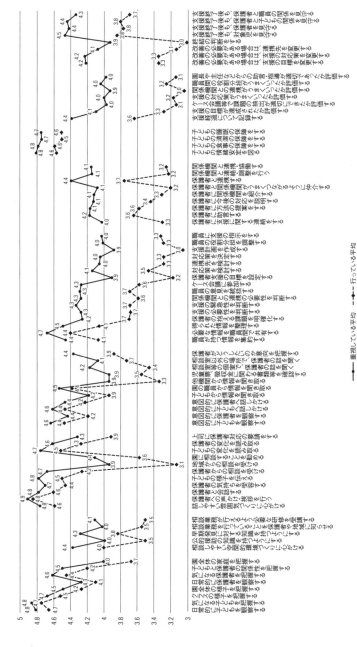

重視得点：「とても重視している」5点、「やや重視している」4点、「どちらともいえない」3点、「あまり重視していない」2点、「全く重視していない」1点。
実施得点：「よく行っている」5点、「やや行っている」4点、「どちらともいえない」3点、「あまり行っていない」2点、「全く行っていない」1点。

図5-5 子ども家庭支援の具体的な役割項目の重視度と実施状況の平均値（全体）

表5-7 具体的な役割項目の因子分析結果（最小二乗法、プロマックス回転）

	因子										
	1 支援計画の評価・改善	2 相談体制の整備	3 具体的な保護支援の展開	4 保護者との関係構築	5 意図的な情報収集	6 子どもの保育を通しての支援	7 経過観察・見守り	8 支援計画の作成	9 日常的な観察	10 事前評価	11 情報の集約と共有
70. 職員間の役割分担がうまくいったか評価する	1.007	.026	-.035	-.025	-.021	.032	-.024	-.060	-.001	-.046	.037
68. 支援の対応策がうまくいったか評価する	.986	-.007	.008	.022	-.041	.018	.030	-.007	.038	-.060	.007
67. ケース会議等で課題の抽出が適切にできたか評価する	.965	-.010	-.012	-.006	-.011	-.001	-.093	.071	.045	-.071	-.006
69. 関係機関との連携がうまくいったか評価する	.921	.105	.047	-.013	-.060	-.016	-.052	-.025	-.002	-.038	-.003
66. 支援の目標が達成されたか評価する	.908	.095	.048	.039	-.044	.035	.052	.081	.049	.049	.033
71. 園長や主任などからの助言・指導が適切であったか評価する	.886	-.005	.083	-.065	.020	-.040	.011	-.007	.049	.092	.044
72. 改善の必要がある場合は、支援の対応を変更する	.836	.014	-.056	.036	.077	.003	.125	.048	.073	.083	-.037
73. 改善の必要がある場合は、支援の目標を変更する	.820	.027	.045	.019	.073	.011	.098	-.057	.093	.096	.025
74. 改善の必要がある場合は、連携先を変更する	.744	.118	.010	.009	.055	-.012	.083	-.007	.047	.002	-.065
75. 経過の判断をする	.668	-.005	-.004	.034	-.074	.035	.086	.107	.073	.021	-.150
65. 支援経過について記録する	.521	-.039	-.016	.024	-.095	.156	.041	-.016	.054	.211	.049
10. 公的援助の知識を持つようにする	.040	.779	-.107	-.001	-.051	-.006	-.031	.042	.058	-.012	.044
12. 相談業務で行っていることも保護者や地域に知らせる	.007	.779	.028	-.065	-.024	.010	.004	.046	.013	-.003	-.038
13. 相談業務が行えるよう必要な研修を受講する	.025	.747	.097	-.009	-.015	.037	.085	.047	.068	.008	-.013
20. 地域からの相談を受ける	.042	.705	.114	.040	-.080	-.026	-.079	-.058	.007	.040	-.031
11. 早期発見に対する知識を持てるようにする	.002	.655	.115	.087	-.013	.086	.038	.045	.022	.057	.071
9. 園に相談することを勧める	.075	.649	.107	.100	.006	.011	.073	.045	.034	.116	.040
9. 相談しやすい空間的な環境づくりに心がける	.006	.534	.010	.243	.028	.040	-.007	-.012	.006	-.058	.041
31. 地域間から情報を聞き取る	.025	.466	.128	-.104	.246	-.081	-.051	.072	-.016	.024	.087
54. 保護者に方法の提案をする	.017	-.016	1.003	.076	-.025	-.025	.029	.026	.024	.228	.059
55. 保護者に今後の対応を説明する	.079	-.044	.951	-.004	.026	-.023	-.023	.062	.000	-.173	.031
53. 保護者に助言する	.014	-.082	.921	.047	.067	.004	.002	.000	.032	.127	.060
56. 保護者に関係機関を紹介する	.164	.086	.684	-.040	-.004	.023	-.059	-.089	.011	.201	.085
58. 保護者に連携に関する連絡をする	.056	-.003	.577	.028	-.024	.003	.003	.201	.031	.101	.044
58. 保護者に連携する	.120	-.106	.542	.147	-.031	.146	.039	.022	-.070	.139	.033
57. 相談室や関係機関がつながるように仲介する	.129	.166	.527	-.019	-.022	.043	-.017	-.059	-.047	.287	-.098
59. 関係機関に連絡・調整を行う（電話やメールなど）	.117	.044	.418	.139	-.004	.006	.073	-.007	.106	.341	.121
60. 関係機関に連絡・調整・協働する	.113	.046	.391	-.138	-.002	.006	-.051	.024	.093	.361	-.109
16. 保護者と会話する	.043	-.073	.038	.811	-.007	-.047	-.017	-.001	.084	.007	.006
55. 保護者への声かけや挨拶を行う	-.040	-.124	.059	.746	.015	.066	.073	-.058	.019	.070	.058
17. 保護者の気持ちを受容する	-.037	.193	.050	.722	.048	-.083	.025	.008	-.050	.041	.095
14. 子どもの様子を伝える	.040	.041	-.035	.687	.049	.037	-.020	.107	.021	-.108	.016
18. 話しやすい雰囲気づくりに心がける	-.027	.192	.020	.670	.018	.031	.019	.107	.017	.018	.093
19. 保護者からの相談を受ける	.022	.287	.079	.367	-.081	-.002	.008	-.141	.083	.128	.061

	因子										
	1 支援計画の評価・改善	2 相談体制の整備	3 具体的な保護者支援の展開	4 保護者との関係構築	5 意図的な情報収集	6 子どもの保育を通しての支援	7 経過観察・見守り	8 支援計画の見直し・作成	9 日常的な観察	10 事前評価	11 情報の集約と共有
27. 意図的に子どもへ話しかける	-.040	-.085	-.065	.061	.939	.080	.022	-.003	-.116	.056	.049
28. 意図的に保護者へ話しかける	-.050	.017	.019	.032	.845	-.009	.018	-.030	-.029	.053	-.065
25. 意図的に子どもを観察する	.018	-.069	-.030	.027	.771	.068	.046	-.046	-.001	.098	.047
26. 意図的に保護者を観察する	.066	-.029	-.010	.050	.719	-.059	.046	-.018	.142	.039	.031
29. 子どもから情報を聞き取る	.115	.047	.119	.028	.552	-.054	-.050	.068	.049	-.121	-.037
30. 園の職員から情報を聞き取る	-.079	.227	.256	-.125	.398	.015	.083	-.026	.082	-.208	.198
64. 子どもの睡眠の保障をする	.007	.058	-.043	-.009	.022	.985	-.007	.035	-.007	-.075	-.028
63. 子どもの清潔の保障をする	.003	.035	.000	-.007	.030	.985	.015	.028	.031	-.059	-.040
62. 子どもの食事の保障をする	.018	-.038	.013	.056	-.028	.943	-.001	-.043	-.013	.024	.025
61. 子どもの情緒安定を図る	.025	-.060	.058	-.013	-.023	.850	-.004	-.021	.034	.004	.063
78. 支援終了後も、保護者・子どもの関係を見守る	.013	-.021	.054	-.001	.008	-.005	.981	-.042	-.012	-.050	.046
77. 支援終了後も、対象児を見守る	.035	-.022	.010	.033	-.042	-.013	.956	.013	.048	.032	-.004
79. 支援終了後も、保護者と職員の関係を見守る	.001	-.003	-.029	.020	-.060	.044	.944	.008	-.002	.022	.014
50. 職員の役割分担を調整する	.183	-.003	-.026	.019	.014	-.019	.003	.795	.035	-.058	.000
48. 対応策を決定する	.092	.021	.007	.025	-.015	.022	.001	.764	-.034	.089	.003
45. 保護者支援の目標を設定する	.122	.022	.078	.027	.005	.000	.001	.731	.026	.066	.009
49. 支援計画を作成する	.305	.033	-.021	.003	.023	-.013	.047	.716	.008	-.055	.014
47. 連携先を検討する	.064	.124	.042	-.002	-.026	.022	-.007	.703	.013	.094	-.081
42. 職員に支援の指示を出す	.210	-.032	.049	-.053	.051	-.031	.049	.687	.060	.039	.027
46. 対応策を検討する	.114	-.014	.116	.031	-.018	.033	.012	.680	-.021	.063	-.002
44. ケース会議に参加する	.076	.028	-.042	.001	.011	-.007	.146	.385	-.050	.266	.071
5. 日常的に保護者を観察する	.082	-.101	-.037	.056	.044	-.044	-.007	.056	.869	-.129	.003
7. 子どもと保護者の関係性を把握する	-.004	.017	.096	.023	-.064	-.054	-.011	-.051	.734	-.016	.047
8. 園全体の家庭を把握する	.013	.184	-.004	-.126	-.009	-.084	.005	.018	.731	.021	.022
2. 気になる保護者を把握する	.035	-.070	.030	.094	.028	-.067	.049	-.090	.709	.091	.023
4. 園全体の様子を把握する	-.093	.349	-.152	-.131	.019	.050	-.099	-.030	.459	.122	-.058
3. 日常的に子どもを観察する(服装、表情、人間関係)	-.067	.028	.008	.256	.067	.148	-.059	-.005	.408	.034	-.037
1. クラスの様子を把握する	-.091	-.025	-.172	.200	.144	.148	-.030	.089	.401	.041	-.066
41. 支援の緊急性を判断する	.015	-.025	-.108	.022	.069	-.048	.009	-.006	-.053	.978	.042
40. 関係機関との連携の必要性を判断する	-.013	.091	-.087	.071	.018	.001	.024	-.011	.018	.957	.019
43. 支援の必要性を判断する	.052	-.048	-.036	.099	.004	-.039	-.058	.062	.011	.846	.058
39. 職員の意見を統合する	.186	-.016	-.081	.002	.035	-.009	-.071	.129	-.031	.596	.130
39. 保護者の伝える課題を明確化する	.138	-.121	.151	.082	.010	-.033	-.059	.077	.039	.508	.164
38. 必要な情報を職員間で共有する	-.086	-.056	.088	.049	-.053	.021	.052	-.053	.014	.098	.797
38. 得られた情報を整理する	.080	.075	-.076	-.051	.012	-.007	-.019	.019	-.002	.070	.743
36. 職員が持つ情報を集約する	-.011	.180	.011	-.057	.034	-.007	-.001	-.006	-.003	.017	.725
固有値	30.371	5.642	3.037	2.230	1.984	1.941	1.854	1.605	1.448	1.163	1.027
α係数	.968	.887	.951	.848	.879	.961	.968	.956	.855	.927	.871

表5-8　因子相関行列

因子	1	2	3	4	5	6	7	8	9	10	11
1											
2	.591										
3	.703	.620									
4	.263	.400	.300								
5	.368	.484	.484	.507							
6	.449	.370	.450	.416	.386						
7	.600	.486	.544	.312	.378	.472					
8	.709	.589	.694	.263	.403	.349	.527				
9	.452	.641	.472	.498	.576	.451	.391	.470			
10	.683	.640	.737	.345	.422	.444	.578	.743	.514		
11	.410	.566	.403	.512	.540	.393	.408	.425	.510	.493	

表5-9　各因子下位得点の平均値の比較（重視度）

	園長	主任	担任	地域	非常勤	F値	有意確率
重視①:相談体制の整備	**4.26**	**4.23**	3.97	4.14	3.78	11.40	***
重視②:日常的な観察	4.46	**4.61**	**4.50**	4.45	4.29	6.48	***
重視③:保護者との関係構築	4.65	4.78	**4.85**	**4.82**	4.67	15.93	***
重視④:意図的な情報収集	4.37	**4.58**	**4.54**	4.47	4.35	7.45	***
重視⑤:情報の集約と共有	**4.59**	**4.63**	4.54	4.44	4.38	5.10	**
重視⑥:事前評価	**4.45**	**4.36**	4.28	4.24	3.99	4.95	**
重視⑦:支援計画の作成	**4.22**	**4.16**	4.06	4.01	3.65	3.73	*
重視⑧:具体的な保護者支援の展開	**4.29**	**4.23**	4.14	4.16	3.83	2.61	†
重視⑨:子どもの保育を通しての支援	4.72	**4.82**	**4.81**	4.77	4.68	2.79	*
重視⑩:支援計画の評価・改善	**4.17**	**4.17**	4.08	4.10	3.75	0.91	
重視⑪:経過観察・見守り	4.46	**4.50**	**4.48**	4.38	4.14	1.11	

$***:p < 0.001$、$**:p < 0.01$、$*:p < 0.05$、$†:< 0.1$

注：各項目において最も平均得点の高いものは網掛け・太字、次いで平均得点の高いものは太字とした。
　　重視①～⑪は、因子負荷量によって順序付けたものではなく、支援のおおよそのプロセスを想定して命名したものである。一元配置の分散分析は、非常勤を除いて行った。

構築」で得点が高いことが明らかになった。非常勤は、どの項目も高い得点
は得られなかった。

(3) 職階等別の各因子下位得点の平均値の比較(実施状況)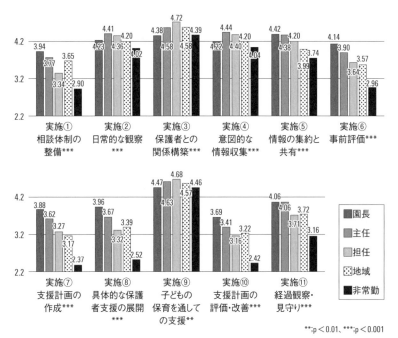図5-6

　　重視度に関する因子分析から得られた因子を用いて、実施状況に関する
下位尺度得点を算出した。実施状況の因子別得点を従属変数、非常勤を除
く職階等を独立変数として一元配置の分散分析を行った*。どの項目にお
いても有意差が認められ、職階等ごとに実施する具体的役割に傾向がある
ことが示された。園長は、「相談体制の整備」「情報の集約と共有」「事前評
価」「支援計画の作成」「具体的な保護者支援の展開」「支援計画の評価改善」
において実施する得点が高く、主任は、「日常的な観察」「意図的な情報収

図5-6　各因子下位項目得点の平均値の比較(実施状況)

---

*　当初、非常勤を含めて職階等間の比較を行ったが、F値が非常に大きくなり、園長、主任、担任間の実態を適切に
反映できないと判断したため、非常勤を除く分析を行うこととした。

集」「経過観察・見守り」を行う傾向にあった。また担任は「保護者との関係
構築」「子どもの保育を通しての支援」を実施する平均得点が高い傾向に
あった。地域、非常勤については、特に高い得点はみられなかった。

(4) 実施状況と生活困難家庭への支援に対する自己評価

　子ども家庭支援の具体的役割の遂行は、支援に対する自己評価と関連は
ないのだろうか。「生活困難を抱える保護者への支援」について、「とてもう
まくいっている (4点)」から「全くうまくいっていない (1点)」まで、それぞれ
の保育者に4件法で尋ね、回答を得た。支援に対する自己評価と実施状況
の各因子の下位得点について相関分析を行った結果が**表5-10**である。表
に掲載されたものについては、いずれも弱い相関がみられている。

　園長、主任においては、相談体制の整備に関する実施状況と支援に関す
る自己評価が関連する傾向にあった。日常的な観察、事前評価、支援計画の
作成、具体的な保護者支援の展開、支援計画の評価・改善、経過観察・見守り
については、園長、主任、担任らの実施状況が高ければ、生活困難を抱える
保護者への支援も「うまくいっている」と評価される傾向にあった。その
他、園長と地域担当においては情報の集約と共有が、主任と地域担当にお

表5-10　実施状況と生活困難を抱える保護者への支援に関する自己評価

		園長	主任	担任	地域	非常勤
実施①	相談体制の整備	0.232	0.297			
実施②	日常的な観察	0.207	0.263	0.208	0.215	
実施③	保護者との関係構築		0.264		0.226	
実施④	意図的な情報収集		0.219		0.265	
実施⑤	情報の集約と共有	0.234			0.271	
実施⑥	事前評価	0.350	0.295	0.282		
実施⑦	支援計画の作成	0.313	0.280	0.234		
実施⑧	具体的な保護者支援の展開	0.294	0.258	0.260		
実施⑨	子どもの保育を通しての支援		0.224			
実施⑩	支援計画の評価・改善	0.363	0.287	0.311		
実施⑪	経過観察・見守り	0.291	0.252	0.344	0.310	

注：Spearmanによる順位相関係数を算出した。相関係数が0.2以上のものを掲載している。掲載したものはいずれもp＜0.01
である。

いては保護者との関係構築、意図的な情報収集が、主任独自の傾向として子どもの保育を通しての支援が、生活困難を抱える保護者への支援に対する自己評価と関連していることがわかった。

5.6　生活困難家庭の支援にかかわる具体的役割についての考察

5.6.1　多岐にわたる具体的役割項目:保育所等特有の支援として

　予備調査における自由記述から抽出された子ども家庭支援の具体的役割項目は、多岐にわたるものとなった。そこには生活困難が発見される前からの、個別対応の前提となる環境づくりやかかわり、意図的な情報収集、終結後の経過観察といったものまでも含まれていた。生活困難に対して積極的に支援しようとする保育現場では、個別支援のみが単独で必要と考えられているのではなく、生活困難を発見しやすい関係づくりや困りごとが聞かれたときに迅速に対応できるような環境整備も視野に入れられているといえる。これらは生活困難の早期発見や早期対応における「基盤」や「土壌」となるものである。直接援助としての「具体的な保護者支援の展開」に至るまでには、問題が発見される前からの日常的な保護者との関係構築に加え、相談活動に耐えうる環境整備や意図的な情報収集、事前評価などの間接援助も必要であると考えられた。

　また、柏女・橋本が指摘する保育相談支援の展開過程においては[6]、「支援の開始」から「情報収集・情報交換」「事前評価」というプロセスに進むとされている。本節で提示された具体的役割項目のうち、「相談体制の整備」や「日常的な観察」「保護者との関係構築」は、柏女・橋本のいう「支援の前提」と位置づけられるものと思われる。また柏女・橋本は「情報収集・情報交換」を一つのプロセスとして示しているが、本節では因子分析の結果、このプロセスは「意図的な情報収集」と「情報の集約と共有」の因子に分かれることとなった。保育所等の組織においては、情報収集のプロセスをたどるからといって必ずしも情報集約・共有が行われるわけではないと考えられる。つまり保育者が意図的に情報収集することがあっても、その情報を集約して関係者で共有することに乏しかったり、共有するメンバーが一部に固定され、関係する保育者等

には伝わらなかったりということも想定される。保育所等は、組織として機能するところであるとするなら、これらプロセスを支える要因について検討する必要がある（これに関連する分析は第6節を参照のこと）。

5.6.2　重視度と実施状況について

　今回の分析では、どの具体的役割項目においても重視度が実施状況を上回る結果となった。実際に深刻な事例に直面していないなどの際には「重視はするが、実施はしていない」状況となると考えられる。

　また、重視度や実施状況の平均値の高い項目として、日常的な子どもの観察や気になる子どもの把握、保護者への声かけ・挨拶、保護者との会話、保育を通した子どもへの支援が挙げられたが、これらは生活困難家庭への支援にかかわらず、保育のなかでは日々行われるものである。保育所保育指針第6章においても保護者との相互理解の必要が謳われており[7]、これらの得点が高くなるのは当然の結果といえる。

　一方平均値の低い項目として、保護者支援の目標の設定、支援計画の策定、職員の役割分担の調整、支援への評価・改善に関するものが挙げられる。このことは、通常の保育業務においては、生活困難家庭を対象とした支援プロセスをあまり必要としない（つまり、深刻な事例に直面することが非常に少ない）ことも想定されるが、それらが保育所等の支援方法としてあまり浸透していないことも考えられる。また職員間の役割分担の調整の少なさから、深刻な事例は、園長や主任のみで対応するという方針の保育所等も多いのではないかと思われた。

5.6.3　子ども家庭支援の具体的役割の担い手

（1）園長の具体的役割

　本調査から得られた結果をもとに、職階ごとの役割について整理する。園長自身の得点群においては、「子どもの保育を通しての支援」「保護者との関係構築」「情報の集約と共有」の平均値が高く、園長自身は、意識的にこれらの役割を果たそうとしているものと思われた。しかしほかの職階等と比較すると、むしろ「相談体制の整備」や「事前評価」「支援計画の作成」が

重視されており、「具体的な保護者支援の展開」や「支援計画の評価・改善」の実施得点も高い。

　このことから園長が主軸となる役割の一つは、組織内での相談が適切に行えるように空間的環境を整備したり、職員に必要な研修を受講させたり、自分自身が社会資源の知識をもつなど、園内の相談体制を整えることであると考えられる。また関係する保育者からの情報を集約・共有し、その子どもと家庭にはどのような課題や困難があるのか事前評価を行い、支援計画を作成していくことも園長による重要な役割となるものと思われた。さらに、具体的な保護者支援の展開も園長が多くの役割を担うことが読み取れた。予備調査では保護者との面談の役割も期待されていたことから、世間話をしたり愚痴を聞いたりといった情緒的支援を越えた、他機関連携や重要な判断を要とする深刻な事態に対応する場合に園長の役割が必要とされ、実際に保護者との面談や関係機関への仲介、さまざまな調整作業などの支援にあたっているものと思われた。

(2)　主任の具体的役割

　主任自身の得点群においては、「日常的な観察」「情報の集約と共有」「子どもの保育を通しての支援」において重視する得点が高く、ほかの職階等と比較しても、それらの重視得点は高い。実施得点については「日常的な観察」で主任が最も高く、「意図的な情報収集」「経過観察・見守り」の実施得点も高いことがわかった。主任として園全体の保育がうまくいっているか、子どもや家庭の様子に変化はないか、変化に対して何らかの対応の必要性はないかなど、日々園生活全体に目を配っているものと思われた。支援の必要の最終判断には園長がかかわるとしても、主任は「支援の必要を検討する必要があるか否か」を日常的に捉える役割を担っているものと思われる。また「情報の集約と共有」「事前評価」「支援計画の作成」などの役割は、園長に次いで実施の得点が高いことから、現場の状況を把握しながら必要に応じて園長に状況を伝え橋渡ししていること、園長とともに子どもや家庭の様子を評価し支援計画を立案している様子もうかがえる。必要な子ども家庭支援が適切に行えるように、現場の保育者たちを見守りつつ、園長をサポートしている主任の役割傾向が浮き彫りとなった。

(3) 担任の具体的役割

担任は、「保護者との関係構築」「子どもの保育を通しての支援」を実施する得点が最も高い。日々保育の前面に出て直接子どもや保護者に対応する業務を期待されている様子が読み取れる。ただ「保護者との関係構築」や「子どもの保育を通しての支援」などの得点については、担任だけでなく主任の得点の高さも確認されることから、担任だけが単独でさまざまな判断をして保護者対応に当たるというより、日常的にも主任とともに保護者対応を行っている様子が読み取れ、状況が深刻な場合や複雑化しそうな事例においては、主任等と話し合いサポートを得ながら子ども家庭支援に当たっているものと思われた。

(4) 地域担当や非常勤の具体的役割

地域担当や非常勤の保育者については、今回の分析では特に着目すべき役割を見出すことができなかった。特に非常勤の実施得点はおおむね低く、ほかの保育者等と一線を画すほどであった。子ども家庭支援に対する役割の乏しい非常勤保育者が増大すれば、保育所等における子ども家庭支援、子育て支援に関する機能の脆弱化は免れない。昨今の非常勤保育者の増加の問題から、非常勤保育者の役割を再検討する必要もあると考える。

5.6.4 有効に機能する具体的役割として

子ども家庭支援の具体的役割の実施状況と支援の自己評価との関連から、子ども家庭支援に有効に機能すると思われる具体的役割が抽出された。保育者らがそれぞれの立場から、日常的な観察、事前評価、支援計画の作成、具体的な保護者支援の展開、支援計画の評価・改善、経過観察・見守りなどを行うことで、支援が「うまくいっている」と評価される傾向にあった。

日常的な観察が支援に関する自己評価と関連することについては、家庭が抱える問題が大きくなってから初めて保育所等で対応するのではなく、普段の生活のちょっとした変化をとらえ必要に応じてかかわりをもっていくことのほうが、共感的にかかわりやすく予防的に機能する側面があると思われる。丁寧な観察は、保護者や家庭をより多面的に捉えることにもつながり、結果として家庭に何らかのトラブルが生じたとしても、これまでの関係性や対

象者理解から支援がうまくいくことが多いのではないかと考えられる。

　また事前評価、支援計画の作成、具体的な保護者支援の展開については、先に園長の実施得点が高く園長が中心となって行う傾向にあると述べたが、ここではそれらの具体的役割についても、主任や担任らが参画することで、生活困難を抱える保護者への支援が「うまくいっている」と認識される傾向があることが析出された。つまり生活困難といった深刻な事例の支援について「うまくいっている」と認識する保育者たちは、園長や他機関に事例を依頼して「お任せ」という姿勢ではなく、その事例をどのように見立て、支援を行えばよいのか、組織内で子どもや家庭の様子に基づきながらともに意見を出し合い検討を重ね、支援方法を練っているものと思われた。支援の積み重ねの一つとなる小さな行為の意図を理解したうえで子どもや保護者に対応しているため、支援そのものにもぶれや矛盾がなく、組織としても一貫した理念が貫かれているものと思われる。

　主任による役割にも注目したい。保護者との関係構築や子どもの保育を通しての支援等については、担任による実施が最も得点が高いものであった。しかし担任による実施得点は、生活困難家庭への支援への評価に相関せず、主任による実施の有無が関連するものであった。このことは、保護者との関係や子どもの保育においては直接的には担任の役割が大きいものの、担任のみで生活困難家庭に対する具体的役割を担うことは難しく、十分に機能しないことを意味している。主任やその他の保育者たちの理解や調整作業、気遣いなどがあり、担任だけでは子どもや家庭に十分にかかわれない部分を主任やほかの職員がフォローするなどして、初めて子ども家庭支援がうまく機能するものと思われた。これに関連して、保育所等における組織風土やソーシャルサポートの醸成なども、子ども家庭支援にかかわる問題であると考えられるところとなる。

5.7　重なりつつ有機的に機能する組織的対応の必要性

　今回の分析では、具体的役割項目に関する重視得点が概して高く、子ども家庭支援の具体的役割をおおむね重視するという保育所等の傾向が読み取

れた。実施得点についてもその平均値は「どちらでもない」(3点)をおおむね
上回っており、それぞれの保育者が「するか／しないか」といった明確な線引
きのある「役割分担」のもと生活困難家庭への支援が行われているとは考え
にくいものと思われた。むしろ今回の分析では、具体的役割遂行の「重なり」
が多くみられ、子ども家庭支援に関する具体的役割を「おおよそみんなで
担っている」状況が確認された。そのうえで「誰がより中心となって担うか」
という傾向が浮き彫りになったといえるだろう。深刻な子ども家庭支援に対
応するためには、具体的役割を相互に重ねつつ、そのキーパーソンが誰であ
るかが常に意識されるような、有機的かつ複層的な組織のあり方が必要であ
ると考えられる。

　土田は、担任によるケアワークと園長によるソーシャルワーク支援の連続
性の確保が重要であるとするが[8]、今回の結果は、担任はケアワーク、園長は
ソーシャルワークといった明確な役割分担による連続ではなく、それぞれが
役割を重ねながら少しずつ役割の主軸をスライドさせ、連続性を確保しよう
としている可能性がうかがえた。ただ、今回の調査はあくまでもそれぞれの
保育者たちに対する量的調査であり、本当に役割が「連続しているか」は定か
ではない。この点については、インタビューなどからより明確にする必要が
ある。

引用文献

1　山本佳代子(2013)保育ソーシャルワークに関する研究動向. 山口県立大学学術情報. 6. 49-59

2　橋本真紀(2011)家庭支援の展開過程. 橋本真紀・山縣文治編. よくわかる家庭支援論. ミネルヴァ書房. 96-97

3　中谷奈津子・鶴宏史・関川芳孝(2015)保育所における生活困難を抱える保護者への支援:保護者支援・保護者対応に関する文献調査から. 大阪府立大学紀要.人文・社会科学. 63. 35-45

4　土田美世子(2012)保育ソーシャルワーク支援論. 明石書店. 152-163

5　柏女霊峰・橋本真紀編(2011)保育相談支援. ミネルヴァ書房. 56-61

6　同上

7　厚生労働省(2017)保育所保育指針

8　前掲4

Section 6

園長のリーダーシップが
子ども家庭支援に及ぼす影響

6.1　保育所等における子ども家庭支援と組織体制の構築

　2017（平成29）年に改定された保育所保育指針においては、特別な配慮を必要とする家庭には、状況等に応じて個別の支援を行うよう努めることとされ[1]、指針の解説には、それぞれの家庭が問題を抱え込まないよう、送迎時などでの丁寧なかかわりから、家庭の状況や問題を把握する必要性が記されている[2]。さらに、保育所のみの対応では限界があると判断される深刻事例の場合には、ソーシャルワークの中核を担う機関と、必要に応じて連携をとりながら支援を行うことが示され[3]、従来よりも関係機関との連携・協働の必要性が強化されることとなった。

　関係機関との連携という観点からすれば、保育所等「組織」においては、保育者が「単独」で判断し、他機関との連携を遂行することは難しい。例えば、子どもの保育を担当する保育者が、子どもの異変や保護者の生活困難を察知したとしても、「組織」として他機関との連携を実現させるには、主任や園長への情報伝達が必須であり、課題を共有し、対応策を検討し、他機関連携の必要性を判断し、園長や主任などから他機関へとつなげてもらうことが必要となる。こうした保育所等における子育て支援に対する組織対応の必要については、これまで、今堀[4]や橋本[5]、土田[6]、山本[7]らによって指摘されてきた。また、児童虐待の初期対応に際しても、保育者自身の心が揺さぶられる体験に対し、チームでの支え合いや、虐待に対応する保育士への精神的なサポートの必要性が示唆されている[8]。さらにかかわりの難しい保護者への対応は、保育者のバーンアウトを高めることが指摘される一方で、園内協力を得るとそれ

が低減される可能性があることも示唆される[9]。つまり、他機関との連携を必要とする深刻な事例の場合、保育者が保護者への対応や支援を一人で抱え込むことには課題が多く、適切な対応が難しくなることが予想されるとともに、組織全体で課題を共有し、支え合いながら取り組むことによって、より適切な対応が可能になると考えられる。

　では、保育所等における生活困難を抱える家庭への積極的支援の背景には、どのような組織特性があるのだろうか。

6.2 「生活困難」を支える必要性の認識

　複合的な問題を抱えた生活困難家庭は、絡み合った課題を客観的に捉えきれず、疲弊や不安、葛藤、混乱といったものを抱え生活することとなる。保護者の疲弊や困難感は、意図する／しないにかかわらず、結果として子どもの生活に影響を及ぼし、深刻な場合は暴力や放任という形で子どもに向けられる。子どもの権利の侵害につながるこうした問題に関連して、国際連合子どもの権利委員会では、貧困、差別、家族の崩壊などの複合的な困難状況における乳幼児の脆弱性を強調し、子どもの権利の実現はそのケアに責任を負うもののウェルビーイングに依拠することを踏まえ、日常的責任を負っている親その他のものを支援することが必要であると示している[10]。つまり、子どもを養育する家庭が生活困難を抱える場合には、子どもの権利保障の観点からも、その保護者を支援する必要性が謳われているのである。

　しかし、保育所等における子ども家庭支援において、この点に関する理解は不十分なままである。第3節では、育児不安を抱える保護者よりも、生活困難を抱える保護者のほうが保育所等における支援の必要性は低いと認識されていることが浮き彫りとなっている。この背景には、「保育所等は'子育て'を支援する場であり、'家族問題'を扱うところではないし、扱える問題でもない」といった保育者たちの見方があるものと思われる。しかし保育所保育指針解説にも示されているように、そうした家庭に対しては、「見過ごす」のではなく、「社会資源を活かしながら個別の支援」を行う必要があるのであり、子どもの最善の利益を考慮する観点からも、生活困難を抱える保護者への支

援をその射程に入れることは、今後さらに求められるものとなる。

6.3　園長によるリーダーシップの役割

　生活困難を抱える家庭への支援においては、保育所等における組織対応が求められることは先にも述べた。組織とは、計画された連絡調整のための社会的なユニットであり、二人以上の人間がかかわって、共通の目標をもち、メンバーの行動を定義し、形成する公式の役割があるものとされる[11]。すなわち、保育所等における職員集団も、子どもの最善の利益の尊重や子どもの発達の保障といった共通の目標を有した、それぞれのメンバーに公式の役割が期待される組織であると位置づけられる。また、組織が効果的に機能するにはリーダーの役割、換言すれば、リーダーシップの影響が大きいことが指摘されている。リーダーシップの定義は多様にあるが、Yukl は「リーダーシップのほとんどの定義は、集団や組織における活動や関係性を構築するために、ある人が他の人に意図的に影響を及ぼすといった社会的影響プロセスを含むものである、という仮定に立っている」と、それら定義の共通点を捉えた[12]。また Rodd[13] によれば、リーダーシップとはビジョンと影響力にかかわるものであり、「ある人物が行動の基準を設けたり期待を表明したりすることで、他人の行動を望ましい方向に持っていけるように影響を与えるプロセス」と表現される。

　保育におけるリーダーシップに関する国内外の研究を整理した秋田ら[14]によれば、効果的なリーダーシップは、組織の雰囲気をよくし、職員の職業満足度を高め、結果として保育の質を高めるという。社会・経済的不利層の子どもたちにとっては、園と保護者とが強いつながりをもつことで、発達(ｱｳﾄｶﾑ)によい効果がもたらされる。他機関との連携においても、リーダーが中心となって園がさまざまな機関とコミュニケーションをとることが重要になってくるが、多様な領域の専門家と連携するチームをリードするには、従来の組織内外の風土を変えていかなければならず、そこにもリーダーシップの役割の重要性がみて取れる。生活困難を抱える家庭への支援を想定すれば、例えば園長などリーダーの役割を担うものが、生活困難家庭を支援する必要性

と意義を示すことで、それに影響を受けた保育者たちが、子どもと家族のよりよい生活の促進を目指して行動していく過程が想定される。さらに園長とともに他機関との連携を視野に入れつつ、家庭に対する観察から日々振り返りを行い、よりよい支援の方向性を模索する様子が予想されよう。

しかし、秋田らが指摘するように、日本における保育のリーダーシップに関する実証的研究は緒についたばかりであり、生活困難家庭への組織的支援に関する実証的研究も十分ではない。保育所等が直面する支援課題の複雑化、多様化が進むなかで、生活困難を抱えた家庭への支援を有効に行うために、保育者の個人的な属性や、園長のリーダーシップ、組織風土などが、どのように具体的な支援に影響しているのかを明確にしておくことは重要である。これらの関連性が明らかになることによって、単に保育者研修を蓄積すればよいのか、園長のリーダーシップから組織風土を醸成していくことにも関心を寄せればよいのかなど、そのアプローチの方法を見出すことができる。このことは、子どもの最善の利益を尊重した社会的支援に大いに貢献するものと考えられる。

以上のことから本節では、保育所等において生活困難家庭を支援する役割の重視につながる関連要因を、保育者、園長、園の組織風土という観点から検討し、組織的対応を効果的にするためのアプローチについて考察するものとする。子ども家庭支援のための「行為」ではなく「重視」に着目する理由として、支援の実施という行為は、必要に迫られて行っていることのみを把握してしまう恐れがあるのに対して、「重視」は、現在困難事例に対応している場合に加え、今は困難事例に対応していなくとも、その意義を認め、常に行動できるよう努めている状態を意味し、予防的な視点をも捉えられると思われたためである。また、園長のリーダーシップの影響を含めて検討することから、園長自身による子ども家庭支援に関する役割は分析から省き、保育者による役割に焦点を当てていくものとする。

6.4　調査の概要と使用する変数

本節では、本調査で得られたデータを分析する。使用する変数は以下のと

おりである。また分析の枠組みを**図5-7**に示した。従属変数として用いる項目は、前節で示した子ども家庭支援の具体的役割79項目である。独立変数としては、園属性、保育者要因として、勤務形態・職階（以下、職階等）、保育経験年数、生活困難保護者への支援の必要性の認識（以下、支援の必要性の認識。「とても必要だ」4点から「全く必要ない」1点まで4段階評価）、生活困難家庭支援のための研修（地域貢献支援員養成研修。本章第1節、第2節を参照）の受講の有無、職階等は、主任、担任、地域担当、非常勤とし、当てはまる場合は1、当てはまらない場合は0を与えるダミー変数とし、担任をリファレンスカテゴリーとした。研修受講の有無は、受講中・受講経験ありを「1」、受講経験なしを「0」のダミー変数とした。

　園長要因として、保育経験年数、支援の必要性の認識、園長のリーダーシップ（保育者の回答による得点）を設定した。園長の保育経験年数、支援の必要性の認識については、園長票から得られた得点を同一園の保育者に付加することとした。園長のリーダーシップについては、三隅[15]によるリーダーシップPM行動論を参考に6項目設定し、4段階で評価を得ている。PM理論を参考とした理由は、P機能（Performance：集団における目標達成）とM機能（Maintenance：集団の維持）の両方が強いPM型は、最も効果的に成果につながると報告されており、こ

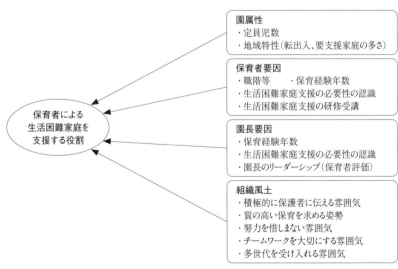

図5-7　分析の枠組み

の二つの軸は、非常に頑強なものであるともいわれているからである[16]。さらに、この古典的な2軸は、近年関心を集める変革型リーダーシップの理論においてさえ、その基盤に見え隠れするとも指摘されている。また、保育所における園長のリーダーシップに関して、PとMの両機能が求められているという報告[17]もあることから、本節ではPM理論に基づく項目を設定することとした。なお、具体的な項目作成については、三隅[18]、高原・山下[19]を参考にした。リーダーシップ行動の測定に際しては、リーダー本人による自己評定は信頼性が低いことから[20]、保育者による評定を園長のリーダーシップ得点として採用している*。

　組織風土としては、多様な雰囲気や組織文化があるものと推察されるが、積極的に保護者に伝える項目（保育の意図やねらいを、積極的に保護者に伝えようとする雰囲気）、質の高い保育を求める項目（職員全体に、質の高い保育を求める姿勢）、努力を惜しまない項目（職員全体に、専門性向上のための努力を惜しまない雰囲気）、チームワークに関する項目（職員間のチームワークを大切にする雰囲気）、多世代の受け入れに関する項目（在園時以外の家庭や高齢者、地域の人々を積極的に受け入れる雰囲気）を設定し4段階で評価を得た**。

　統計解析は、IBM SPSS Statistics23.0 for Windowsを用い、有意水準は5％未満とした。

6.5　生活困難家庭を支援する役割に影響する要因

6.5.1　本調査における園長および保育者の属性

　第3節の内容と一部重複するが、本節での分析結果を明確に捉えるために、あえて再掲するものとする。園長は50代が最も多く、半数は生活困難家庭支援のための研修（地域貢献支援員養成研修）を受講している。支援の必要性の認識について、「とても必要」とする園長は4割程度である。保育者には、主任保育者、担任、地域担当、非常勤保育者が含まれており、40代が最も多く、10年以

＊　園長のリーダーシップ得点は、各項目について「いつもしている」4点、「時々している」3点、「あまりしていない」2点、「全くしていない」1点の4段階評価とした。具体的項目は表5-12参照。
＊＊　組織風土は、各項目について「非常にある」4点、「少しある」3点、「あまりない」2点、「全くない」1点の4段階評価とした。

上の保育経験を有する者が約7割を占めている。保育経験を積んだ保育者からの回答と判断される。3割強が生活困難家庭支援のための研修を受講しており、支援の必要性の認識について「とても必要」とする保育者は4割程度であった。

6.5.2　生活困難家庭の支援に関する役割項目^{表5-11}

　保育者票から、子ども家庭支援の具体的役割79項目について、因子分析を行った（主因子法、プロマックス回転）。初期の固有値から、因子構造を確認したところ、第1因子の固有値が33.760、説明率は43.3％であった。さらに回転前の因子行列では、すべての因子負荷量が0.3を超えており、1因子構造と捉えてよいのではないかと判断された。第1因子に関する因子負荷量の高い項目から、項目特性が重ならないように10項目抽出し、主成分分析を行い、因子得点を算出した。初期の固有値5.779、説明率は57.8％となった。同様に79項目についても因子数を1として主成分分析を行い、因子得点を算出した。得られた79項目の因子得点と10項目の因子得点について相関分析を行ったところ、相関係数は0.958となり、高い相関が得られた（p＜.000）。よって、今後の分析においては抽出された10項目を「子ども家庭支援に関する役割項目」として採用し、以後、この因子得点を「子ども家庭支援の役割得点」と表記する。

表5-11　主成分分析による成分行列

子ども家庭支援に関する役割項目	成分1
(11) 相談体制の整備：早期発見に対する知識を持つようにする	.616
(36) 事前評価：職員が持つ情報を集約する	.608
(38) 事前評価：得られた情報を整理する	.638
(46) 支援計画の作成：対応策を検討する	.838
(50) 支援計画の作成：職員の役割分担を調整する	.805
(53) 保護者への支援：保護者に助言する	.757
(55) 保護者への支援：保護者に今後の対応を説明する	.815
(66) 評価：支援の目標が達成されたか評価する	.817
(69) 評価：関係機関との連携がうまくいったか評価する	.830
(72) 改善：改善の必要がある場合は、支援の目標を変更する	.823

固有値　5.779　　　α係数　0.918

6.5.3　園長のリーダーシップ得点[表5-12]

　保育者票から得られた園長のリーダーシップに関する6項目について、因子分析を行った（主因子法、プロマックス回転）。その結果、1因子が抽出された。算出された因子得点を、園長のリーダーシップ得点とした。

6.5.4　生活困難家庭への支援を支える要因（相関分析）

　生活困難家庭の支援につながる関連要因を明らかにするため、子ども家庭支援の役割得点と、園の属性（利用定員、転出入の多さ、要支援家庭の多さ）、保育者要因（職階等、保育経験年数、支援の必要性の認識、研修受講の有無）、園長要因（保育経験年数、支援の必要性の認識、園長のリーダーシップ）、組織風土（積極的に保護者に伝える、質の高い保育を求める、努力を惜しまない、チームワークを大切にする、多世代を受け入れる）との関連について相関分析を行った[表5-13]。

　その結果、子ども家庭支援の役割得点と関連するものは、園属性としては、地域の要支援家庭の多さ、保育者要因では、職階ダミー（主任）、職階ダミー（非常勤）、保育経験年数、支援の必要性の認識、生活困難家庭支援のための研修受講、園長要因では、支援の必要性の認識、園長のリーダーシップ得点、組織風土では5項目すべてにおいて、5%水準の相関が認められた。

　特記すべきこととして、研修受講の有無と職階等の関係がある。主任では、研修受講について、中程度の正の相関が認められ、非常勤においては弱い負の相関が認められた。さらに保育経験年数とも中程度の正の相関が認められ、保育経験が長い保育者のほうが、生活困難家庭支援のための研修を受講

表5-12　因子分析（主因子法）

園長のリーダーシップ	因子1
(1)何を、どのようにすべきかを具体的に決定すること(P)	.754
(2)達成すべき目標を職員に示すこと(P)	.805
(3)保育のプロセスや業務の進み具合について報告を求めること(P)	.737
(4)職員を励ますこと(M)	.838
(5)職員の意見や関心に耳を傾けること(M)	.775
(6)仕事ぶりについて評価を伝えること(M)	.809

固有値　4.093　　　α係数　0.906

注:表中の(P)はP機能、(M)はM機能を指す。

表5-13　子ども家庭支援の役割得点と各要因との相関係数

	子ども家庭支援の役割得点	園1 定員児数	園2 転出入の多さ	園3 地域の要支援家庭の多さ	保1 勤務形態ダミー(主任)	保2 勤務形態ダミー(地域)	保3 勤務形態ダミー(非常勤)	保4 保育経験年数	保5 必要性の認識	保6 家庭支援の研修受講	園長1 保育経験年数	園長2 必要性の認識	園長3 リーダーシップ得点	組織1 保護者に伝える	組織2 質の高い保育	組織3 努力を惜しまない	組織4 チームワークを重視	組織5 多世代を受け入れる
子ども家庭支援の役割得点	1																	
〈園要因〉																		
園1 定員児数	-.042	1																
園2 転出入の多さ	.034	.014	1															
園3 地域の要支援家庭の多さ	-.081*	-.030	.259**	1														
〈保育者要因〉																		
保1 勤務形態ダミー(主任)	.129**	-.007	-.010	.001	1													
保2 勤務形態ダミー(地域)	.029	.010	.009	-.017	-.332**	1												
保3 勤務形態ダミー(非常勤)	-.215**	.002	.008	.010	-.349**	-.303**	1											
保4 保育経験年数	.083*	.083*	.056	.032	.322**	.038	-.170**	1										
保5 必要性の認識	.258**	-.003	-.040	-.127**	.057	.066*	-.096*	-.040	1									
保6 生活困難家庭支援の研修受講	.134**	.078*	.022	.006	.426**	.070*	-.385**	.408**	.042	1								
〈園長要因〉																		
園長1 保育経験年数	.056	-.035	.102**	.011	-.019	.020	.013	-.001	.094**	-.029	1							
園長2 支援の必要性の認識	.135**	-.013	-.102**	-.219**	.025	-.006	-.011	-.005	.156**	.041	.118**	1						
園長3 園長のリーダーシップ得点	.245**	-.088*	.007	-.048	.070*	-.008	-.019	.007	.118**	.010	.118**	.098**	1					
〈組織風土〉																		
組織1 積極的に保護者に伝える雰囲気	.224**	-.028	-.051	-.052	.039	.030	.007	.117**	.123**	.064*	.015	.091**	.456**	1				
組織2 質の高い・保育を大切にする雰囲気	.183**	.021	-.030	-.032	.090**	.026	-.020	.123**	.107**	.091**	.045	.100**	.478**	.533**	1			
組織3 努力を惜しまない雰囲気	.176**	.009	-.016	-.036	.041	.030	.036	.146**	.118**	.059	.045	.082*	.423**	.537**	.685**	1		
組織4 チームワークを大切にする雰囲気	.239**	.006	-.001	-.015	.070*	-.005	-.029	.094**	.084**	.026	.019	.058	.383**	.372**	.445**	.507**	1	
組織5 多世代を受け入れる雰囲気	.235**	-.032	.008	-.103**	-.034	.054	.057	.055	.131**	-.032	.115*	.184**	.338**	.377**	.347**	.372**	.376**	1

注：「地域の転出入の多さ」「地域の要支援家庭の多さ」については、「とても多い」1点、「やや多い」2点、「あまりいない」3点、「全くいない」4点としている。数値は、Pearsonの相関関係数を示す。*p＜0.05、**p＜0.01

していることも読み取れた。その他、園長のリーダーシップ得点は五つの組織風土と、弱い、あるいは中程度の正の相関があることが認められた。

6.5.5　生活困難を抱える家庭への支援を支える要因（重回帰分析）

　次に、子ども家庭支援の役割得点を従属変数、有意な相関係数が認められた変数を独立変数として、重回帰分析（ステップワイズ法）を行った^{表5-14}。分析の結果、分散分析の有意確率は $p = 0.000$（F (6,689) = 24.067）であり、決定係数R^2値は0.173、調整済みR^2値は0.166であった。独立変数においては、保育者要因の職階ダミー（非常勤）、支援の必要性の認識が有意な関連因子として抽出された。園長要因では、園長の支援の必要性の認識、園長のリーダーシップ得点において、また組織風土では、「保育の意図やねらいを、積極的に保護者に伝えようとする雰囲気」「職員間のチームワークを大切にする雰囲気」において有意な関連が認められた。

6.6　本分析からみえてくるもの

6.6.1　生活困難を抱える家庭への支援に関する役割

　すでに述べたように、子ども家庭支援の具体的役割79項目は、各家庭の生活困難（家庭の維持・継続を難しくするような困難）に対応するために、保育所等内でど

表5-14　子ども家庭支援の役割得点を従属変数とした重回帰分析

独立変数	標準化係数（β）
《保育者要因》	
職階ダミー（非常勤）	-.188***
生活困難保護者への支援の必要性の認識	.157***
《園長要因》	
生活困難保護者への支援の必要性の認識	.093**
園長のリーダーシップ得点	.113**
《組織風土》	
積極的に保護者に伝える雰囲気	.113**
チームワークを大切にする雰囲気	.127**

R=.416、R^2=.173、$\varDelta R^2$=.166

;p < 0.01、*;p < 0.001

のような役割分担が必要かについての自由記述を整理し、さらに積極的に保護者支援を実施する園長および主任からの意見を踏まえて作成されたものである（第5節参照）。もともとの79項目には、子どもの日常的な観察や相談体制の整備、保護者との関係形成など、生活困難を早期に発見し対応する前提となる役割も含まれているが、因子分析の結果、それら多岐にわたる役割項目は、1因子構造とみなしてもよいものと判断された。

このことは、生活困難を抱える家庭への支援においては、それぞれの役割が独立しているというよりも、相互に役割を絡ませながら、一連の役割群として重視することが求められているといえる。言い換えれば、生活困難家庭の支援プロセスは、誰かが支援課題を発見したら、すぐさま他機関につないで終了する、という性質のものではなく、職員間で相互に情報を収集し、課題について丁寧にアセスメントを行い、職員の役割調整を経て具体的支援へと移行し、その後の見守りをも大切にするといった、非常に息の長い取り組みであるともいえる。これらのプロセスが1因子にまとまるということ自体、生活困難を抱える家庭への支援が、組織的な取り組みを必要としていることを意味しているといえる。

6.6.2　職階等による役割の相違

職階等による影響については、非常勤の保育者の場合に、子ども家庭支援の役割が重視されていないことが明らかとなった。生活困難家庭支援のための研修の受講の有無との関連でも、非常勤の保育者は明らかに受講が少ないことがわかった[*]。研修の機会が制限されていることは、非常勤の保育者が困難家庭を早期に発見することを難しくするとともに、その後の対応の重要性が十分に認識されていない可能性を示唆する。

また、小尾によれば、東京都A区の保育所の非正規職員には、短時間で補助的な勤務を担う勤務形態の「特例パート」と、高い専門性を必要とする職務を担い、長時間勤務する「非常勤の保育者」の二種類が存在するという。長時間

---

[*]　保育者の研修機会の差については、全国調査においても指摘されている（全国社会福祉協議会・全国保育協議会編（2017）全国保育協議会　会員の実態調査　報告書2016.社会福祉法人全国社会福祉協議会・全国保育協議会を参照のこと）。

勤務する非常勤の保育者であっても、園全体の会議やクラスの打ち合わせの参加、保護者との懇談会への参加等は免れているとされ、そのような職務内容では、配慮しなければならない子どもの状況や家庭背景などについて、正規の保育者と同じ情報を共有することが難しく、結果として保育に支障をきたすことにつながると指摘される[21]。さらに、保育者の感情労働について検討した神谷は、親に対する否定的感情の隠蔽のパスは、正規職員と非常勤職員で異なることを明らかにし、職場におけるバックアップ体制が関与している可能性を指摘した[22]。各種会議への参加を職務としない非常勤の保育者にとっては、情報の共有が困難であるだけでなく、ほかの職員からのサポートを依頼することも難しい状況がうかがえる。

　今回の調査においては、非常勤の保育者たちが、短時間の補助的な勤務か、長時間の勤務であるかは把握していない。だが、いずれにしても明らかな研修受講の機会の少なさ、正規保育者と情報を共有する機会の制限、正規保育者との役割と責任の乖離が非常勤の保育者にとっての職員間の支え合いを阻害している可能性などがうかがえ、そもそも非常勤の保育者にとっては、生活困難を抱える子どもや保護者を支援することに、関心を寄せられない状況におかれているとも考えられた。

6.6.3　支援を支える「支援の必要性の認識」

　保育者の支援の必要性の認識が、子ども家庭支援の役割と関連していることが明らかになった。また、保育者の支援の必要性の認識は、地域における要支援家庭の多さ、園長要因、組織風土との相関で有意差が認められているが（いずれも p＜.01）、相関係数としては r＝.08〜.156 と、「弱い相関」といえるほどのものでもなかった。おそらく、それぞれの保育者によって、影響を受ける要因が異なっているものと思われる。地域課題に直面して支援への思いを強くする者、園長の「信念」から影響を受ける者、組織風土から自らの支援観を醸成していく者、さらには自身のこれまでの経験から、生活困難家庭への支援の必要性を強く認識する者もあるだろう。自らの「信念」ともいえるような支援に対する認識をもった保育者が、子どもの異変とともに家庭のしんどさや困難な状況を読み取るとき、「自分（たち）にできることは何か」を模索し、それ

ら役割の重要性を意識することは、ある意味、当然のプロセスといえる。

　園長による支援の必要性の認識もまた、保育者の子ども家庭支援の役割得点に影響を及ぼしていることがわかった。園長の支援の必要性の認識は、園長個人のものとしてとどまるものではなく、おそらく、組織全体の支援方針として具体化され、保育者たちに伝搬されるものとなる。それは、保育者が担うそれぞれの役割の重要性を確認、共有、強化させることにもつながり、やがて組織全体の「〜のために大切な役割」として浸透していくものと考えられた。

　一方、保育者の子ども家庭支援の役割得点に及ぼす影響において、園長の必要性の認識は保育者のものよりも弱いことが析出されている。これは、深刻な事例に最初に直面するのは、日々、子どもや家族に直接かかわる保育者であり、保育者たちの発見から実際の支援が動き出すという側面も考えられる。また今回の分析では、保育者から得られた回答を従属変数、園長から得られた回答を独立変数としていることから、園長の認識が弱く析出されたとも考えられる。しかし園長と保育者といった、それぞれ別の者からの回答が有意な関連を示したことは、組織内の相互作用を考えるうえで大きな意味をもつ。保育所等における生活困難を抱える家庭への支援において、園長の認識が非常に大きな影響力をもち、組織としての効力を発揮することが、動かしがたい結果として提示されたといえる。

6.6.4　園長のリーダーシップと二つのパス

　PM理論をもとに質問項目を作成した園長のリーダーシップは、今回の分析では、P機能、M機能と因子が二つに分かれることなく、両機能を併せもった1因子構造として抽出された。リーダーシップを測るための項目が6項目と少なかったこと、あるいは保育所等におけるリーダーシップはPM型かpm型かをその特性とすることも考えられる。Siraj & Halletは、保育におけるリーダーシップの独自性として、階層によるものでなく、協働的で、関係性の上に成り立ち、相互に影響し合うようなもの[23]、と位置づけているが、これをPM理論に置き換えてみると、目的やビジョンを共通のものとして明確に示すP機能とともに、認め、励ましながらメンバーに気を配るM機能を併せ

もつものといえる。今後のさらなる研究が期待されるところであるが、保育におけるリーダーシップの独自性によって、PMの両機能を統合させたリーダーシップが抽出された可能性も考えられる。

　園長のリーダーシップは、保育者の子ども家庭支援の役割得点に影響を及ぼすものとして示された。Siraj & Halletは、明確なビジョンがなければ、一つの組織に属していても、ばらばらのことをしたり、相反する取り組みをしてしまったりすることを示唆し、効果的なリーダーシップとして「方向性を与えること」を指摘している[24]。同様のことが生活困難を抱える家庭への支援についても指摘できる。つまり、先述のとおり生活困難を抱える保護者への支援に対する必要性の認識は、保育者の間でしっかりと共有されているとは言い難く、組織におけるビジョンや方針があいまいなままでは、ある保育者は保護者に対して指導的になったり、ある保育者は放任したりと、一貫した対応は望めない。園長によるリーダーシップの発揮から、その方向性が共通のものとして構築され、示されていくことで、自分たちの役割として何を重視し、どのように行動化していくべきかが、おのずと見えてくるものと思われる。

　さらに、園長のリーダーシップは、組織風土に関する5項目すべてとの関連において、弱い～中程度の正の相関を示していることも明らかになった。Siraj & Halletは、職員が教育と学びの質を向上させようとする意欲をもち続けるには、リーダーの役割が非常に重要であることを指摘しているが[25]、今回取り上げた組織風土の項目のうち、質の高い保育を求める雰囲気、努力を惜しまない雰囲気などは、保育の過程の質と直結するものであり、こうした組織風土の醸成には、園長のリーダーシップによる影響が大きいことが量的にも実証されたことになる。

　また相関分析においては、園長のリーダーシップは子ども家庭支援の役割得点よりも、組織風土との相関が高いことが認められている。その後の重回帰分析において、子ども家庭支援の役割得点に影響する要因として園長のリーダーシップが抽出されてはいるが、これらの分析結果から勘案するに、保育者の子ども家庭支援の役割得点に影響する道筋としては、園長のリーダーシップが直接影響を及ぼすものと、園の組織風土の醸成を介在させ間接

的に子ども家庭支援を促進させるものがあると推察される。Siraj & Hallet
も、効果的なリーダーは間接的であるけれども強い影響力を使って、組織の
パフォーマンスを向上させていることを指摘しているが[26]、今回の分析結果
は、この知見をも支持することとなった。

6.6.5　保護者に伝えようとする風土とチームワークの重要性

　子ども家庭支援の役割得点に影響する組織風土は、積極的に保護者に伝え
ようとする雰囲気と職員間のチームワークに関するものであった。保護者に
保育の意図やねらいを積極的に伝えようとする組織風土そのものは、表面的
には保護者に園の保育の理解を促すことと捉えられる。しかし子ども家庭支
援の観点からすれば、その行為自体が、保護者の反応を読み、相互の交流を促
進し、保護者に応じた伝え方を試行錯誤するものとなり、それぞれの家庭生
活を理解する糸口を日常的に捉えていることとなる。家庭に対する支援を重
視する姿勢は、自ずと保護者と積極的にかかわる姿勢につながるものと思わ
れ、実際に家庭生活の変化や支援ニーズをいち早く察知することにもなろ
う。支援が展開される際にも、日常の緊密な関係性を基盤に、助言や説明、情
報の共有が行われていることが予想される。

　職員間のチームワークを大切にする雰囲気も、子ども家庭支援の役割得点
に影響するものであった。生活困難を抱える家庭には他人には知られたくな
い、指摘されたくない問題が潜んでいることも多く、そうした複雑な状況が
絡みあう事例においては、特に保護者とのコミュニケーションが難しくな
る。担任一人で保護者に対応することは難しく、子どものことは○○の担当、
家庭の話は△△、重要な判断を伴う話の場合は□□などと、組織内で役割を
調整することの必要性も予想される。また、重要な情報を速やかに共有した
り、保護者対応に負担を強める保育者を後方支援したりする役割が求められ
ることもあろう。こうした取り組みは、チームワークが機能して初めて可能
となるものであり、生活困難を抱える家庭支援を重視するにあたって職員間
のチームワークは非常に重要なものであるといえる。

6.6.6　子ども家庭支援の役割に影響しない要因

　今回の分析では、地域特性は子ども家庭支援の役割を重視することに影響しないことが明らかになった。地域のなかに生活困難家庭の存在があるからといって、園の取り組みとしてすぐさま役割の重視につながるのではなく、ほかの要因がより強く機能することがうかがえた。

　また保育者や園長の保育経験年数と子ども家庭支援の役割を重視することにも関連が認められなかった。これについては、利用者対応や他機関連携を含む地域子育て支援の業務は、乳幼児を主な対象とする「保育」業務とは明らかに異なるとの見解もあり[27]、生活困難家庭の支援においても、これまでの保育業務とは異なる観点が必要とされていると捉えられる。

　さらに、研修受講も、子ども家庭支援の役割に影響を及ぼすものではなかった。研修での学びは、一人ひとりの子ども家庭支援に対する知識・技術を向上させるが、子ども家庭支援の役割が園長のリーダーシップや組織風土に強く影響されていることを考えると、ある保育者が研修を受講したからといって、すぐさまその意義や体制を組織のなかに浸透させられるものでもない。ただ、園内の研修受講者が幾人かになり、地域や家庭のニーズを読み取り、組織の風土をリードしていこうと変革の兆しをみせるなら、やがてそれは効果的な子ども家庭支援の実践として展開されていくものと期待されよう。

6.7　園長のリーダーシップと子ども家庭支援

　保育所等において生活困難家庭を支援する役割につながる関連要因を、保育者、園長、園の組織風土という観点から検討した。その結果、保育者の職階等（ここでは常勤か非常勤か）が最も強く影響していることがわかった。保育者が非常勤の場合に子ども家庭支援の役割をあまり重視していないことが析出され、今後、保育者の同一労働同一賃金の問題も併せて検討することが必要と思われた。また、保育者および園長の生活困難保護者への支援の必要性の認識、園長のリーダーシップが子ども家庭支援の役割に影響していることも明らかになった。支援の必要性の認識については、現在、十分に共有されている

とはいいがたく、それをどう共通の問題としていくかも検討すべき課題となる。さらに園長のリーダーシップ得点は園の組織風土とも強い相関が認められたことから、園長のリーダーシップが直接保育者の子ども家庭支援に影響を及ぼす側面と、園の組織風土の醸成を介在させ間接的に子ども家庭支援を促進させる側面があるものと考えられた。ただし園長のリーダーシップを生活困難家庭への支援に有効に機能させるためには、園長自身の支援の必要性の認識が前提として非常に重要となることを忘れてはならない。生活困難家庭を支援する組織風土としては、積極的に保護者に伝える風土やチームワークを大切にする風土が影響していることが指摘された。生活困難家庭を効果的に支援するためには、保育者が研修を受講するだけでは不十分であり、園長は、自らリーダーシップを発揮し、保護者との連携やチームワークを大切にする組織風土の醸成にも関心を向ける必要があることが示唆された。

　本研究の課題として、重回帰分析におけるR^2の値の小ささが指摘される。今回のR^2値は0.173、調整済みR^2値は0.166とその説明率は20％を切り、本分析の枠組みは、十分なモデルであったとはいいがたい。園長のリーダーシップや必要性の認識、組織風土よりも強い影響力を持つ要因がほかにあるとも考えられる。さらに調査項目となった「保育経験年数」については、その意味するところについて詳細な説明を付せずに調査を実施した。そのため保育経験をもとにした分析や考察においては、あいまいさが残り、十分とはいえない面もある。特に私立園においては、保育実践を経ずして園長になるなどの事例もあり、公立園（所）との違いも予想されるところである。

　さらに、インタビュー調査などの実施から、組織構造の内実がどのようになっているのか、保育者の支援の必要性の認識がいかなるプロセスで形成されていくかなどを明らかにすることも、今後の課題となろう。近年、ミドルリーダーの役割や分散型リーダーシップにも関心が寄せられている。生活困難を抱えた家庭に対して、効果的な支援が展開されるにはどのようなリーダーシップが発揮されるべきか、園長以外の職員を含めて検討することも課題である。

引用文献

1 厚生労働省(2017)保育所保育指針

2 厚生労働省編(2018)保育所保育指針解説. フレーベル館. 336

3 同上. 331

4 今堀美樹(2005)保育ソーシャルワーク研究——保育所におけるスーパービジョンの適用方法をめぐって. 神学と人文. 45. 147-154

5 橋本真紀(2011)家庭支援の展開過程. 橋本真紀・山縣文治編. よくわかる家庭支援論. ミネルヴァ書房. 72-73

6 土田美世子(2012)保育ソーシャルワーク支援論. 明石書店. 158-159

7 山本佳代子(2013)保育ソーシャルワークに関する研究動向. 山口県立大学学術情報(6). 49-59

8 望月初音・北村愛子・大久保ひろ美ほか(2008)子ども虐待の早期発見・予防に関する研究. つくば国際大学研究紀要(14). 175-188

9 黒川祐貴子・青木紀久代・山崎玲奈(2014)関わりの難しい保護者像と保育者のバーンアウトの実態. 小児保健研究73(4). 539-546

10 Committee on the Rights of the Child (2005) GENERAL COMMENT No. 7 Implementing child rights in early childhood(平野裕二訳(2005)一般的意見7号 乳幼児期における子どもの権利の実施. 第40会期採択). https://www.nichibenren.jp/library/ja/kokusai/humanrights_library/treaty/data/child_gc_ja_07.pdf (20190910情報取得)

11 Robbins, S. P. (2005) Essentials of Organizational Behavior, Pearson Education.(高木春夫訳(2009)組織行動のマネジメント. ダイヤモンド社. 5)

12 Yukl, Gray. (1994) Leadership in Organizations. 3th ed. Prentice Hall.3

13 Rodd, J. (2006) Leadership in Early Childhood: 3rd ed., Maidenhead: Open University Press.(民秋言監訳(2009)保育におけるリーダーシップ. あいり出版.11)

14 秋田喜代美・淀川裕美・佐川早季子ほか(2016)保育におけるリーダーシップ研究の展望. 東京大学大学院教育学研究科紀要. 56. 283-306

15 三隅二不二(1986)リーダーシップの科学. 講談社

16 金井壽宏(2005)リーダーシップ入門. 日本経済新聞出版社. 219

17 渡辺桜(2000)園内での保育実践力向上のための基礎的研究. 愛知教育大学幼児教育研究(10). 33-40

18 前掲15. 90-92

19 高原龍二・山下京(2004)質問紙法による日本の産業場面における状況対応的リーダーシップモデルの研究. 対人社会心理学研究4. 41-49

20 前掲16. 218

21 小尾晴美(2010)地方自治体の非正規職員の職務内容と労働条件. 社会政策1(4). 75-86

22 神谷哲司(2013)保護者とのかかわりに関する認識と保育者の感情労働. 保育学研究51(1). 83-93

23 Saraj-Blatchford, I., & Hallet, E. (2014) Effective and Caring Leadership in the Early Years, SAGE Publications. (秋田喜代美監訳(2017)育み支え合う保育リーダーシップ. 明石書店. 29)

24 同上. 53

25 前掲23. 129

26 前掲23. 129

27 中谷奈津子・橋本真紀・越智紀子ほか(2010)地域子育て支援拠点事業専従保育士の業務内容の定量的分析. 子ども家庭福祉学(10). 47-57

Section 7

保育所等が生活困難家庭への支援を
実施する利点と課題

7.1 生活困難家庭への支援の課題を明確にするために

　保育所等では、保護者の抱える幅広い子育て課題に対応する。そして深刻な課題ほどその背景に子育て以外の生活困難が潜んでいることが多く、保育所等ではソーシャルワークに関する知識や技術を援用しながらさまざまな生活困難に対応していくことが求められている。

　保育所等の生活困難家庭への支援のあり方に関しては、大阪府社会福祉協議会保育部会が主催する「保育園における地域貢献事業」が参考になる。この事業の詳細はすでに本章前半において述べてきたが、在園家庭への支援に加えて、地域子育て支援や地域福祉事業を積極的に展開する事業であり、子育てに限らずさまざまな地域住民の悩みに当たり相談活動や支援、適切な関係機関へのつなぎなどを行う事業である。子育て以外の生活困難に関する相談業務をも想定しているため、本事業の主な担い手となる「地域貢献支援員（スマイルサポーター）」の養成研修においては、ソーシャルワークを基盤にした内容が多く含まれている。

　地域貢献事業については、その有効性も確認されつつ、一方で課題もあることが推測される。そこで本節では、この事業を保育所等が実施する際の利点、問題と課題を明らかにすることを通して、保育所等における生活困難家庭への支援を実施するにあたっての示唆を得ることを目的とする。

7.2　地域貢献事業の利点および問題と 今後の課題を明らかにするための調査

　地域貢献事業の利点および問題と今後の課題を明らかにするために、本調査を活用した。具体的には、「地域貢献事業を展開する利点は何か」「地域貢献事業を展開する上での今後の課題は何か」について自由記述による回答を求め、その内容を分析した。

　分析は、以下の手順で実施した。①回答のあった項目を、利点、問題あるいは課題として一つの意味のまとまりになるように分けた。その際、感想のみ、あるいは意味の読み取れないものを除いた。②①の手続き後、抽出したものを、意味内容の類似性に基づいて分類した。

7.3　地域貢献事業を実施することの利点

　716人分の自由記述から、意味のまとまりになるように分けた結果、928の内容が抽出された。928の内容から、感想のみのものと意味の読み取れないもの81を除いた、847の内容を分析した。847の内容を、その意味内容の類似性に基づいて分類した結果、26項目に分類された。そのうちの上位5項目を**表5-15**に示す。

　地域貢献事業を実施する利点で最も多い「身近な相談場所として保護者に安心感を与えたり、問題を解決したりする」項目では、地域貢献事業を実施することで、保育所等を利用している保護者に加えて、地域の子育て家庭や地域住民にとっても身近な相談場所として認識されるようであった。枠内に自

表5-15　地域貢献事業を実施する利点

順位	内容	数
1	身近な相談場所として保護者に安心感を与えたり、問題を解決したりする	122
2	地域の子育て家庭や地域住民に保育所・認定こども園のことを理解してもらえる	111
3	地域の子育て家庭同士（親同士・子ども同士）が交流や仲間づくりができる	106
4	地域で子育ち・子育てを見守ったり、支えたりする態勢ができる	53
5	地域住民との交流が広がる・協力関係が深まる	51

由記述の一部を紹介する。

> ・誰に相談していいのか悩まれている保護者の方がやはり最近は多くみられるので、保護者の立場からは、通園している保育園で相談できたり、気軽に話ができることがよいと思う。
> ・地域貢献事業を行うことで、今までより、相談しやすい環境になっている。
> ・地域とのつながりができて、近隣の方が気軽に相談に来れる窓口として機能していけるのではないかと思う（役所まで行くということが少し気が向きにくい方もいらっしゃるようなので…）。

　2番目に多かった「地域の子育て家庭や地域住民に保育所・認定こども園のことを理解してもらえる」では、地域貢献事業を行うことで、地域の子育て家庭や地域住民に対して当該保育所等の理念や方針、保育内容、子どもの様子、施設そのものなどを理解してもらえる機会という利点が浮かび上がった。

> ・地域の保護者とのかかわりをもつことで、保育園への理解も深めてもらえる。
> ・施設の活動を地域の方々に理解してもらえる。
> ・保育園の生活、子どもの発達や生活習慣、おおよその育ちの姿などを、園児を通して理解してもらうのに有効であると思う。

　3番目に多かった「地域の子育て家庭同士（親同士・子ども同士）が交流や仲間づくりができる」項目は、園庭開放や各種行事・イベント、地域子育て支援拠点事業などを行うことで、地域の子育て家庭同士の交流を促進できるメリットが明らかになった。

> ・核家族化も進み、近所づき合いのない生活のなかでは、地域のサークルや行事に参加したり、行事のなかで交流をもつことで、心の育ちにもつながると思うので、どんどん参加する方向へ考えている。
> ・園庭開放を月に3〜4回程度行っています。近所に同世代のお子さんがおられない方も、園にお越しいただくことでお母さん同士の交流の場にもなりますし、また、安心して遊んでいただける場所の提供にもなっていると思います。気軽に普段の悩みなども打ち明けていただける場にもなっていると思います。

その他、「地域で子育ち・子育てを見守ったり、支えたりする態勢ができる」「地域住民との交流が広がる・協力関係が深まる」項目が挙げられた。

7.4　地域貢献事業を展開するうえでの問題と今後の課題

627人分の回答を対象に、意味のまとまりになるように分けた結果、729の内容が抽出された。そこから感想や意味の読み取れないもの94を除き、635の内容が浮かび上がった。そのうち「問題」にかかわるものが239、「今後の課題」に関するものが396であった。ここでいう「問題」とは理想の状態からかけ離れている状態、「今後の課題」とは問題を解決するための目標と捉えている。これらを分けることにより、「問題」という解決すべき対象と、「今後の課題」という「問題」を解決するための対策を明確にすることができると考えたためである。

それらの内容を意味の類似性に基づいて分類した結果、問題が18項目、課題が18項目に分類できた。それぞれ上位5項目を表に示す。

7.4.1　地域貢献事業を実施するうえでの問題

まず「問題」に関する項目から説明していく[表5-16]。地域貢献支援事業を展開するうえでの問題で最も多かったのは、「地域貢献事業を実施するための園内体制が不十分である」項目で、事業を実施するための人手・人材不足、保育業務との両立が難しいという時間不足、部屋や場所がないという物理的な環

表5-16　地域貢献事業を実施するうえでの問題

順位	内容	数
1	地域貢献事業を実施するための園内体制が不十分である	77
2	来園できない人や支援を必要とする人に支援ができていない	35
3	地域貢献事業が保護者や地域住民に知られていない	21
4	地域貢献事業を実施すること自体が負担が大きく困難である	20
5	支援を必要とする子育て家庭の把握ができていない	16
5	利用者の対応に難しさを感じる	16

境が不十分なこと、地域貢献事業を担当しない職員からの理解を得られない
などが挙げられた。

・多面的に取り組む必要（不登校児や放課後学童の受け入れ、育児不安の母親支援、老人と
の交流など）があるが、人材不足、補助金が絶対的に不足。
・職員体制で十分でないため、主任が担当を兼任になり、どうしても月2〜3回の取り組みになって
います。また、施設面でも独立した部屋がとれず、保育室の調整に苦労しています。専任担当者
が配置できる公的保育や、施設整備が必要だと思います。
・職員でも地域貢献事業に関してまったくかかわりがない、かかわる人が決まっているため無関心な
ところがある。

　次に多かったのが「来園できない人や支援を必要とする人に支援ができて
いない」項目で、子育て支援以外の事業が実施できていないことや、利用して
ほしい人が来園せず支援ができていないことなどが示された。

・園児の家族のことは、まだ見えやすく、支援しやすいが、地域の方（利用されていない）の困難家
庭が見えにくいので、難しい。
・本当に支援の必要な地域の保護者には、地域貢献事業をしているという情報が届きにくいこと。
・本当に支援の必要な人、育児のことで悩んでいる人たちが利用できているかわからない。本当に
必要な人はなかなかこのような場に出られないのではないか。

　3番目に多かったのが「地域貢献事業が保護者や地域住民に知られていな
い」項目で、地域貢献事業や地域貢献支援員の認知度の低さが明らかになっ
た。そして、「地域貢献事業を実施すること自体が負担が大きく困難である」
「支援を必要とする子育て家庭の把握ができていない」「利用者の対応に難し
さを感じる」項目が続いた。

7.4.2　地域貢献事業を実施するうえでの今後の課題

　「課題」としては、どのようなことが挙げられているのだろうか。[表5-17]
　地域貢献支援事業の今後の課題で最も多かったのは、「来園しない要支援
者への支援方法を開発する」項目で、来園できない要支援者への支援方法や

表5-17 地域貢献事業を実施するうえでの今後の課題

順位	内容	数
1	来園しない要支援者への支援方法を開発する	73
2	地域貢献事業についての周知やPRをする	63
3	子育て家庭や地域住民が気軽に訪問・相談できるように体制を整える	48
4	地域貢献事業を実施するための園内の体制を整える	41
5	地域住民・地域組織と良好な関係を築き、つながる	30
5	関係機関・施設との連携を強化する	30

事業内容の検討、要支援者への情報提供の仕方の工夫、地域のニーズに応じ
た事業の提供などが挙げられた。

> ・地域貢献支援員（スマイルサポーター）としての活動があるが保護者や地域の方にはほとんど
> 知られていないのでどう知らせていくのかが課題です。
> ・園庭開放で利用される方は多いがまだまだ事業のことを知らない方がいるのでもっと知ってもらい
> どんどん利用して欲しい。
> ・スマイルサポーターおよび育児相談員がいることは、地域の方々もポスターなどをみて知っている
> と思うが、まだまだなじみがうすいように感じる。

　次いで「地域貢献事業についての周知やPRをする」項目が多く、今以上に
保育所等を利用する保護者や地域子育て家庭、関係機関に地域貢献支援事業
を宣伝することや情報発信を工夫すること、地域住民への周知徹底などが挙
げられた。

> ・スマイルサポーターや子育て相談員など、まだまだ地域の人たちに広く知られていないのではな
> いかと思います。どこにどんな支援をしてくれる人がいるのか、相談できる場所はどこかなど明確に
> し、必要な人が気軽に相談をしていけるような環境をつくっていくことが大切なのではと感じます。
> ・子育て不安を抱える保護者、地域の生活困難な人に向けて、気軽に相談できるようもっと宣伝
> し、認知してもらう必要があると思います。

　3番目に多かったのが、「子育て家庭や地域住民が気軽に訪問・相談できるように体制を整える」項目で、子育て家庭や地域住民が来園しやすい雰囲気づくり、地域住民のニーズの把握、身近な施設・開かれた施設づくりなどが挙げられた。

> ・情報発信の場の拡大と、ツールの充実です。地域の方にわかりやすく、かつ来たいと思わせる案内を求めている方の所にどう届けることができるのかだと考えます。また、積極的に支援の場に来たくても来られない方にどうサービスを展開していくのかが課題だと思っています。
> ・実際に地域支援の場にすら足を運べない方に対し、どうすれば出向いてもらえるのか。支援の仕方や地域事業の内容を検討していく。
> ・育児がしんどいと感じる保護者は地域貢献事業のイベント等に参加されないと思うので、そういった方を定期的に訪問し、子育ての悩み等を聞き、少しでも緩和していけるような支援が必要ではないかと思います。

　さらに「地域貢献事業を実施するための園内の体制を整える」項目で、事業実施するための人手・人材、時間と費用の確保や地域貢献事業に対する園内での共通理解などが示された。その他にも「地域住民・地域組織と良好な関係を築き、つながる」「関係機関・施設との連携を強化する」項目がみられた。

7.5　地域貢献事業が保育所等における生活困難家庭への支援に与える示唆

　大阪府社会福祉協議会保育部会が主催する「保育園における地域貢献事業」を実施するうえでの利点、問題と今後の課題をまとめた。これを題材に、保育所等で生活困難家庭を含めた子ども家庭支援を実施する際の利点や今後の課題について検討を行う。

7.5.1　地域における支え合いの子育てへ

　「保育園における地域貢献事業」の展開は、地域における支え合いの子育てにつながることが利点として示された。保育所等が身近に相談できる場や地域住民同士が交流できる場として機能するとともに、地域全体で子育て家庭等を支える体制づくりができることが示唆された。保護者や地域住民たち

は、子育てに限らない生活全般における困りごとに直面しても、解決の糸口を一緒に模索してくれる人の存在を日々感じることができる。

　保育所等が子育て家庭や地域住民の立ち寄れる場を設定し、保育者（支援者）が人と人との関係を結び、支え合いを意識的につくっていくことによって、子育て家庭や地域住民は、何か困ったときに声をかけられる人の存在を認識したり、住民同士の支え合いを目の当たりにしたりすることとなる。こうした営みは、地域ぐるみの子育てや地域住民の支え合いを促進し、地域福祉に貢献できるものと考えられる。

7.5.2　園内体制の充実を考慮する必要性

　地域貢献事業を実施するうえでの問題と今後の課題は、ほぼ対応関係にあることがわかった。「地域貢献事業を実施するための園内体制が不十分である」ことや「地域貢献事業を実施すること自体、負担が大きく困難である」ことは、本来の業務である保育においても保育士等が不足しており、そもそもの人員が少ないことから起因していると考えられる。また、地域貢献事業を実施したくても、部屋等の物理的な条件や予算面で実施に踏み切れないことも考えられる。

　これらのことから、保育所等で生活困難家庭への支援を行う際には、まずは予算的・人的な裏付けが必須であることが示唆された。つまり国レベルの課題として生活困難家庭への支援に専念できる職員の配置とそのための予算が望まれる。関連する国の事業としては、すでに市町村が実施主体となる「多様な保育促進事業」の一つである「家庭支援推進保育事業」があり、配慮が必要な家庭の子どもの保育や家庭訪問を含めた家庭への支援を行う保育士の配置が定められている＊。しかしこの事業では、対象となる子どもが保育所入所児童の40％以上を占めないと適用されないため、相談体制を整えるために十分な施策であるとは言い難く、今後の課題となると思われる。また高知県のように、家庭への配慮が必要な幼児と保護者を支援するためにスクールソーシャルワーカーを活用するなど、他職種を保育所等に導入・活用するこ

＊　本事業の実施主体は市町村で、対象は「日常生活における基本的な習慣や態度のかん養等について、家庭環境に対する配慮など保育を行う上で特に配慮が必要とされる児童」と定められている。

とも有効な方法として考えられる*。

7.5.3 保育所等における子ども家庭支援の機能の周知

　地域貢献事業を実施するうえで「来園できない人や支援を必要とする人に支援ができていない」という問題には、「地域貢献事業が保護者や地域住民に知られていない」という利用者側の要因と「支援を必要とする子育て家庭の把握ができていない」「支援体制が整備されていない」という支援者側の要因とが関連していると思われる。

　「地域住民に知られていない」という課題については、そもそも保護者や地域住民は、保育所や認定こども園という施設をあくまでも「子ども」や「子育て」を対象とした施設であると認識しており、生活困難を含む家庭の事情について目配りをする施設ではないと考えられている。そのため保育所等が生活困難をはじめとしたさまざまな困りごとに関する窓口としても機能するところであると理解してもらえるよう、積極的に発信していくことが求められる。一つには、地域貢献事業ですでに行われているような「育児、家庭、病気、介護、仕事　あなたのお悩みをお聞かせください　大阪府認定スマイルサポーターのいる保育園です」と表記された看板などの活用も考えられる。また行事などさまざまな機会を捉えて、多様な相談も受け付けていることを周知していく方法もあるだろう。保育所等では入園式や卒園式、高齢者との交流会など、地域住民が参加する園行事も多い。在園児の保護者のみならず、地域住民へも啓発していくことで、より地域の潜在的な支援ニーズを拾いやすくなるものと思われる。

7.5.4 関係機関のネットワークから潜在的な支援ニーズの把握へ

　「支援を必要とする子育て家庭の把握ができていない」という課題に対しては、一施設や一法人の取り組みでは難しいだろう。むしろほかの専門機関

＊　高知県「厳しい環境にある子どもたちへの支援」(https://www.pref.kochi.lg.jp/soshiki/131601/files/2019051000035/file_20196641910_1.pdf)　高知県では「第2期高知県教育振興基本計画」における取り組みの方向性の一つに「厳しい環境にある子どもたちへの支援」を位置づけ、地域全体で子どもたちを見守る体制づくりなどを進めてきた。2020 (令和2) 年3月に策定した「第3期高知県教育振興基本計画」においても、引き続き、厳しい環境にある子どもへの支援や子どもの多様性に応じた教育の充実を進めている。

等との連携を密にし、地域内でのネットワーク構築をさらに進めていく必要
がある。

　子育て支援のためのネットワークは一朝一夕で構築できるものではない。
ネットワーク構築のための仕組みづくりもまた検討される必要がある。例え
ば専門機関や専門職と合同の研修を展開し、それぞれが関係をつくったり*、
定期的な会議等を通してネットワークを構築したりすることも考えられる。
また要保護児童対策地域協議会等などでの要支援者の把握や支援のための
役割分担をしていくことはもちろん、そうしたやりとりのなかで保育所等に
おける家庭支援の実効性を他機関に理解してもらうことも必要となろう。

　潜在的な支援ニーズの把握においても、ほかの関係機関との連携が有効に
なると思われる。保健センターや家庭児童相談室などとの連携から、配慮の
必要な家庭を日々の保育を通して見守る体制も考えられる。保育所等に来所
できない地域の子育て家庭を把握することについては、アウトリーチ型の支
援を考慮に入れることが想定される。例えば乳幼児健診などでの出張保育、
乳児家庭全戸訪問事業や養育支援訪問事業と連携した家庭訪問、前述した
「家庭支援推進保育事業」で定められる配慮が必要な家庭へ家庭訪問なども
考えられる。

7.5.5　子ども家庭支援に関する研修体制の充実を

　大阪府の地域貢献事業においては、その事業実施にあたり保育者の子ども
家庭支援に関する資質向上のための研修を行っている。保育所等における生
活困難家庭への支援は、保育士養成課程での学びだけで対応できるものでは
ない。実践において多様な背景や困難を抱える家庭と出会い、支援の必要性
を実感することに加え、支援のための具体的な知識や技術を習得していく必
要がある。よって現任研修を通して、生活困難家庭への支援や他機関との連
携、社会資源等について学びを深めることができるような研修カリキュラム
の構築が求められる。具体的には、保育士等キャリアアップ研修「保護者支
援・子育て支援」の生活困難家庭の支援に関する内容をさらに充実させるこ

---

*　保育所等の実践ではないが、病院が主催して、地域子育て拠点支援事業所を含めた地域の子育て支援にかかわ
　る専門職が集まり、ハイリスク・虐待ケース検討会を実施している自治体があった。

とや、保育関係団体の研修においても保護者支援・子育て支援に関する系統的な学びが可能となるような研修体制の構築が必要となる。

参考文献

伊藤篤・倉石哲也・鶴宏史・奥山千鶴子・中條美奈子・松田妙子(2020)地域子育て拠点事業及び利用者
　支援事業(基本型)における利用者の個別ニーズの把握・相談対応状況に関する調査研究

鶴宏史・中谷奈津子・関川芳孝(2018)保育所における生活課題を抱える保護者への支援(8). 日本保育学
　会第71回大会要旨集. 421

Chapter 6

保育者業務の一環としての
「子育て支援」の専門性の位置づけと
教育・研修の現状

Section 1

「子育て経験がある母親」なら、子育て支援はできるのか

1.1　「保護者に対する保育指導」の可能性

　本章の目的は、保護者に対する「子育て支援」の専門性に関する議論の特徴を明らかにし、その専門性を獲得するための教育*のあり方の現状・課題を示すことである。

　「子育て支援」、法律上の語では「保護者に対する保育に関する指導」という職務規定は、2001（平成13）年の児童福祉法改正で登場した、保育士の新しい職務である。子育て支援は、「保育」という教育的営みに付加された、周縁的なサービスの位置づけにとどまるものではない。「教育」機関としての保育所ないし認定こども園が、子育て支援を法定職務とされるということは、親の教育権の行使を「私事」としてきた近代教育の基本的枠組みを超えて、親と、親が形成する家族に対する「教育」機関による介入を制度化するということを意味する。この点において、教育を「私事」の圏域に据え、「公的領域」としての政治からの自律を追求してきた近代公教育の枠組みが問い直され、「私事」としての家庭教育の社会化という形で、「教育」機関＝公的領域と、家庭＝私的領域との間の境界があいまいにされることになる。教育は「私事」の組織化であるという近代的原則の綻びのなかで、子育ての「社会化」あるいは「共同化」というレトリックが政策として登場している。

　子育て支援において、保育者は、親から教育を信託されたエージェント（代理者）として現れるのではなく、親とともに教育を実施する専門職であると規

---

*　本章において専門性教育とは、専門職としての職務を遂行するために必要な知識、技能を体系的に教授し、学習者に獲得させることを目指す一連の営みをいう。養成教育と現職研修の双方を含む。

定される。このことは、家庭と保育所の境界をあいまいにし、保育者の専門性
への問い直しを不可避とする。保育者は、子育て機能を低下させた親に対す
る「指導」「支援」を行うことにより、「私的領域」としての家庭・家族の再構築
を担う主体として位置づけられる。私事の圏域としての家庭・家族の自律性
を前提とすることなく、家族と公的領域としての保育所を、システマティッ
クに再編し、そこに新しいシステムを構築するという点において、子育て支
援は、ミクロの原子的圏域であった家庭・家族を、外部のメゾシステムに開放
していく実践である。同時に、外部のメゾシステムとしての「教育」機関で
あった保育所・認定こども園を、「私事」としての育児の代替から、育児の社会
的再編を担う新しい公共の場（トポス）として構築していくプロセスをも含む。
ここにおいては、〈私的領域／公的領域〉という二項対立がすでに不能化され
ている。子育て支援を行う保育所を包み込む「地域」あるいはネットワークと
いう公共圏のモデルは、近代教育が想定していなかった新しいコミュニティ
モデル創出の可能性を秘めているのである。

1.2 「子育て支援」導入のインパクト

しかし、このような公共圏の再編をも射程に収めるような子育て支援とい
う職務が、新規に法定されたというインパクトを、保育研究が十分に認識し
てきたといえるであろうか。そのインパクトは、保育所を、どの地域にも存在
する容易にアクセス可能な手頃な社会資源と位置づける「保育所活用論」に
回収されることによって弱められる危険を当初からはらんでいた。この危険
に自覚的であった柏女霊峰は、子育て支援導入のインパクトを、保育者の専
門性の揺らぎをもたらすものとして捉えていた（柏女 2006）。子育て支援が保
育士の職務として規定された以上、「保育は家族機能の代替である」という戦
前からのレトリックは説得力を低下させるだろう。

子育て支援、すなわち「保護者に対する保育に関する指導」という職務規定
は、2001（平成13）年の児童福祉法改正を反映して、「保護者に対する支援」とし
て2008（平成20）年改定の保育所保育指針に記載された。2006（平成18）年の段
階で、柏女は、保育士資格の法定化の問題の一つとして「新たな業務となった

226 Part 2
子ども家庭支援の実態
──生活困難家庭に焦点を当てて

Chapter 6
保育者業務の一環としての「子育て支援」の専門性
の位置づけと教育・研修の現状

保育指導に関する専門性が確立していないこと」を挙げているが、それから十数年を経た現在においても、この問題は霧消することなく存在し続けている（柏女 2006：167）。

1.3　保育の専門性と子育て支援の専門性の違い

　保育の専門性と子育て支援の専門性はどう違うのかという論点は、あいまいにされ続けてきた。例えば、子育て支援に関する主導的論者の一人である山縣文治（2016：99）は、地域子育て支援のターゲットとして、四つの「支援対象」を挙げている。山縣のいう支援対象は、「ニーズ」を抱える主体だとも考えられている。すなわち、①子育ち、②親育ち、③親子関係、④子育てを取り巻く地域社会、育む環境、これらが「支援」のニーズを抱えているのであり、それゆえに支援の対象となると山縣はいう。しかしながら、山縣は、対象の多様性、すなわちニーズの多様性に適応できる専門性、特に支援の方法論を明確に示すことをしていない。

　山縣においては、「ニーズ」の所在と、それに応じるべき「専門性」のあり方が癒合した形で論じられているのである。つまり「子育て支援のニーズがある」ことと、「子育て支援が（保育者の）専門性である」ということが混淆されているのである。ここで私たちがなすべきなのは「子育て支援が保護者のニーズである」か否かという事実の再確認ではなく、そのような「ニーズを充足するためには何をなすべきか」という方法論の確立なのではないか。保護者側にある支援へのニーズと、保育者側が獲得し維持するべき専門性としての支援の方法論が混淆的に論じられていることは、現状において、子育て支援の専門性の内実を十分に言語化・理論化できていないという子育て支援研究の現状および子育て支援教育（あるいは研修）の不備の現れだといえる。「ニーズ」から「専門性」を切り離して論じることが、少なくとも専門性教育を論じる際には必須の前提である。ところが、山縣においてみられるように、柏女によってなされた「専門性」の問い直しという問題提起が、子育て支援論のなかで正面から受けとめられてきたかといえば、不十分な現状にあるといわざるを得ない。

　子育て支援の専門性が「未確立」であるという柏女の指摘は、複数の側面に
当てはまる。第一に、「子育て支援」における職務内容の規定に関するあいま
いさである。つまり、保育者が何をすれば「子育て支援」を行っているとされ
るのか、という職務の領域、範疇の画定に関する問題である。第二に、第一の
職務内容を適切に実施するためには、保育者はどのような知識と技術を有し
ていればよいかという専門性の範囲、あるいは内容の画定である。第三に、第
二において要請される専門性は、いかに獲得され得るかという教育・訓練の
方法に関する規定である。現状においては、これらの三側面のうち、特に第
二、第三の側面に関する検討・議論の深化がみられないことを本章では指摘
し、その現状を打破する方向性を探っていきたい。

　子育て支援の専門性の「未確立」は、保育そのものの専門性の「未確立」と
結びついてきた。保育を、親による育児の代替あるいは「補完」として捉える
レトリックのもとでは、保育者は「子育て経験の先輩」としてみられるだけだ
からである。つまり、「親としての先輩」としてみられるのであり、そこでは、
「子育てをしたことがある」という先行経験が「子育て支援」を遂行する際の
リソースとみなされている。当然のことながら、先行する子育て経験は、保育
者の専門性ではあり得ない。なぜなら、「専門性」とは、正規の長期間にわたる
教育・訓練を経れば、誰でも獲得できるという伝達可能性、共有可能性を有し
なければならないからである。子育て経験をライフイベントとして経験して
いなければ実践できないのが子育て支援なのであれば、それは専門性の発揮
ではあり得ない。子育て支援の資質を、個人的な育児経験をリソースとして
語ることの背景には、「子育てという苦しみをともに味わった者だからわか
りあえる」という「育児＝苦」という先入観が潜むようにみえる（前提としての「共
苦」）。

228 | Part 2
子ども家庭支援の実態
──生活困難家庭に焦点を当てて

Chapter 6
保育者業務の一環としての「子育て支援」の専門性
の位置づけと教育・研修の現状

Section 2

保護者支援は保育者の「新しい専門性」か、「既存の機能の正当化」か

2.1　目的論の立場からの保育・子育て支援

　本節では、保育と子育て支援の存在意義を同一のものとみようとする傾向の背景にある前提をえぐり出していきたい。目的論・規範論の立場からの同一視論と、方法論の立場からの同一視論をそれぞれ検討する。

　目的論の立場からの保育・子育て支援の同一視とは、「子どもの最善の利益の保障」という茫漠とした理念に子育て支援の存在意義を包摂させる論である。「保育と子育て支援は、一体化した専門性である（べきである）。なぜなら、両方とも、『子どもの最善の利益』を保障する、子どもの育ちをよりよきものにするための実践だからである」というレトリックである。このレトリックにおいては、実践の目的と対象が混同されている。ある目的を共有しているからといって、対象が同一とは限らず、対象が同一であり得ないならば、方法は別個に案出されるべきである。それにもかかわらず、子どもと保護者という二者へのかかわりが同一視されてしまうのは、両者のかかわりの目的が同一だとされるからである。子どもに対する援助と親に対する支援を一体化するレトリックの背景には、両者ともに「心によりそう」「受容する」ことで育ちや育てがうまく回っていくはずである、という心理主義的な前提がある（子育て支援の専門性にまつわる心理主義については後述する）。

　子育て支援の専門性は、従来からの保育所において実施されてきた実践のなかにすでにあったものとして塗り込められる語られ方をすることがある。子育て支援を保育所において担わせるべきだというレトリックは、「保育所活用論」から生じてきている。「保育所活用論」とは、保育所がさまざまな地域

にすでに存在し、定着しているという既成事実を重視して、それを身近なリソースとして活用すべきだというレトリックである。

　「保育所活用論」に与する論者からは、「ほとんどの保育所が地域子育て支援に取り組んできた」(山縣 2008:22) というような、現状追認ともいうべき言説が語られる。このような現状追認型の言説は、子育て支援において、何が新規に求められているのか、という従来の実践からの差別化と、何が保育者の専門性なのか、という他の専門職(およびその専門性)との差別化という二つの養成論的課題をうやむやにしてしまう。

　子育て支援を「従来から行ってきたことと同じ」だとするレトリックは、子育て支援に対する養成教育の意義を否定することにもなる。子育て支援が「従来から行ってきたことと同じ」であるならば、その「従来から行ってきた子育て支援」は、養成教育において獲得された専門性に基づいてなされていたのではないことになるからである。その子育て支援は、養成課程を卒業後、現業に従事するなかで、いわばOJT的に獲得されてきた、あるいは徒弟制的な観察学習によって獲得されてきた知識・技能によって実施されてきたということになる。そのことの価値は決して低く評価されるべきではないが、養成課程、つまり保育者の専門職教育の価値を著しく低くみるまなざしを産みかねない言説である。現場主義的な文脈規定的、徒弟見習い的習熟による知識・技能は、普遍性(あるいは応用可能性)をもちにくく、他者への伝達可能性が低い(小川 2013)。個人的な体験の文脈に規定されたミクロな言説であるため、その文脈を共有しない保育者のリソースとして伝達することが困難となる。「結局、やらなければわからない」「経験、場数がすべてだ」というような実践経験への内閉を生みかねないのである。

2.2　方法論の立場からの保育・子育て支援

　次に、保育と子育て支援の方法論的同一視をみてみよう。この立場は、社会福祉援助技術を保育実践に援用しようとする志向を有している。例えば、2013(平成25)年に発足した日本保育ソーシャルワーク学会においては、保育とソーシャルワークの相違点と共通点を検討することによって、両者の方法

230　Part 2
子ども家庭支援の実態
——生活困難家庭に焦点を当てて

Chapter 6
保育者業務の一環としての「子育て支援」の専門性
の位置づけと教育・研修の現状

論的な融合を図ろうとする動きがみられる。その代表的な論者として、鶴宏
史を挙げることができる（鶴ほか編 2018）。鶴のモチーフは、保育とソーシャル
ワークに「共通する認識枠組み」を追求し、「保育ソーシャルワーク」という方
法論の確立を図ろうとするものである。「対象」によって保育ソーシャルワー
クを定義するのではなく、「認識枠組み」、そして方法論の共通化によって、保
育ソーシャルワークを定義しようとする動きである。保育ソーシャルワーク
には、既存の保育と子育て支援がともに包摂される。両者が包摂されるのは、
子どもと家族を、システム論的思考、あるいは生態学的思考によって動的に
捉えていこうと試みられているからである。

　ただ、このような試みは、現在までのところ、社会福祉援助技術、ソー
シャルワーク技法の保育への移植の域にとどまっている。保育ソーシャルワーク
論は、現在においては、ソーシャルワークの技法をどのように保育に活用で
きるかという次元にとどまっている。そのことの帰結は、保育ソーシャル
ワークの担い手は誰か、という支援の主体の問題として顕在化してくる。つ
まり、保育士が保育ソーシャルワーカーでもあるべきだとする立場と、保育
者と、保育ソーシャルワーカーという別の専門職が協働的に従事するべきだ
という立場の分岐である。

　前者のように、「（子どもに対する）ケアワーク以外にも、ソーシャルワークも保
育者はできるようになるべきだ」とすると、一人の保育者のなかに、ケアワー
クの専門性と保育ソーシャルワークの専門性が共存することになるが、その
こと自体が即座にケアワークとソーシャルワークの一体性・総合性を担保す
るわけではない。保育ソーシャルワークの専門性を獲得することによって、
ケアワークの質が向上するという主張に説得力がなければ、両者の専門性は
分裂的に同一の保育者のなかに併存しているというだけになる。このこと
は、保育ソーシャルワークが、ケアワークを包摂し得るという前提を裏切る
ことになる。

　さらに、保育ソーシャルワークを付加的に保育士の専門性とすることは、
業務の過重化を促進することになる。保育者の専門職化のために、最も喫緊
の課題は「業務の幅（種類）」を減らすことである。業務の幅の拡張は、むしろ、
専門職化の傾向と矛盾する。保育者の業務の幅を拡張すること、「保育でな

かった業務」を保育者に負荷することは、既存の保育に対する保育者の時間
的・精神的リソースを分散させることを意味する。

　加えて、ソーシャルワークが保育者の専門性だとしたとき、それをいかな
る機会、場で獲得するのかという養成ないし研修の問題も論じ尽くされてい
ない。ソーシャルワークの知識と技能をオーソライズする主体は誰（どこ）か
という問題と、その知識・技能をいつ・どこで・どのように伝達するのかという
問題を別個に論じる必要がある。養成教育が、短期大学、専門学校など2年制
課程に過半を依存している現状では、現行養成課程の68単位を上回って科
目を新設するのは容易ではない。ソーシャルワーク論を付加的に養成課程に
は加えることが困難であるとするならば、現職保育者に学ばせるしかなくな
る。となれば、学びの場として、公的（法定）研修、各施設が実施する「園内研
修」、民間資格を創設したうえでの資格取得希望者の自発的学習の促進（保育
ソーシャルワーク学会の試み）などが想定し得るが、見解の収斂はいまだみていな
い。

Section 3

子育て支援の専門性を「連携」におく立場

3.1 ジェネラリストとしての特徴

　一方で、子育て支援の専門性を「連携」、他の専門職や関連諸機関、地域の社会資源との「協働」の構築におこうとするレトリックがある。例えば、太田光洋は、心理専門職を比較対象に位置づけることにより、保育者の専門性を明確化しようと試みている。太田は、心理専門職と保育者の専門性の違いを、前者がスペシャリストであり、後者がジェネラリストである点に求めている。ジェネラリストというのは、「総合的」「全体的」であることを特色としているという。「総合的」「全体的」な保育者の専門性とは、「子どもや保護者を中心に置いて、広い見識や教養、バランス感覚、コーディネート力といった資質やものの見方」(太田 2013:43) であるという。

　太田は社会学者であった高島善哉の「媒介の論理」を援用して、ジェネラリストの特徴づけを行っている。高島のモチーフが、戦後高度成長期における日本の社会学者のスペシャリスト化に対する批判であり、「生きた思想」をもって「人間」を把捉しようとする社会科学への模索であったことを考慮に入れれば、ここでいう「媒介」は、さまざまな子ども・家族関連の学問諸分野の成果を広く概略的に押さえておくことが前提となろう。太田が示しているのは、諸分野の架橋をもって、家庭、子ども、子育てという複合的な問題対象に接近しようとするアプローチである。

3.2　他機関、他の専門職との協働

　他機関、他の専門職との協働は、「それぞれの専門的視点から語られる子ども
もの育ちを共有することはそれぞれの背景にある理論や学問文化が異なる
ことから、容易では」ないという前提を踏まえた翻訳的・通訳的作業が求めら
れる。これを太田は「媒介」と呼んでいるのである。言い換えれば、「媒介」と
は、「地域に位置する関係機関、社会資源との関係などをコーディネートする
力」(太田 2016:22)なのである。「コーディネート」のためには、「子どもや保護者
の成長や生活を単線的でなく複線的に、一面的ではなく多面的にとらえる」
という観察眼および「不断の往復運動を通して螺旋的に自己を拡大し、前進
させていく、いわば学びの連続」を経験する態度が求められるという。ここで
太田が述べているのは、子育て支援を行う主体としての保育者の「学び」、あ
るいは成長のプロセスについての素描だが、そのことで、何が伸びているの
か、何ができるようになるのか、ということはあいまいなままである。

　太田や、後述する養成教育、キャリアアップ研修が強調する「連携」「繋ぐ」
実践というのは、単なる情報の伝達にとどまるとは考えにくい(例えば、児童相談
所や警察に「通報」することや、嘱託医に心身の状態を「報告」することを、専門性と呼ぶことが困難なの
は、子どもの状態を身近にみていたので、見聞きしていたことを「(正確に)伝える」だけだからである。
それは、保育者としての長期間の訓練を受けていなくても、そのような「通報」や「報告」は可能であるか
らである)。そうだとすると、保育者の専門的職務としての「連携」は、単なる
「報告」「連絡」以上のものを指すことになるが、「連携」論においては、連携す
ることが重要であることや、どこと連携するべきかを規範的に論じることに
とどまらず、いかなる場合に、いかなるエージェントに対して、どのような働き
きかけをすれば「連携」が成り立つのかという方法論の明確化が欠けており、
方法論の精緻化が今後必要となってくる。

234 **Part 2**
子ども家庭支援の実態
——生活困難家庭に焦点を当てて

Chapter 6
保育者業務の一環としての「子育て支援」の専門性
の位置づけと教育・研修の現状

Section 4

子育て支援論の背景にある
「子育て」観の抱える問題

4.1　子育てに対する規範的認識

　既存の子育て支援論には、独特の子育て観、特に子育てに対する規範的認識が伏在している。例えば、山縣文治は、子育て支援の「ニーズ」の現れとしての「問題」のみて取り方を、子育てを「楽しい」と思うか、「不安」だと思うかを「対概念」として位置づけ、後者が優位の状態に至ったとき、「支援の対象」となるとしている(山縣 2010:12)。ここには、子育ては通常楽しいものであるべきだ、という「楽しい子育て」の規範化がみられる。「楽しい子育て」を目標に据える子育て支援は、子育てを「楽しい」とは思えない親に対する否定的感情、視線を生みだしかねない。

　さらに、子育て支援の必要性の前提には「地域共同体崩壊」論、「家族不全」論ともいうべきレトリックがしばしばおかれる。つまり、かつては存在した地域共同体や拡大家族の紐帯が喪失し、その結果として、親に負荷される子育ての負担が増大したというレトリックである。山縣もそれに類する認識を示しているが(山縣 2010:7)、そのような認識の背景には、前近代的な共同体的子育てを「自然」なものとして規範化するまなざしがあり、前近代的な共同体的子育ての機能的代替物として、保育所を核とした子育て支援のネットワークを位置づけようとするレトリックが編み出される。そこでは、前近代的な共同体的子育てが「心の絆」に基づく範型（モデル）として想念されているため、子育て支援の実践も、「保育者と保護者との間の心の絆」の構築(それを臨床心理学の語彙を援用して「ラポール」などと呼称することもある)を目標とする心理主義的なモデルに基づくものとなる。

4.2　臨床心理的実践をモデルにする子育て支援

　さらに、臨床心理的実践をモデルにする子育て支援は、保護者、家族に、何らかの「欠損」が存在するという認識を前提とする。疲労や受傷という「欠損」ともいうべき満たされなさが保護者のなかにあり、それを「癒やす」実践が「子育て支援」だとされるからである。そこでは、保育者が「癒やす」結果、保護者、家族が「変わる」ことが目指される。「変わる」ことを目的としてかかわる支援においては、「変わる」のは「心」であり「考え方」だと観念されている。ここにみられるのは「心」「考え方」が変われば、行動が変わるという態度主義的前提である。

　このような「欠損」モデルの背景には、「子育ては大変であり、苦である」という常識、ないしは先入観が前提されているのではないか。「子育ては大変なので、支援しないといけない」、という暗黙の前提があるように思われる[*]。「子育ての厳しさ」を強調し、その「厳しさ」から生じる「苦しさ」を、他者に支えられつつ、どう耐えるか、という問題設定がそこにはある。「苦労は、皆で分かちあえば楽になる。昔は地域の人たちが分かちあっていたけれど、今は分かちあう相手がいないから（地域共同体の崩壊という認識）、保育者が分かちあうべきである」というレトリックが見え隠れする。

---

[*]　例えば、「育児は仕事の足かせになる」という考え方。浜屋祐子・中原淳 (2017) 育児は仕事の役に立つ.光文社.31では、そのような考え方が批判されている。

236   **Part 2**
子ども家庭支援の実態
——生活困難家庭に焦点を当てて

Chapter 6
保育者業務の一環としての「子育て支援」の専門性
の位置づけと教育・研修の現状

Section 5

子育て支援に潜む「心理主義」という問題

5.1　カウンセリングをモデルとする関係性

　保育と子育て支援の同質性が語られるとき、もち出される概念に「カウンセリングマインド」がある。つまり、子どもに対しても、保護者に対しても、保育者はカウンセリングマインドをもって接するべきだ、というレトリックである。カウンセリングマインドとは、アメリカの臨床心理学者カール・ロジャースの来談者中心療法にルーツをもつ。カウンセリングマインドの核心を「受容」「傾聴」においた場合、それは単に保育者の側の「姿勢」「態度」の問題となる。そのようなカウンセリングマインドは専門性といい得るのか、言い換えれば、専門職教育によって伝達・獲得し得るのかという問題が議論されなければならない。

　カウンセリングをモデルとする保育者と保護者との関係性は、一対一を原則とする。そこでは、保育者が、保護者に対して一方的な受容・共感・傾聴を行うことが強調され、保育者の言語による発信の方略が後景化する。言い換えれば、保護者に対する発話方略が二次的なものとして語られにくくなる。この発信型技能への等閑視は、保護者からのメッセージを受信していれば、クライエントとしての保護者が勝手に、おのずから立ち直り得るとするエンパワメント思想によって強化されている。

5.2　受信型と発信型

　保育の「技術」の分類を試みた柏女霊峰は、保育と保育指導のそれぞれに

「受信型」の技術と「発信型」の技術があるとする(柏女 2006)。受信型とは、「子どもや親の感情や行動を受け止める技術」であり、発信型とは、「子どもや親の感情や行動に働きかける技術」であるとされる。保護者への保育指導に関していえば、「受信型保育指導技術」とは「保護者の子育てに関する感情や行動の意味に気がつき、あるいは気を配り、それをそのまま受けとめ、受け入れることによって、保護者の子育てを支える技術」であり、「発信型保育指導技術」は、「保護者の子育てに関する感情や行為に意図的に働きかけることによって、保護者の子育てを支援する技術」とされる。柏女は、具体例として、「子育て講座などでの講話」や「保護者と子どもとの仲立ちをして親子の遊びを展開」することなどを挙げているが、保護者に対して何を提供するのかというコンテンツとしての知の枠組みと、その知の枠組みを支える背景的知識(理論)に関する示唆はなされていない。

受容・傾聴という徹底的な受動性を求められることは、保育者の側から保護者に対して提供するコンテンツの不在を覆い隠す。この事態は、柏女のいう専門性の「受信型」への過度の偏りであり、「発信型技能」といったときの、発信するコンテンツの未構築という現状を表している。本来、保護者に対して保育者の側から提供し得るコンテンツとしては、家族心理学的知見、家族社会学的知見など家族にかかわる社会科学的知識のほか、子どもに関する発達心理学的知見、教育学的知見などがあり得る。それらをわかりやすく伝達する「語り」の技術、発信の技術が求められるが、「発信」とは何なのか、どういう「発信」が適切なのかについての明示的説明は存在しない。

そのような現状においては、保育者のキャリア上出会ってきたほかの保護者とのエピソードや、自らの育児経験など、個人的体験をリソースとして「発信」を試みるよりほかない。キャリア初期の若手保育者は、常に保護者からの「子育てした経験もないくせに」という無言のプレッシャーに晒され続けることになる。これは、発信されるコンテンツが、個人的なライフイベントに基づく経験、「苦労」に基づくものと観念されていることから帰結している。

さらにいえば、心理的語彙としての「受容」は、保護者に対するナラティブへの従属を意味しており、保育者の主体性をあいまいにさせる。この保育者の専門職としての「脱武装化」は、「科学的知」の後景化から生じている。ここ

238 | Part 2
子ども家庭支援の実態
——生活困難家庭に焦点を当てて

Chapter 6
保育者業務の一環としての「子育て支援」の専門性
の位置づけと教育・研修の現状

には、養成教育、現職研修において、理論、知識という体系的枠組み、方法論の
伝達が忌避される傾向があるように思われる。次節では、この問題を検討し
よう。

Section 6

養成教育・現職研修における
「子育て支援」の語られ方
テキストの内容を通してみえるもの

6.1　保育士養成課程

　「子育て支援」に関する教育は、養成課程および現職研修のなかで実施されている。養成課程においては、「子育て支援」に関する内容の教授は、科目の新設によってフォローされてきた。養成課程、あるいは現職の場合には研修内容に付加させる形で、保育士の通常業務に付加して「子育て支援」をも担わせるという方向性がとられてきた。

　2019（平成31）年度より施行の現行保育士養成課程では、子育て支援関連科目として「子ども家庭支援論」「子育て支援」の2科目が該当する（この2科目以外にも、「子ども家庭支援」を科目名に冠した科目として「子ども家庭支援の心理学」がある）。

　「子ども家庭支援論」は2単位の講義科目である。科目目標は、「1.子育て家庭に対する支援の意義・目的を理解する」「2.保育の専門性を活かした子ども家庭支援の意義と基本について理解する」「3.子育て家庭に対する支援の体制について理解する」「4.子育て家庭のニーズに応じた多様な支援の展開と子ども家庭支援の現状、課題について理解する」の4項目である。

　一方、「子育て支援」は1単位の演習科目である。科目目標は、「1.保育士の行う保育の専門性を背景とした保護者に対する相談、助言、情報提供、行動見本の提示等の支援について、その特性と展開を具体的に理解する」「2.保育士の行う子育て支援について、様々な場や対象に即した支援の内容と方法及び技術を、実践事例等を通して具体的に理解する」の2項目である。本科目の内容としては、「連携」が強調される。「連携」強調の背景には、分担とネットワーク化という二つの前提があり、このうち「分担」においては、他機関、他職

種とは異なる保育の専門性としての「子育て支援」を確立することが前提となる。

　いずれの科目においても、家族社会学的な知識および家族療法的な知識、ジェンダー研究の成果の反映が乏しい点が指摘できる。

　2019(令和元)年度以降の養成課程では、従来の科目「相談援助」が廃止された。その結果、「相談援助」で扱われていたソーシャルワーク技法に関する内容(相談援助の方法と技術)は、「社会福祉」に移動された。同時に、「子ども家庭支援論」「子育て支援」が新設され、そこではソーシャルワーク一般からの「保育ソーシャルワーク」の析出・独立を目指す試みがなされている。例えば、「子育て支援」においては、子育て支援が「保育士の行う」実践であることが強調され、それが「保育士の専門性を背景」として行われるものであることが明示されている。ここには、「子育て支援」が社会福祉学の概念としてのソーシャルワークを転用するのではなく、保育者の専門性、保育所という場に即して再構成することを目指す方向性が表れている。

　ただし、「子育て支援」の科目としての独立は、教授内容のパッケージ化が成功したことを意味するものではない。教授内容のパッケージ化が未完である現在においては、授業で実際に語られる内容は、授業担当者に依存して大きく変容するだろう。例えば、授業担当者がソーシャルワーカーなのか、保育者なのかによっても大きく変化するはずである。北野(2017)は、「子ども家庭支援」の前身科目であった「家族援助論」担当者のもつ専門分野の多様性を指摘している。北野によれば、担当者の専門領域が、心理学・カウンセリング、福祉、保健、保育など多岐にわたり、担当者のバックボーンとなっている学知が相違する現状がある。このことは、「家族援助論」ひいては現行の「子ども家庭支援」の授業内容が、担当者間で大きく異なるであろうことを示唆する。

　全国社会福祉協議会編纂のテキスト(橋本真紀・山本真実執筆代表(2019).子ども家庭支援:家庭支援と子育て支援)の目次は以下のとおりである。

第Ⅰ部　家庭支援
　第1章　子ども家庭支援の意義と役割
　第2章　保育士による子ども家庭支援の意義と基本

第3章　子育て家庭に対する支援の体制
第4章　多様な支援の展開と関係機関との連携
第5章　子ども家庭支援に関する現状と課題

第Ⅱ部　子育て支援
第1章　保育士が行う子育て支援の特性
第2章　保育士による子育て支援の展開
第3章　保育士が行う子育て支援とその実際

　冒頭で子ども家庭支援の意義が述べられ、そのうえで保育所における支援の「体制」が論じられる。ここでの「体制」とは、保護者に対応する際の職員間の情報共有の仕組みや役割分担のことを意味している。そのうえで、外部の関連機関との「連携」が扱われる。「連携」とは情報共有のことである。外部の専門職との「連携」というのは、外部の専門職に情報を伝えることである。

　第Ⅱ部においては、保育士が行う子育て支援の特性として、ほかの専門職の子育て支援と比較した際の特質が論じられる。

　全体を通しての傾向として、固有名詞の登場頻度の少なさが挙げられる。理論家の名や、理論や概念を表す語彙がわずかしか登場してこない。理論家の名称としては、バイステック(Felix P.Biestek)以外には特記される人物は登場しない。それと並行して、「事例」偏重主義ともいうべき傾向がある。子育て支援の「事例」を紹介し、それを集団で議論させ検討させるというワークショップ型の演習の素材とすることが想定されているからであろう。

6.2　保育士等キャリアアップ研修

　2017(平成29)年から、現職研修として全国で実施されている「保育士等キャリアアップ研修」においては、8分野ある研修分野の一つとして、「保護者支援・子育て支援」が設定されている。「保育士等キャリアアップ研修ガイドライン」(厚生労働省)における「保護者支援・子育て支援」の内容は次のとおりであるが、「虐待予防」が項目として特記されていること、および保育士による支

242 **Part 2**
子ども家庭支援の実態
──生活困難家庭に焦点を当てて

Chapter 6
保育者業務の一環としての「子育て支援」の専門性
の位置づけと教育・研修の現状

援を「相談援助」と呼称していること以外は、養成課程と内容的には大きな相違はない。

保護者支援・子育て支援の意義
保護者に対する相談援助
地域における子育て支援
虐待予防
関係機関との連携、地域資源の活用

　キャリアアップ研修で使用されることを想定したテキスト(矢萩恭子編(2018).保護者支援・子育て支援.中央法規出版)の構成をみてみよう。

第1章　保護者支援・子育て支援の意義
　　第1節　保護者に対する子育て支援の機能と役割
　　第2節　保護者に対する子育て支援の基本
　　第3節　保育所の特性を活かした保護者に対する子育て支援
第2章　保護者に対する相談援助
　　第1節　保護者に対する相談援助の方法と技術
　　第2節　保護者に対する相談援助の展開過程
第3章　地域における子育て支援
　　第1節　地域の子育てにかかわる社会資源
　　第2節　地域の子育て家庭に対する支援の実際
　　第3節　地域の保護者に対する相談の実際
第4章　虐待予防
　　第1節　児童虐待への理解
　　第2節　児童虐待を受けたと思われる児童への支援
第5章　関係機関との連携、地域資源の活用
　　第1節　保護者に対する子育て支援にかかわる関係機関・専門職との連携
　　第2節　保護者に対する子育て支援における地域資源の活用

　固有名詞の登場頻度の少なさは養成課程テキストと同様である。キャリア
アップ研修テキストにおいても、理論家として特記されているのはバイス
テックのみである。理論・概念、方法の枠組みを教授することには主眼がおか
れておらず、理論が後景化される状況は養成課程テキストと同様である。

　構成はおよそ研修ガイドラインに準拠しており、研修ガイドラインが養成
課程のガイドラインとほぼ同様であることから、養成課程のテキストは研修
テキストとほとんど同一である。つまり、養成課程で語られることと、キャリ
アパスを踏まえた現職研修で語られることの差別化が図られていない。この
ことは、子育て支援の専門性が、キャリアパスの段階によって深化すること
が想定されていないことを意味する。それと同時に、学卒後、長期間を経過し
ている保育者にとっては、自らが養成課程で履修した内容からの変更を理解
し、現在における子育て支援に関する認識を構築する必要があるという認識
が先行しているともいえよう。

Section 7

普遍性・共通性ある「子育て支援」の専門性の
パッケージ化に向けて

二つの「知の体系」の構築

　養成教育にしても、現職研修にしても、教育・研修担当者のバックグラウンドの多様性を現実的状況として前提にせざるを得ないならば、各担当者の専門分野、あるいは個人的な実務経験に多くを依存する養成や研修のプログラムは、担当者によって内容が多様化・拡散し、共通性を担保できない。となれば、養成、研修で提供されるコンテンツのパッケージ化を進め、子育て支援の専門性のミニマム・スタンダードを画定する作業を進める以外に、子育て支援の専門性の普遍性を保障する道はない。

　本章を締めくくるにあたって、「子育て支援」の専門性の中核を成す、パッケージ化されたコンテンツとなり得る、二つの「知の体系」の構築の必要性を主張したい。ここでいう「知の体系」とは、養成教育、現職研修を受けるすべての保育者に提供されることが保障されるものである。

　「知の体系」の第一は、子育て支援を実施するにあたって前提となるべき現状認識を構成するためのリソースとなる知であり、第二は、利用可能性の高い子育て支援の方法論、技法としての知である。第一の「知」は、子ども・保護者・家庭・家庭をめぐる現代社会に関する社会学的・心理学的知識から構成されるだろう。この知は、子どもや保護者に対して直接的に言説として、あるいは行為として開示される点に特徴がある。発信型技能の核心を形成するはずの知であり、現状においては未開発である。この知の中核には、ジェンダー社会学、生涯発達心理学のうち、青年期以降の心理特性や家族関係論の知見が位置づけられるだろう。

　第二の「知」は、子育て支援の方法論、技法としての知である。この知を構築する試みは、現在までのところ、カウンセリング理論、コーチング理論など隣接諸分野の成果を導入することによって一定程度なされてきている。この知の特色は、子どもや保護者に対してそのものが開示され、提示されることはないという点である。この知の構築に際しては、ソーシャルワーク技法、臨床心理学など、隣接諸分野の成果を導入し、その翻案と再構成をする作業を継続・深化させていくことが有効であろう。「子育て支援」を専門性として確立するためには、最低限でも上記2系統の知の体系化、あるいはパッケージ化が必須の前提条件となるはずである。今後、議論が進展することを期待したい。

246 | Part 2
子ども家庭支援の実態
——生活困難家庭に焦点を当てて

Chapter 6
保育者業務の一環としての「子育て支援」の専門性
の位置づけと教育・研修の現状

参考文献

青木久子・間藤侑・河邉貴子(2009)子ども理解とカウンセリングマインド——保育臨床の視点から(改訂版). 萌文書林

橋本真紀(2009)保育所の地域子育て支援事業に期待される「期待」——先行研究に記述される「役割」の検討から. 教育学論究. 創刊号

柏女霊峰(2006)保育の「今」と「これから」. 網野武博・無藤隆・増田まゆみ・柏女霊峰. これからの保育者にもとめられること. ひかりのくに

北野幸子(2017)家庭との連携に関する保育者の専門性に関する検討. 保育学研究. 55巻3号

厚生労働省(2017)保育士等キャリアアップ研修ガイドライン

小川博久(2013)保育者養成論. 萌文書林

太田光洋(2013)総論・保育者の専門性を生かした他職種との協働を. 発達. 34

太田光洋(2016)子育て支援と保育. 日本保育学会編. 保育を支えるネットワーク——支援と連携. 東京大学出版会

『最新保育士養成講座』総括編纂委員会編(2019)最新保育士養成講座⑩子ども家庭支援——家庭支援と子育て支援. 全国社会福祉協議会

鶴宏史(2009)保育ソーシャルワーク論——社会福祉専門職としてのアイデンティティ. あいり出版

鶴宏史・三好明夫・山本佳代子・柴田賢一編(2018)保育ソーシャルワークの思想と理論. 晃洋書房

矢萩恭子(2018)保育士等キャリアアップ研修テキスト⑥保護者支援・子育て支援. 中央法規出版

山縣文治(2008)地域の子育て力を高めるための保育所の役割. 保育の友. 56.(12)

山縣文治(2010)地域子育て支援施策の動向と実践上の課題. 季刊保育問題研究.(244)

山縣文治(2016)地域子育て支援における保育のあり方と保育技術. 日本保育学会編. 保育を支えるネットワーク——支援と連携. 東京大学出版会

Conclusion

これからの保育所等における
子ども家庭支援に向けて

Section 1

本書から得られた知見

　これまで述べてきたように、本書では「生活困難家庭への支援」を軸としな
がら、保育所等組織における子ども家庭支援の具体的な方策について検討し
てきた。本章では、各章における議論をまとめたうえで、今後の保育所等にお
ける子ども家庭支援の展望と課題について考察してみたい。

1.1　保育所等における「支援」の意義と範囲

　子どもの貧困が社会的課題となっている。2020（令和2）年春先からの新型
コロナウイルス感染症の拡大によって、経済的格差は今後さらに拡大し、生
活困窮を抱える世帯の増加が予想される。減給、失業、借金などの経済的な困
窮は子育て家庭の生活基盤を脅かし、親の失踪、離婚、DV（ドメスティック・バイオ
レンス）、うつなどの疾患を誘発することもあり、子どもの養育環境の不安定化
につながるものとなる。小規模化した世帯内での支え合いが難しくなるなか
で、脆弱な子どもの養育環境に対し公的なセーフティネットの構築が急務と
なる。本書は、その一端を保育所等が担えるのではないかという、そもそもの
問題関心から出発している。

　Introductionでは保育所等における生活困難家庭への支援の意義を踏ま
えたうえで、保育所における家庭支援の守備範囲について問題提起してい
る。保育所保育指針においては、これまで「第6章　保護者に対する支援」と
されていた章が、2017（平成29）年の改定により「第4章　子育て支援」に改め
られ、一見すると保育所は子育て以外の家庭が抱える生活全般の困りごとに
ついて、積極的に対応しなくてもよいものとして読み取れる表記となった。

しかし社会保障審議会児童部会保育専門委員会における検討のなかでは、「貧困家庭や外国籍家庭など、特別なニーズを有する家庭への支援についての配慮」[1]が示され、それを反映する形で保育所保育指針における「保護者の状況に配慮した個別の支援」[2]の項目が設けられている。

　また不適切な養育が懸念される場合については、市町村をはじめとした関係機関との連携が重視され、そのことにより虐待予防や養育の改善に寄与する可能性について記されている。つまり現行の保育所保育指針においても、保護者から子育て以外の相談を受け、深刻な状況を聞き取った場合には、子どもの最善利益を考慮し、必要な支援につなげていくことが求められているのである。児童福祉施設である保育所等は、生活困難の状況下にいる子どもたちが地域に存在する限り、子どもの育ちを守るセーフティネットとしての役割も期待されている。

　さらに近年の社会福祉法の改正から、社会福祉法人には地域公益的取り組み[*]が求められるようになった。周知のとおり、保育所等の運営主体は社会福祉法人の占める割合が高い。保育所等による地域公益的取り組みの実際は地域の実情に応じてさまざまなものが考えられるが、生活困難家庭に対する日常生活または社会生活上の支援も、地域公益的取り組みに該当すると考えられる。社会福祉法人が経営する保育所等は、自らが公益的な存在であることを再認識し、経済的困窮をはじめとするさまざまな子育て困難について、組織内外の体制や連携によってどのように支えていくかを考え、実践していくことが求められている。

1.2　歴史的経緯からみる子ども家庭支援の役割

　第1章では明治期からの保育制度、保育士養成課程ならびに保育所保育指針の記述内容と、それらに関する文献資料から、保育士に求められる役割と

---

[*]　社会福祉法人による地域公益的取り組みについては、社会福祉法第24条第2項において「社会福祉法人は、社会福祉事業及び第26条第1項に規定する公益事業を行うに当たっては、日常生活又は社会生活上の支援を必要とする者に対して、無料又は低額な料金で、福祉サービスを積極的に提供するよう努めなければならない」と定められている。厚生労働省は、実践事例として「子育て交流広場の設置」「ふれあい食堂の開設」「複数法人の連携による生活困窮者の自立支援」等をあげている。詳細は、Introduction 参照のこと。

しての子育て支援・家庭支援に関する視座を整理した。救貧や防貧の必要から誕生した黎明期の託児は、やがて社会事業として発展したが、そこで求められる役割はソーシャルワーク機能を含むものであることがあらためて確認された。戦後、託児所は児童福祉法の制定によって保育所として制度化されていくが、保育の場そのものに到達できない家庭の存在や、保育所と家庭生活の乖離から、幼稚園とは異なる保育所独自の課題を模索する必要にも直面していた。歴史的経緯からみても、保育所は家庭をまるごと支援することを必要とするものであった。

　またどの時代にあっても、保育士は「福祉職か、教育職か、それとも福祉職＋教育職か」ということが根源的に問われ、ソーシャルワーク機能の導入についても繰り返し議論が行われてきたことが確認された。こうした歴史的経緯は、保育所等におけるソーシャルワーク機能がこれからもまったく不要になることはないことを私たちに教えてくれるものとなるが、現行の保育所保育指針では、ソーシャルワークを主として担う多様な機関との連携が推奨されており、新たな地域支援システムの構築が求められるものと思われた。

　一方で他機関との連携の推奨は、「保育所等の独自性とは何か」という新たな課題を保育所等に突きつけるものと考えられた。第1章における文献資料からは「独自性そのもの」を抽出することはできなかったが、早期発見や組織対応などがその手がかりになるのではないかと思われた。

1.3　求められる組織対応

　保育所等が「組織である」ということは疑いようのない事実である。しかし保護者支援や子育て支援のあり方を模索するとき、保育所等という「組織」が意識されてきたかというと、学術的な議論としては乏しいといわざるを得ない。一方、実践現場を垣間見るに、すでに保育所等ではさまざまな生活困難に対応している現実があり、学術的な到達点と実践現場での支援には一定の距離があるのではないかと思われた。第2章では、近年議論が闊達になってきている「保育ソーシャルワーク」に着目し、それに関する研究論文をレビューすること、および保育所での実践報告等の文献をレビューすることに

よって、演繹的、帰納的なアプローチから生活困難家庭への支援の現状について確認することとした。

　二つのレビューでともに頻出したソーシャルワークの機能／業務の機能は、相談援助機能、連携機能であった。これらはソーシャルワークにおいては中心的な機能であり、困難家庭を支援する際には当然重要なものであることが確認された。一方、実践報告等レビューからは側面的支援機能、管理・運営機能、早期発見機能が多く抽出された。側面的支援には日常の見守り、さりげない言葉かけ、意図的な世間話などが含まれる。また管理・運営機能には、組織が適切に機能するための調整や管理が含まれ、さらに早期発見機能は、保育所等が保護者や家庭の変化を早期に察知するものとなる。「保育ソーシャルワーク」という理論的枠組みからは認識されにくいものの実践報告等から浮かび上がってきたこれらの機能は、保育所等の子ども家庭支援における「強み」あるいは「独自性」として認識できるものと考えられた。さらに保育所等ではすでに子育て以外の多様な生活困難に対応していること、園内での役割分担の遂行などが確認された。深刻な事例に向き合う際には組織対応が必然であることがうかがえ、保育所等における子ども家庭支援を考える際にも、「組織」を視野に入れることの重要性が示唆された。

　また第3章では、「保護者の相談のしやすさ」に着目し、子育ておよび子育て以外の生活困難にかかわる悩みを保育者に相談する条件について、保護者へのインタビューをもとに明らかにした。保護者が保育者に相談するためには、基盤条件、誘因条件、実践条件が循環的に機能することが必要であることが示されたが、なかでも基盤条件には保育者や保育活動にかかわる内容に加えて、「日常的な保護者へのアプローチ」や「地域交流」といった組織をどう運営するかといった観点（「信頼される保育所運営」）が抽出された。子どもを個として尊重し、子どもの可能性に信頼を寄せる質の高い保育実践のみならず、園内職員の円滑なチームワーク、保育者たちの専門性の向上のための努力、保育の説明責任を遵守する姿勢を目の当たりにすることによって、保護者たちはその園に対する安心感・信頼感を高めていることがわかった。その安心や信頼のうえに、誘因条件としての保育者の行動特性や敷居の低い相談対応、実践条件としての対人援助技術の活用や相談内容に応じた具体的対応が積み

重なることで、保護者たちはさらに「この保育者に相談しよう」と思えるようになることがうかがえた。また子育ての相談と子育て以外の相談の間には、条件的な相違はそれほど多くは確認されず、多世代を受け入れる地域交流や子育て以外の相談場所として周知されているかどうかが、子育て以外の相談先となり得るか否かを左右していることもうかがえた。

さらに子どもに障害や発達上の課題がみられる場合の保護者対応においても、組織的な対応が必要と考えられた。第4章では、発達障害の可能性がある子どもの保護者支援が、保育所等では非常に困難な課題となりやすいことを踏まえ、母親がわが子のニーズに気づき動き出すプロセスから保育者や保育所等に求められる具体的な支援のあり方について考察した。

発達障害の可能性のある子どもの母親を支援していくには、子どものために母親の気づきや行動を促す役割と、母親を支え続ける役割といった、質的に全く異なる役割を遂行する必要が指摘された。しかし一人の保育者が同時にその二つの役割を担うことは難しく、保育者自身の葛藤や保護者の情緒的混乱を招くことにもなりかねない。よって「促す役割」は担任保育者以外の園長や主任等が担い、「支える役割」は担任保育者が担うといった保育所等内での役割分担が提案されるものとなった。それぞれの役割がうまく機能するように、母親の気づきと行動のプロセスを丁寧にアセスメントしながら、組織内で情報共有し、対応していくことが望まれることが示された。

以上のことから、保育所等において多様な困難家庭を支えるためには、組織対応が欠かせないことが強調される。保護者からすれば、組織対応は直接的に目に見えるものではないかもしれないが、保育者集団による子どもへのかかわりの一貫性やそれぞれの職員の対応の積み重ねからそれは透けて見え、体感されるものであると思われる。また保育者の立場に立てば、解決困難な事例を一人で抱え込むのではなく、保護者との日々のやりとりのなかでその変化を読み取り、必要に応じて組織内で情報を共有し、適切なアセスメントをともに行いながら対応策を展開していくことのほうが現実的であり有効であることが推察された。

1.4 保育所等における生活困難家庭への支援の実際

　第5章では、本研究チームで行った大阪府における予備調査および本調査の知見を整理した。大阪府を取り上げた理由は、大阪府の私立保育所・認定こども園が、従来から地域の子育て支援の必要性を実感し、かつ子育て課題に留まらない、制度の隙間にあるような潜在的ニーズへの対応を捉え、それを制度として開発・定着させてきたことにある。それは現在も大阪府社会福祉協議会保育部会による「保育園における地域貢献事業」に引き継がれており、府内の私立保育所等においては、本事業のための地域貢献支援員養成研修を受講した保育者も多い。

1.4.1 支援の必要性の認識の現状

　予備調査では、園長や主任の7割で生活困難が疑われる事例に直面した経験があることがわかった。一方本調査においては、保育者たちが生活困難家庭に対する支援の必要性を、それほど強く認識しているとはいえないことが浮き彫りになった。保護者よりも子どもが支援対象として強く認識される傾向にあり、また生活困難家庭への支援よりも育児不安に対する支援の必要性を強く認識する傾向にあった。保育所等は主に子どもを対象とした施設であり、養護の観点からも子どもへの支援に必要性を感じることはむしろ当然の結果といえる。生活困難の状況におかれる保護者を支援する必要があると考える保育者は4割程度と決して高いとはいえない現状は、生活困難な状況が子どもの生活基盤としての家庭を不安定化させるといっても、子どもに対する影響が顕在化しない限り、保育所等では生活困難家庭への支援にはつながりにくいことを意味していると思われた。

1.4.2 早期発見のための視点

　第2章の文献レビューにおいて、保育所等の強みとして早期発見機能があることが示唆されたことを踏まえ、第5章第4節ではさらに生活困難を早期に発見するための、保育者の視点の抽出を試みた。予備調査の自由記述から整理された項目は、子どもと保護者それぞれの様子からなる25項目として

示された。児童虐待のチェックリストと比較すると、保護者の様子として現われる「身だしなみの変化」は、生活困難家庭の発見の視点として新たに示されるものであることがわかった。それ以外の視点は、児童虐待のチェックリストと非常に類似したものであり、保護者が生活困難を抱えるということは、子どもが虐待的環境、あるいはそれに近い状況におかれることを意味するのではないかと考えられた。

1.4.3　子ども家庭支援に関する具体的役割と役割傾向

　実際に、保育所等では生活困難家庭を支援するためにどのような役割を担っているのだろうか。そしてその役割は、職階等によって異なることはないのだろうか。第5章第5節では、予備調査の自由記述から子ども家庭支援に関する具体的役割79項目を抽出した。その内容は、生活困難が発見される前からの、個別対応の前提となる環境づくりやかかわり、意図的な情報収集、事前評価、支援計画の作成、支援の実際、他機関連携、支援の評価・改善等を含んだ、非常に広範囲なものとなった。生活困難家庭を支援するためには、個別的な直接的支援のみでは不十分であり、問題が発見される前からの日常的な保護者との関係構築、相談活動に耐えうる環境整備、意図的な情報収集や事前評価などの間接的支援も重要であることが示された。これらは生活困難の支援に特化した役割というより、日常的なやり取りや相談受理のためのレディネスを含む、特別ニーズをもつ子どもや保護者を支援するための支援プロセスとしても捉えられる。

　職階等で役割遂行を比較したところ、園長は事前評価や支援計画の作成、具体的な保護者支援の展開、主任は日常的な観察、意図的な情報収集、担任は保護者との関係構築、子どもの保育を通しての支援などというように、それぞれの職階に特徴的な役割傾向があることが確認された。しかしその役割は、明確な線引きのある分担かというとそうではないことも明らかとなった。全体的な実施得点の高さから、むしろ役割の「重なり」が多くみられ、子ども家庭支援に関する具体的役割をおおよそみんなで担いつつ、少しずつ役割をスライドさせることで支援の連続性を確保している様子がうかがえるものとなった。換言すれば、その場面その場面では誰かが主として責任をも

ち、事例が展開されるにつれてその役割と責任をスライドさせることで、一連の流れとして保育所等組織が支援に取り組んでいることが示されたこととなる。

1.4.4　子ども家庭支援の役割を支える組織特性

　しかしながら、すべての保育所等が生活困難家庭への支援を積極的に行っているとは考えにくい。また役割と責任のスライドは、保育者やその組織の特性によって大きく左右されることが予想された。第5章第6節では、生活困難を抱えた家庭への支援が有効に行われるために、保育者の個人的な属性や園長のリーダーシップ、組織風土などが、どのように影響しているのかを明確にすることを試みた。79項目に精査された子ども家庭支援の役割は、分析の過程で1因子として集約されることが明らかとなり、一連の役割群としてみなすことができるものと考えられた。このことは、生活困難家庭への支援そのものが、職員間で相互に情報を収集し、課題について丁寧にアセスメントを行い、職員の役割調整を経て具体的支援へと移行し、その後の見守りをも大切にするといった、非常に息の長い、連続的で、まとまりのある取り組みであることを示している。さらに多岐にわたる役割が一つにまとまるということ自体、組織的な取り組みを前提としているものとなる。

　子ども家庭支援の役割を支える要因として、保育者と園長の支援の必要性の認識や園長のリーダーシップ、組織風土などが抽出された。とりわけ園長のリーダーシップは、子ども家庭支援の役割そのものよりも組織風土に強く関連していることも明らかとなっており、園の組織風土の醸成を介在させ間接的に子ども家庭支援を促進させる側面と、直接的に子ども家庭支援に影響

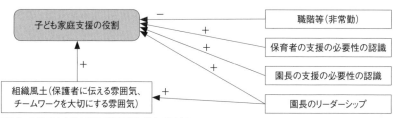

図7-1　子ども家庭支援の役割の関連要因に関する概念図

する二つの方向性をもつものと推察された[図7-1]。保育所等運営における園長の
果たす役割の大きさがあらためて確認されたともいえる。さらに地域特性と
の関連は認められなかったことから、地域のなかに生活困難家庭の存在があ
るからといって、それが必ずしも支援につながるわけではなく、今回導き出
されたほかの要因のほうが、子ども家庭支援に強く影響していることも明ら
かとなった。つまり子どもの最善の利益を考慮し、生活困難家庭を支援しよ
うという組織を、保育所等がどのように整えつくりあげていくかということ
が問われていることとなる。

| 1.4.5　生活困難家庭への支援における課題

　今後、保育所等が生活困難家庭への支援を行うにあたっての課題とは何か
を確認するために、第5章第7節では本調査から得られた自由記述から検討
した。地域における支え合いの子育てにつながるといった利点が示される一
方で、その業務について人的・物的、経済的な側面から負担感を覚えるものも
みられた。その他、総合相談としての役割も担うことの周知や他機関との
ネットワーク構築による潜在的ニーズの把握等の必要性、一人ひとりの保育
者の支援スキルの向上などが課題として示された。

| 1.5　子ども家庭支援における方法論の追究の必要性

　第6章では、保育者業務における「子育て支援」の専門性が抱える課題につ
いて、教育学的見地からクリティカルな示唆が行われた。2001（平成13）年の
児童福祉法改正は、新たな「保育指導」という職務を保育士に求めることと
なったが、その専門性の確立はいまだ途上にある。子育て支援を「従来から
行ってきたことと同じ」「子育て経験があればできる」とするならば、子育て
支援における専門性や養成教育の意義を否定することになり、今後も保育に
おける子育て支援領域の発展・深化は望めない。またそうした方向性は、深刻
な支援ニーズを無意識のうちに看過する可能性をも否定できない。第6章で
は、子育てに関する社会規範、心理主義、専門性の議論の揺らぎやあいまいさ
などを捉えながら、子育て支援に関する研究や実践において焦点化すべき

は、保護者や家庭のニーズに対応するために「何をなすべきか」、何をすれば
「子育て支援」を行っていると考えられるのかという方法論の確立であること
が強調された。また、保育者の専門職化をさらに進めるならば、業務の幅の
縮減が必要との主張がなされているが、本書全体の子ども家庭支援に関する
役割の提示や提案と照らし合わせてみると、両者は引き続き議論すべき点と
して残る。

　以上、本書を通して明らかにされてきた知見から、本書が子ども家庭支援
における実践理論に寄与できる意義を大きく3点示すことができる。
　第一に、これまで議論の乏しかった保育所等での子ども家庭支援における
組織対応について、その必要性と有効性を実証した点、第二に、保育所の「強
み」を踏まえたうえで、実践理論として生活困難家庭の早期発見の視点、子ど
も家庭支援の具体的役割を抽出し、その実践の現状を把握し今後のよりよい
支援を追究するための手がかりを得た点、第三に、保育所等において生活困
難家庭を支援するために直面する、保育所等組織、地域社会、保育政策にかか
わる諸課題を抽出したことにより、支援体制のさらなる発展のための論点を
示すことができた点である。よって第6章で示された保育所等において「何
をなすべきか」、何をすれば「子育て支援」となるのかという方法論の確立に
向けた問いには、一定の答えられる知見が得られたのではないかと考える。
本書は、保育所等における子ども家庭支援の実践理論構築の一端を成すもの
として価値づけられよう。

Section 2

今後の保育所等における子ども家庭支援の展望と課題

　最後に、保育所等における子ども家庭支援の実際に関する今後の展望と課題について考察したい。

2.1　連携のための地域ネットワークと保育所等の「強み」の意識化

　連携とは、一般に「同じ目的を持つ者が互いに連絡をとり、協力し合って物事を行うこと」[3]を意味し、社会福祉の分野では「援助において、異なった分野、領域、職種に属する複数の援助者（専門職や非専門的な援助者を含む）が、単独では達成できない、共有された目標を達成するために、相互促進的な協力関係を通じて行為や活動を展開するプロセスである」とされている[4]。繰り返しになるが、不適切な養育や保護者からの相談に対して、保育所においてはソーシャルワークの中核を担う機関と必要に応じて連携することが推奨されている。また、連携に至るには自身の支援の限界を認識することが前提となること、連携の行為には相互利益性や相互依存性などが含まれていることが指摘されている。つまり連携によって、互いの強みを交換し合い、自分たちの限界を超えた支援の実現可能性が期待されることとなる。

　保育所等は、子どもと保護者が日々通い、保育者とコミュニケーションを交わす場所であり、日常の観察、声かけ、寄り添い、見守りが可能な社会資源である。また日々の様子から子どもや家庭のわずかな変化に気づいたり、保護者のちょっとした困りごとや不安を捉えたりすることで、問題が深刻化する前段階で家庭での生活困難を早期に発見することが可能となる。市町村の担当課や要保護児童対策地域協議会、児童相談所、福祉事務所などでは、こう

した日々の継続的なかかわりや支援の遂行は難しい。よって保育所等における早期発見機能、側面的支援機能は、関係機関との連携において強調される強みであり、保育所等の独自性となる。

　一方で、対象となる保護者の抱える状態や家庭を取り巻く状況を支援するためには、それが深刻な事例であるほど、これら専門機関の知識や技術、判断といった役割が欠かせない。それぞれの強みと限界を認識し、互いの強みを理解し尊重していくことで、保育所等と関係機関との相互依存的な連携が可能となるものと思われる。

　相互依存的な連携の具体例として、高知県のスクールソーシャルワーカーの活用（第5章第7節参照）、札幌市の子どものくらし支援コーディネート事業*、大阪府の社会貢献事業「大阪しあわせネットワーク」における社会貢献推進室と地域貢献支援員との連携（第5章第1節）などが挙げられる。これらは早期に発見された生活困難を必要な支援につなげるための事業や活動であり、互いの強みを活かしその限界を超えるための連携となっている。現状では連携の初期段階に位置すると思われるが、将来的には、家庭児童相談室や要保護児童対策地域協議会、子育て世代包括支援センターなどとの連携を強め、専門機関や地域の多様な資源がそれぞれに相互関係を保ちながら必要に応じて情報を共有し、ネットワークとして支援を行う連携[5]のあり方やそこへの参画が目指されていくものと思われる。こうしたネットワークの構築は、地域の潜在的なニーズの把握により効果を発揮し、多様な困難や課題を支援するための有機的、複層的、相互補完的なネットワークとして機能していくものと思われる。

2.2　子ども家庭支援のための組織づくりと園長のリーダーシップ

　第5章第5節では、組織全体で子ども家庭支援の役割を担いつつも職階等によって主となる役割傾向が異なっていることも読み取れた。園長、主任、担

---

*　札幌市では、2016（平成28）年に実施された「札幌市子ども・若者生活実態調査」の結果から、困難を抱えていると考えられる世帯ほど制度やサービス、相談窓口を知らないなどの社会的孤立の傾向にあることを把握し、2018（平成30）年から困りごとや悩みを抱えている子どもや家庭を早期に把握し必要な支援につなげる「子どものくらし支援コーディネート事業」を開始している（https://www.city.sapporo.jp/kodomo/torikumi/taisaku/coordinate.html）。

任がそれぞれに「責任をもって」担う役割があるのだろうと予想されたが、こうした役割遂行のあり方は、誰が主たる責任者であるか、誰がしっかり確認するか、といった組織マネジメントが適切に機能しなければならないものとなる。また日々の観察や保護者との会話のなかで、早期発見につながるような糸口に遭遇したとしても、それがほかの保育者たちに共有され「対応すべき課題」として認められなければ、組織として課題を発見したことにはならない。そこには保育者自身の事例に対する敏感さや職員間の関係性、会議の開催や情報共有のあり方などの組織運営がかかわっていると思われる。いうまでもなく、それらは園長や主任のマネジメントやリーダーシップの問題でもある。

　今回の調査では園長のリーダーシップに焦点を当て調査を行ったが、園長のリーダーシップは、子ども家庭支援に関する保育者たちの役割と保育所等の組織風土の醸成の双方にかかわっていた。さらに子ども家庭支援に関する役割よりも組織風土の醸成のほうに園長のリーダーシップが大きく関与していること、組織風土は子ども家庭支援の役割にも影響していることが明らかとなった[図7-1]。

　ここからもう少し考察を深めてみると、園長が子ども家庭支援実践に寄与する組織風土の醸成に尽力するならば、深刻な事例に遭遇したとしても組織そのものが必要な支援の追求に自然と方向づけられ、園長のリーダーシップと相互に関連しながらより円滑な支援として展開され得ることが考えられる。この考察からも、組織体制や運営のあり方と子ども家庭支援の実際との関連が推察される。保育所等における園長のリーダーシップや組織マネジメントに関しては明らかにされていない点も多いため、今後さらに検討することが求められる。ただ現状において強調すべきは、組織をつくり、問題解決に向けてその組織をダイナミックに動かしていくのは園長であり、その役割は非常に大きいということである。

2.3　支援の必要性の認識と保育者養成課程・研修体制の構築

　第5章第3節で述べたように、生活困難家庭に対する支援の必要性は、保育

者たちの間でそれほど強く認識されるものではない。しかし子ども家庭支援の実際を支える要因として、園長と保育者による「支援の必要性の認識」が強く影響していることが明らかとなった。それぞれの「支援の必要性の認識」がどのように醸成されるのかは、今回の調査では明らかにされていない。園長の使命感が身近な保育者たちに浸透することもあるだろうし、自身の生活経験からその思いを強くする者もあるだろう。しかし経済的格差のさらなる拡大が危惧される昨今においては、「支援の必要性」を個々人の経験や感性に委ねるのではなく専門職の役割として定着させていくことが求められる。子どもの最善の利益の尊重のためには子育て以外の生活困難も支援対象となること、支援のすべてを保育所等が抱え込むのではなく、適切な関係機関との連携を促進していく方法があること、そのための具体的な方法のスタンダードを伝えていくことなどが課題となろう。

　伝達のツールとしては、保育者養成課程における教育やキャリアアップ研修などの現職研修が考えられる。「子育て以外の生活困難をも支援の射程に含めること」がこれからの保育者たちに十分浸透していくように、支援対象の範囲とその意義、具体的方法論に関する論点を「子育て支援」の専門性の範疇に含めていくことを提案したい。

　また職階等によって異なる役割傾向や園長のリーダーシップの重要性の関連から、今後の現職研修においては、具体的な役割を「誰がどのように担うか」を含めた内容として整理していくことが求められる。現在、子育て支援に関する研修では、キャリアアップ研修や自治体独自のものなどさまざまに展開されているが、それらにおいても初任保育者、中堅保育者、管理者などと教授内容を階層化し、研修体制を再構築することを視野に入れる必要があるものと思われる。

2.4　子どもの育ちに対する積極的支援への視座

　一般に「子育て支援」「保護者支援」と称するとき、保護者の状態や家庭の状況に関心が向けられがちであり、その保護者をどう支援するかが議論される。家庭を取り巻く状況が改善されれば、おのずと子どもの育ちにもよりよ

い効果が期待されるため、そのこと自体は肯定されるべきことである。しかし生活困難や不適切な養育は、解決や改善に時間がかかることが多く、そもそも問題が解決しない場合もある。家庭学習環境が、子どもの発達に大きな影響を及ぼすことは周知の通りである[6]。また子ども期の貧困やネグレクトといった不利は、低学歴や成人後の社会的孤立に結びつきやすいことも指摘されており、その背景として他者に頼るすべを知らずに育ったことから成人後も他者に頼る発想がそもそもないのではないか、他者との安定した関係をもつことができないことから適切な人間関係をつくることができないのではないかなどの考察が加えられている[7]。

　乳幼児期は、その人間形成において最も重要な時期である。子どもの「育ち」にとって、子どもを取り巻く身近な環境がより豊かなものとなるように、人的にも物的・空間的にも、その養育環境を下支えし、積極的に支援していくようなアプローチが保育所等には求められている。

　生活困難家庭の子どもの保育と家庭支援について、本研究を通していくつかの保育所等に聞き取りを行うと、そうした家庭の子どもに対しては、食事や睡眠、排泄といった生命の保持と、情緒の安定といった養護面の保障に日々尽力しており、子どもたちが卒園するまで継続的な見守りを行っていることがうかがえる。一方で「手厚い保育所時代はいつまでも続かない」と卒園後の生活や子どもの育ちに不安を覚える語りに遭遇することもあり、地域ネットワークの必要性を痛感し、保育所等で引き続きできることは何かを思案する園の存在もみられている。積極的に貧困家庭の支援に取り組む保育所等のなかには、子どもの生活力や生きる力を、ほかの子どもたちよりも少し早く育成することを提案するところもある[8]。

　家庭とともに子どもに豊かな養育環境を提供する、子どもの思いや願いを受けとめ、安定した人間関係から人に対する信頼感を育てるといった機能は、そもそも保育所等の得意分野である。不安定な家庭の状況が続く場合には、保育所等の質の高い保育がより期待されるものとなるが、とりわけその対象となる子どもに、保育者からの何らかの配慮やかかわりの積極性が必要になるのではないだろうか。小学校以降の子どもの未来を見据え、不安定な家庭のなかで暮らす子どもをターゲットに、養護の保障に限らない、保育に

おける子どもの育ちに対する積極的支援を検討する時期が来ている。もちろんその支援には、保育所等組織と地域ネットワークの力が不可欠である。

　生活困難家庭を含めた多様な家庭の状況を支えること、一人ひとりの子どもの育ちをその状態に応じて支えること、その両輪が機能してはじめて、保育所等は子どもの最善の利益の尊重に真に貢献することができるものと思われる。保育所等における子ども家庭支援の今後の課題として記しておきたい。

引用文献

1 社会保障審議会児童部会保育専門委員会(2016)保育所保育指針の改定に関する議論のとりまとめ. 9. https://www.mhlw.go.jp/stf/shingi2/0000146738.html

2 厚生労働省(2017)保育所保育指針

3 新村出編(1998)広辞苑第5版. 岩波書店

4 山中京子(2003)医療・保健・福祉領域における「連携」概念の検討と再構成. 社会問題研究. 53(1). 1-22

5 安梅勅江編著(2005)コミュニティ・エンパワメントの技法. 医歯薬出版. 120-121

6 Kathy Sylva, Edward Melhuish, Pam Sammons, et.al (2010) Early Childhood Matters. Routledge. 225

7 三谷はるよ(2019)社会的孤立に対する子ども期の不利の影響. 福祉社会学研究16. 179-199

8 平松知子(2016)人生最初の6年間で育めるもの. 秋田喜代美・小西祐馬・菅原ますみ編著. 貧困と保育. かもがわ出版. 68-69

おわりに

　「保育所等で生活困難家庭を支えること」をテーマに述べてきた。この研究テーマに出会ったのは、大阪府社会福祉協議会保育部会から地域貢献支援員養成研修の講師を依頼されたことによる。共著者の関川芳孝氏、鶴宏史氏、木曽陽子氏も同じ講師として携わっている。講師を引き受けるにあたって、保育部会の方々からその歴史的経緯や展望をお聞きし、これまでの「保育」にとどまらない、新しいものの見方を取り入れる必要があると感じた。

　実際、保育者を対象とした研修のなかでは「家庭の困難を発見するため、どんな情報収集が必要か」を問うている。研修を始めた頃は、端から保育者の頭のなかにクエスチョンマークが浮かんでいるのがありありとみえ、「そんなこと考えて見ていなかった…」というつぶやきに何度も遭遇した。しだいに深刻な事例を抱える園の保育者が積極的に発言するようになり、やがて保育者たちのほうから、忘れ物、衣服の交換、保護者の化粧の有無などは、家庭生活の変化を読み取る重要なサインとなるとの意見が出されるようになった。

　一方、園の一人だけが研修を受講しても学んだことは実践には活かせないこと、園長の理解や判断が有効な支援につながることが、ぽつりぽつりと保育者たちの口からこぼれ出るようになった。そのつぶやきは、そのまま職員間のチームワークや園長のリーダーシップ、保育者たちの支援観などと重なるものとなる。

　また研究や研修を通して、多くの保育者と出会い実践を教えてもらう機会を得た。日々の送迎のなかで、保護者

や子どもの変化を察知できるようにと環境を工夫する園
や、園長がホールでニコニコと出迎える園、ちょっとした
世間話を大事にする園などさまざまであった。保護者の
表情から何かを察知して「ちょっとお茶でも飲みません
か」と事務所に誘う園、失業した保護者に仕事を紹介する
園もあり、子どもと家庭の生活基盤が安定するように、
日々配慮する園の取り組みを知ることにもなった。

　一見すると平凡にも思われるこれらの実践の背景に
は、家庭の様子を把握したり、支援の糸口を探ったりと
いった明確な意図を含むものとして語られた。生活困難
の状況は、見ようとしなければ見えないもの、理解しよう
と思わなければ当事者の心は開かれないものでもあるこ
とを、そして、ひとたびその深刻さのスピードが加速すれ
ば、子どもと保護者の命を奪うことにもなりかねないこ
とを、そうした園の保育者たちは実感しているようで
あった。どの実践にも、子どもや保護者の幸せを考え、未
来を願う姿があり、保育所等の懐の深さを実感させられ
るものであった。

　ここまで生活困難家庭への支援に着目し議論を展開し
てきた。そのことによって、本書を日常の子育て支援や保
護者支援とはまったく別物としてとらえる読者もいるか
もしれない。しかし支援の具体的項目や紹介した園の実
践などから、それらは決して特別なプロセスではなく、日
常的な取り組みを内包するひとつながりのものとして把
握できることを、おわかりいただけるのではないかと思
う。受け皿としての保育所等の支援体制が日常的に整っ
ていなければ、ある日遭遇するかもしれない事態には対
応できないものと考えている。

　本書は、JSPS科研費25350936、16K01876、19H01651
を受けたものである。本研究にあたっては、大阪府社会福

祉協議会保育部会には多大なるご協力をいただいた。またご多忙のなか、アンケートやインタビューなどの調査にご協力くださった大阪府内の私立保育所・認定こども園の保育者や保護者の皆様に、御礼申し上げる。また本書の刊行にあたっては、中央法規出版第1編集部の平林敦史氏に大変お世話になった。この場を借りて謝意を表したい。さらに、チームとしてともに本研究に取り組んでくれた共同研究者の先生方にも感謝の意を表したい。そして次のステージでも引き続きご一緒していただけることを願う所存である。

　何のために研究をしているのか。このことは、常に自分に問うてきた課題である。本研究で得られた知見が、日々の保育所等の実践に少しでも寄与すること、子どもと家族の幸せにつながっていくことを心より願っている。

　2020年12月　空の澄み渡る日に　　　　　中谷奈津子

初出一覧

Introduction 書き下ろし

Chapter 1 書き下ろし

Chapter 2 鶴宏史・中谷奈津子・関川芳孝 (2016)「保育所における生活課題を抱える保護者への支援の課題：保育ソーシャルワーク研究の文献レビューを通して」教育学研究論集 (11). 1-8
中谷奈津子・鶴宏史・関川芳孝 (2015)「保育所における生活課題を抱える保護者への支援：保護者支援・保護者対応に関する文献調査から」大阪府立大学紀要. 人文・社会科学 63. 35-45
これらをもとに執筆

Chapter 3 鶴宏史・中谷奈津子・関川芳孝 (2017)「保育所を利用する保護者が保育士に悩みを相談する条件：保護者へのインタビューを通して」教育学研究論集 (12). 31-38.を改稿

Chapter 4 木曽陽子 (2016)『発達障害の可能性がある子どもの保護者支援』晃洋書房. をもとに執筆

Chapter 5 Section 1：関川芳孝 (2018)「スマイルサポーター事業の沿革」中谷奈津子・鶴宏史・関川芳孝編著『保育所・認定こども園における生活課題を抱える保護者への支援』大阪公立大学共同出版会. 7-11.を改稿
Section 2：書き下ろし
Section 3：書き下ろし
Section 4：鶴宏史・中谷奈津子・関川芳孝 (2018)「保育者が親子の生活課題を捉える視点 ——保育者の自由記述分析」学校教育センター年報(3). 71-75.をもとに執筆
Section 5：中谷奈津子・鶴宏史・関川芳孝 (2018)「生活課題を抱える保護者への支援と保育所等内の組織的対応：具体的な役割項目の抽出と職階等による分析から」社会問題研究 67(146). 43-55.を改稿
Section 6：中谷奈津子・鶴宏史・関川芳孝 (2020)「生活困難家庭を支援する保育所等の組織特性：支援の必要性の認識と園長のリーダーシップを視野に」神戸大学大学院人間発達環境学研究科研究紀要 13(2). 29-37.を改稿
Section 7：書き下ろし

Chapter 6 書き下ろし

Conclusion 書き下ろし

索引

執筆者一覧

［編著者］

中谷奈津子
なかたに・なつこ
……Chapter 1, Chapter 5 Section 2・3・5・6, Conclusion
神戸大学大学院人間発達環境学研究科准教授

鶴 宏史
つる・ひろふみ
……Chapter 2, Chapter 3, Chapter 5 Section 4・7
武庫川女子大学教育学部准教授

関川芳孝
せきかわ・よしたか
……Introduction, Chapter 5 Section 1
大阪府立大学大学院人間社会システム科学研究科教授

［執筆者］

木曽陽子
きそ・ようこ
……Chapter 4
大阪府立大学大学院人間社会システム科学研究科准教授

吉田直哉
よしだ・なおや
……Chapter 6
大阪府立大学大学院人間社会システム科学研究科准教授

保育所等の子ども家庭支援の実態と展望
困難家庭を支えるための組織的アプローチの提案

2021年2月10日　発行

編著者　中谷奈津子・鶴宏史・関川芳孝

発行者　荘村明彦

発行所　**中央法規出版株式会社**
〒110-0016 東京都台東区台東3-29-1 中央法規ビル
営業　　　　　　 Tel 03(3834)5817　Fax 03(3837)8037
取次・書店担当　Tel 03(3834)5815　Fax 03(3837)8035
https://www.chuohoki.co.jp/

印刷・製本　長野印刷商工株式会社

デザイン　高木達樹(しまうまデザイン)

定価はカバーに表示してあります。
ISBN 978-4-8058-8276-4

本書の内容に関する質問については、下記URLから「お問い合わせフォーム」にご入力いただきますようお願いいたします。
https://www.chuohoki.co.jp/contact/